Informatik — Fachberichte

Band 195: I. S. Bátori, U. Hahn, M. Pinkal, W. Wahlster (Hrsg.), Computerlinguistik und ihre theoretischen Grundlagen. Proceedings. IX, 218 Seiten. 1988.

Band 197: M. Leszak, H. Eggert, Petri-Netz-Methoden und -Werkzeuge. XII, 254 Seiten. 1989.

Band 198: U. Reimer, FRM: Ein Frame-Repräsentationsmodell und seine formale Semantik. VIII, 161 Seiten. 1988.

Band 199: C. Beckstein, Zur Logik der Logik-Programmierung. IX, 246 Seiten. 1988.

Band 200: A. Reinefeld, Spielbaum-Suchverfahren. IX, 191 Seiten. 1989.

Band 201: A. M. Kotz, Triggermechanismen in Datenbanksystemen. VIII, 187 Seiten. 1989.

Band 202: Th. Christaller (Hrsg.), Künstliche Intelligenz. 5. Frühjahrsschule, KIFS-87, Günne, März/April 1987. Proceedings. VII, 403 Seiten, 1989.

Band 203: K. v. Luck (Hrsg.), Künstliche Intelligenz. 7. Frühjahrsschule, KIFS-89, Günne, März 1989. Proceedings. VII, 302 Seiten. 1989.

Band 204: T. Härder (Hrsg.), Datenbanksysteme in Büro, Technik und Wissenschaft. GI/SI-Fachtagung, Zürich, März 1989. Proceedings. XII, 427 Seiten. 1989.

Band 205: P. J. Kühn (Hrsg.), Kommunikation in verteilten Systemen. ITG/GI-Fachtagung, Stuttgart, Februar 1989. Proceedings. XII, 907 Seiten. 1989.

Band 206: P. Horster, H. Isselhorst, Approximative Public-Key-Kryptosysteme. VII, 174 Seiten. 1989.

Band 207: J. Knop (Hrsg.), Organisation der Datenverarbeitung an der Schwelle der 90er Jahre. 8. GI-Fachgespräch, Düsseldorf, März 1989. Proceedings. IX, 276 Seiten. 1989.

Band 208: J. Retti, K. Leidlmair (Hrsg.), 5. Österreichische Artificial-Intelligence-Tagung, Igls/Tirol, März 1989. Proceedings. XI, 452 Seiten. 1989.

Band 209: U. W. Lipeck, Dynamische Integrität von Datenbanken. VIII, 140 Seiten. 1989.

Band 210: K. Drosten, Termersetzungssysteme. IX, 152 Seiten. 1989.

Band 211: H. W. Meuer (Hrsg.), SUPERCOMPUTER '89. Mannheim, Juni 1989. Proceedings, 1989. VIII, 171 Seiten. 1989.

Band 212: W.-M. Lippe (Hrsg.), Software-Entwicklung. Fachtagung, Marburg, Juni 1989. Proceedings. IX, 290 Seiten. 1989.

Band 213: I. Walter, Datenbankgestützte Repräsentation und Extraktion von Episodenbeschreibungen aus Bildfolgen. VIII, 243 Seiten. 1989.

Band 214: W. Görke, H. Sörensen (Hrsg.), Fehlertolerierende Rechensysteme / Fault-Tolerant Computing Systems. 4. Internationale GI/ITG/GMA-Fachtagung, Baden-Baden, September 1989. Proceedings. XI, 390 Seiten. 1989.

Band 215: M. Bidjan-Irani, Qualität und Testbarkeit hochintegrierter Schaltungen. IX, 169 Seiten. 1989.

Band 216: D. Metzing (Hrsg.), GWAI-89. 13th German Workshop on Artificial Intelligence. Eringerfeld, September 1989. Proceedings. XII, 485 Seiten. 1989.

Band 217: M. Zieher, Kopplung von Rechnernetzen. XII, 218 Seiten. 1989.

Band 218: G. Stiege, J. S. Lie (Hrsg.), Messung, Modellierung und Bewertung von Rechensystemen und Netzen. 5. GI/ITG-Fachtagung, Braunschweig, September 1989. Proceedings. IX, 342 Seiten. 1989.

Band 219: H. Burkhardt, K. H. Höhne, B. Neumann (Hrsg.), Mustererkennung 1989. 11. DAGM-Symposium, Hamburg, Oktober 1989. Proceedings. XIX, 575 Seiten. 1989

Band 220: F. Stetter, W. Brauer (Hrsg.), Informatik und Schule 1989: Zukunftsperspektiven der Informatik für Schule und Ausbildung. GI-Fachtagung, München, November 1989. Proceedings. XI, 359 Seiten. 1989.

Band 221: H. Schelhowe (Hrsg.), Frauenwelt – Computerräume. GI-Fachtagung, Bremen, September 1989. Proceedings. XV, 284 Seiten. 1989.

Band 222: M. Paul (Hrsg.), GI-19. Jahrestagung I. München, Oktober 1989. Proceedings. XVI, 717 Seiten. 1989.

Band 223: M. Paul (Hrsg.), GI-19. Jahrestagung II. München, Oktober 1989. Proceedings. XVI, 719 Seiten. 1989.

Band 224: U. Voges, Software-Diversität und ihre Modellierung. VIII, 211 Seiten. 1989

Band 225: W. Stoll, Test von OSI-Protokollen. IX, 205 Seiten. 1989.

Band 226: F. Mattern, Verteilte Basisalgorithmen. IX, 285 Seiten. 1989.

Band 227: W. Brauer, C. Freksa (Hrsg.), Wissensbasierte Systeme. 3. Internationaler GI-Kongreß, München, Oktober 1989. Proceedings. X, 544 Seiten. 1989.

Band 228: A. Jaeschke, W. Geiger, B. Page (Hrsg.), Informatik im Umweltschutz. 4. Symposium, Karlsruhe, November 1989. Proceedings. XII, 452 Seiten. 1989.

Band 229: W. Coy, L. Bonsiepen, Erfahrung und Berechnung. Kritik der Expertensystemtechnik. VII, 209 Seiten. 1989.

Band 230: A. Bode, R. Dierstein, M. Göbel, A. Jaeschke (Hrsg.), Visualisierung von Umweltdaten in Supercomputersystemen. Karlsruhe, November 1989. Proceedings. XII, 116 Seiten. 1990.

Band 231: R. Henn, K. Stieger (Hrsg.), PEARL 89 – Workshop über Realzeitsysteme. 10. Fachtagung, Boppard, Dezember 1989. Proceedings. X, 243 Seiten. 1989.

Band 232: R. Loogen, Parallele Implementierung funktionaler Programmiersprachen. IX, 385 Seiten. 1990.

Band 233: S. Jablonski, Datenverwaltung in verteilten Systemen. XIII, 336 Seiten. 1990.

Band 234: A. Pfitzmann, Diensteintegrierende Kommunikationsnetze mit teilnehmerüberprüfbarem Datenschutz. XII, 343 Seiten. 1990.

Band 235: C. Feder, Ausnahmebehandlung in objektorientierten Programmiersprachen. IX, 250 Seiten. 1990.

Band 236: J. Stoll, Fehlertoleranz in verteilten Realzeitsystemen. IX, 200 Seiten. 1990.

Band 237: R. Grebe (Hrsg.), Parallele Datenverarbeitung mit dem Transputer. Aachen, September 1989. Proceedings. VIII, 241 Seiten. 1990.

Band 238: B. Endres-Niggemeyer, T. Hermann, A. Kobsa, D. Rösner (Hrsg.), Interaktion und Kommunikation mit dem Computer. Ulm, März 1989. Proceedings. VIII, 175 Seiten. 1990.

Band 239: K. Kansy, P. Wißkirchen (Hrsg.), Graphik und KI. Königswinter, April 1990. Proceedings. VII, 125 Seiten. 1990.

Band 240: D. Tavangarian, Flagorientierte Assoziativspeicher und -prozessoren. XII. 193 Seiten. 1990.

Band 241: A. Schill, Migrationssteuerung und Konfigurationsverwaltung für verteilte objektorientierte Anwendungen. IX, 174 Seiten. 1990.

Band 242: D. Wybranietz, Multicast-Kommunikation in verteilten Systemen. VIII, 191 Seiten. 1990.

Band 243: U. Hahn, Lexikalisch verteiltes Text-Parsing. X, 263 Seiten. 1990.

Band 244: B. R. Kämmerer, Sprecherunabhängigkeit und Sprecheradaption. VIII, 110 Seiten. 1990.

Band 245: C. Freksa, C. Habel (Hrsg.), Repräsentation und Verarbeitung räumlichen Wissens. VIII, 353 Seiten. 1990.

Informatik-Fachberichte 288

Herausgeber: W. Brauer
im Auftrag der Gesellschaft für Informatik (GI)

Subreihe Künstliche Intelligenz
Mitherausgeber: C. Freksa
in Zusammenarbeit mit dem Fachbereich 1
„Künstliche Intelligenz" der GI

Gerhard Helm

Symbolische und konnektionistische Modelle der menschlichen Informationsverarbeitung

Eine kritische Gegenüberstellung

Springer-Verlag Berlin Heidelberg GmbH

Autor

Gerhard Helm
Universität München
Seminar für Philosophie, Logik und Wissenschaftstheorie
Ludwigstraße 31, W-8000 München 22

CR Subject Classification (1991): I.2.0, H.1.2, J.4

ISBN 978-3-540-54575-0   ISBN 978-3-662-10178-0 (eBook)
DOI 10.1007/978-3-662-10178-0

Satz: Reproduktionsfertige Vorlage vom Autor

33/3140-543210 – Gedruckt auf säurefreiem Papier

“Es ist was es ist ...”
Für Cathrin

Vorwort

Die vorliegende Arbeit beschäftigt sich mit einem der zentralen Punkte in der Kognitionswissenschaft: der menschlichen Informationsverarbeitung. Alle Disziplinen, die dem Begriff "Kognitionswissenschaft" subsumiert werden – in erster Linie Psychologie, Philosophie und Künstliche-Intelligenz-Forschung – gehen davon aus, daß die kognitiven Fähigkeiten des Menschen als informationsverarbeitende Prozesse verstanden werden müssen: Information wird über die Sinnesorgane aufgenommen und im Inneren gespeichert, verwaltet und mit anderen Daten verglichen. Die so gesammelte und aufbereitete Information dient dazu, das Verhalten des Menschen in seiner Umgebung zu steuern. Die Frage, die bei einem derartigen Ansatz aufgeworfen wird, lautet: Wie funktioniert die Informationsverarbeitung des Menschen? Man ist also daran interessiert, in welcher Form Information aufgenommen wird, in welchem Medium sie gespeichert wird, durch welche Mechanismen sie aufbereitet wird und wie diese Information das weitere Verhalten beeinflußt.

Ziel dieser Arbeit ist es, die Gemeinsamkeiten und Unterschiede der beiden konkurrierenden Modelle herauszuarbeiten, die augenblicklich zur Erklärung der meschlichen Informationsverarbeitung herangezogen werden: Die Manipulation bedeutungstragender Symbole auf der einen und konnektionistische Mustererkennung auf der anderen Seite. Um dies zu ermöglichen, wird großer Wert auf eine genaue Darstellung der jeweiligen Paradigmen und eine ausführliche Analyse der jeweiligen Methoden gelegt. Insbesondere werden die Argumente, die gegen eine Verwendung konnektionistischer Modelle in der Kognitiven Psychologie sprechen, ausführlich diskutiert und (größtenteils) zurückgewiesen. Es wird für eine Integration beider Modelle argumentiert, bei der konnektionistische Modelle die Rolle der inneren Informationsverarbeitung zugewiesen bekommen. Symbolisches Verhalten des Menschen kommt nach der hier vertretenen Position durch die Interaktion eines konnektionistischen Systems mit seiner Umgebung zustande.

An dieser Stelle möchte ich mich bei allen bedanken, die zur Verwirklichung dieser Arbeit beigetragen haben. Namentlich möchte ich hier Andreas Kemmerling, Anton Koch, Matthias Varga von Kibéd, Verena Mayer, Martin Rechenauer und Petra Störig für ihre Anregungen danken. Besonderen Dank schulde ich Katia Saporiti, die mir in langen Diskussionen geholfen hat, manche Dinge klarer zu sehen, sowie Ingola Lammers, der die undankbare Aufgabe zukam, die Auswirkungen meiner orthographischen Probleme zu bereinigen. Bedanken will ich mich hier auch bei Eva Daubner-Helm – ohne sie wäre dieses Buch nie zustande gekommen.

Diese Arbeit entstand als Dissertation am Seminar für Philosopie, Logik und Wissenschaftstheorie der Ludwig-Maximilians-Universität in München und wurde finanziert durch ein Stipendium nach dem Bayer. Graduiertenförderungsgesetz.

München, Juni 1991

Inhalt

0. Einleitung 1

1. Positionsbestimmung 4
   1.1   Das Geist-Körper-Problem 4
   1.2   Die Informationsverarbeitungs-Theorie des Geistes 7
       1.2.1   Ausgangspunkt: Funktionalismus 7
       1.2.2   Die Computer-Metapher 12
       1.2.3   Der Begriff der Repräsentation 16

2. Symbolische Informationsverarbeitung 20
   2.1   Algorithmen 20
   2.2   Automatisierte Algorithmen: Computer 24
   2.3   Symbolverarbeitende Maschinen 30
   2.4   Die semantische Dimension: Interpretation 37

3. Die Sprache des Geistes: Symbolismus 45
   3.1   Propositionale Einstellungen 45
   3.2   Mentale Repräsentationen 50
   3.3   Die Sprache des Geistes 55
   3.4   Symbolische Informationsverarbeitung und das Frame-Problem 62

4. Konnektionistische Informationsverarbeitung 68
   4.1   Aufbau eines konnektionistischen Systems 71
   4.2   Informationsverarbeitung in konnektionistischen Systemen 77
       4.2.1   Lokale Informationsverarbeitung 77
       4.2.2   Globale Informationsverarbeitung 84
       4.2.3   Ein Beispiel: NETtalk 90
   4.3   Lernen in konnektionistischen Systemen 92
       4.3.1   Lernparadigmen 93
       4.3.2   Ein Lernalgorithmus: "back propagation" 95
   4.4   Repräsentation in konnektionistischen Systemen 98
   4.5   Symbolverarbeitende Systeme und konnektionistische Netze: 105
       Wo liegt der Unterschied?

5. Konnektionismus: Eine kritische Auseinandersetzung 111
   5.1   Die Kritik von Fodor und Pylyshyn 113

5.1.1 Die erste Prämisse: Mentale Repräsentationen benötigen 114
eine Konstituentenstruktur

5.1.2 Die zweite Prämisse: Konnektionistische Repräsentationen .. 119
sind atomar

5.2 Ausweg aus dem Dilemma 124

5.3 Konnektionismus, Eliminativismus und propositonale Einstellungen . 133

6. Konnektionismus und Symbolismus: Versuche einer Synthese 143

6.1 Implementation 144

6.2 Approximation 148

6.3 Hybride Systeme 150

6.4 Externe Symbolmanipulation 152

Bibliographie 158

0 Einleitung

Ging man bis vor kurzem davon aus, daß die menschliche Informationsverarbeitung in ihren Grundprinzipien etwa genauso funktioniere wie bei typischen Computern, nämlich durch die Manipulation bedeutungstragender Symbole nach formalen Regeln, so begann man in den letzten Jahren, sich der Informationsverarbeitung in konnektionistischen Systemen zuzuwenden. Diese "neuronalen Netze" versuchen, die Grundstruktur biologischer Nervensysteme nachzuahmen und Information durch eine Aktivierungsübertragung zwischen dicht verknüpften, neuronenähnlichen Rechenelementen zu verarbeiten. Wie immer, wenn sich die Möglichkeit eines Paradigmenwechsels, also einer grundsätzlichen Umorientierung in den Grundannahmen und -prinzipien einer Wissenschaft abzuzeichnen beginnt, entstehen zwei heftig umkämpfte Positionen: Einerseits sind da diejenigen, die verbissen am vertrauten Modell festhalten, und andererseits diejenigen, die im blinden Vertrauen auf das Neue alle sich aus dem neuen Modell ergebenden Probleme ignorieren. Dies ist die gegenwärtige Situation in der Kognitionswissenschaft und auch der Ausgangspunkt dieser Arbeit.

Im ersten Kapitel, das einleitenden Charakter hat, wird der philosophische Hintergrund der hier behandelten Theorien dargestellt, sowie die Informationsverarbeitungstheorie des Geistes erläutert, die den Ausgangspunkt beider Positionen markiert. Dazu wird zunächst ihr Zusammenhang mit der philosophischen Position des Funktionalismus expliziert und anschließend der oft mißverständliche und auch mißverstandene Gebrauch der Computer-Metapher erläutert. Abschließend wird auf den Begriff der mentalen Repräsentation eingegangen, der in der Informationsverarbeitungstheorie des Geistes eine wichtige Rolle spielt. Dabei wird auch die Frage nach dem Inhalt mentaler Repräsentationen gestellt und dazu der Lösungsansatz von Fodor skizziert.

Im zweiten Kapitel wird die Theorie symbolischer Informationsverarbeitung behandelt. Eine wichtige Rolle spielt hier der Begriff des Algorithmus. Besonderer Wert wird auf die Unterscheidung zwischen dem Algorithmus als einer Verfahrensvorschrift und der Ausführung dieser Vorschrift gelegt. Im folgenden wird gezeigt, wie konkrete Maschinen in der Lage sein können, algorithmische Berechnungen durchzuführen. Ebenso wird die Funktionsweise eines typischen Computers erläutert, soweit es für ein Verständnis der Diskussion um den Konnektionismus erforderlich scheint. Zuletzt wird betrachtet, wie die inneren Zustände eines Computers interpretiert werden können, so daß durch den physikalischen Prozeß, der einen bestimmten Algorithmus realisiert, die gewünschte Funktion berechnet wird.

Aufgabe des dritten Kapitels ist es zu zeigen, wie diese symbolische Informationsverarbeitung benutzt wird, um die menschliche Informationsverarbeitung zu erklären. Zunächst wird dargestellt, welche herausragende Rolle sog. propositionale Einstellungen in der philosophischen Diskussion um das adäquate Modell der menschlichen Informa-

tionsverarbeitung spielen und wie man glaubt, sie analysieren zu müssen. Dazu wird in
erster Linie Jerry Fodors Theorie von einer "Sprache des Geistes" herangezogen. Es wird
der Frage nachgegangen, wie dieses von Fodor postulierte innere Repräsentationssystem
zu verstehen ist und in welcher Beziehung es zu anderen Teilen eines informationsverarbeitenden System steht. Es wird gezeigt, daß die Annahme einer Sprache des Geistes
nicht ausreicht, um die menschliche Informationsverarbeitung zu erklären. Im Anschluß
daran wird das sog. Frame-Problem dargestellt und dafür argumentiert, daß dieses Problem prinzipiell gegen die These einer inneren symbolischen Informationsverarbeitung
bei intelligenten Systemen spricht.

Nachdem damit die symbolische Informationsverarbeitung und die sich daraus
entwickelte Theorie der menschlichen Informationsverarbeitung – der Symbolismus –
umrissen ist, geht es im Kapitel vier um den Aufbau konnektionistischer Systeme
und deren grundlegende Verarbeitungsmechanismen. Nach einem Überblick über die
Schritte der Entwicklung, die zum gegenwärtigen Interesse an konnektionistischen Netzen führten, wird zuerst der typische Aufbau eines typischen (dreilagigen feed-forward)
Netzwerks dargestellt und ein grober überblick über dessen Funktionsweise gegeben.
Anschließend werden die Prinzipien der konnektionistischen Informationsverarbeitung
im Detail zunächst für die einzelnen Recheneinheiten und anschließend für das gesamte
Netzwerk erklärt. Dabei wird vor allem Wert darauf gelegt, die Begriffe verständlich
zu machen, die im Zusammenhang mit der Konnektionismus-Diskussion immer wieder
auftreten.

Einer der Punkte, die konnektionistische Systeme so interessant macht, ist ihre
Fähigkeit, ihr Verhalten aufgrund früherer Fehler zu ändern, also in gewisser Weise zu
"lernen". Es wird daher erläutert, nach welchen Prinzipien ein derartiges Lernen in konnektionistischen Systemen vor sich geht. Da der sog. "back-propagation"-Algorithmus
in der Praxis dabei eine große Rolle spielt, wird er ausführlich erklärt. In der Diskussion um den Konnektionismus nimmt die Frage, wie in konnektionistischen Systemen
Information repräsentiert ist, einen breiten Raum ein. In einem abschließenden Teil wird
daher skizziert, welche Repräsentationsformen in derartigen Netzwerken unterschieden
werden.

Im fünften Teil geht es um die Argumente, die gegen konnektionistische Systeme
als Modelle der menschlichen Informationsverarbeitung vorgebracht wurden. Besonders
einflußreich sind in dieser Diskussion die Einwände von Fodor und Pylyshyn gegen die
Verwendung konnektionistischer Modelle in der Kognitiven Psychologie. Diese Einwände
werden im Detail analysiert und es wird dafür argumentiert, daß die vorgebrachten
Einwände nicht haltbar sind. Dazu wird zunächst gezeigt, daß auch der Symbolismus
Probleme mit der von Fodor und Pylyshyn geforderten Konstituentenstruktur mentaler
Repräsentationen hat. Anschließend wird dargestellt, wie die Aufgabe, die die Kon-
stituentenstruktur in symbolverarbeitenden Modellen hat, auch mit konnektionistischen
Methoden erfüllt werden kann (ohne eine klassische Architektur zu implementieren).
Und zum Schluß wird dafür argumentiert, daß die Annahme, mentale Repräsentationen
erforderten eine Konstituentenstruktur, auf Annahmen beruht, die ein Konnektionist
nicht zu akzeptieren braucht.

Neben der von Fodor und Pylyshyn aufgeworfenen Diskussion um die Konstituentenstruktur konnektionistischer Repräsentationen wird die These von Ramsey, Stich und
Garon diskutiert, der Konnektionismus impliziere einen Eliminativismus bezüglich

propositionaler Einstellungen. Diese Behauptung wird zurückgewiesen, da sie auf den gleichen Annahmen beruht wie die Einwände von Fodor und Pylyshyn. In diesem Zusammenhang wird der Frage nachgegangen, welche Rolle propositionale Einstellungen in einer Psychologie spielen können, die von einem konnektionistischen System der Informationsverarbeitung ausgeht. Zum Schluß wird darauf hingewiesen, daß die Argumentation des Symbolismus auf einer Verwechslung der Marr'schen Ebenen der "computational theory" und der von "representation and algorithm" zu beruhen scheint, daß – grob gesagt – eine Verwechslung zwischen dem zu erklärenden Verhalten und den Prozessen, die dieses Verhalten hervorbringen.

Im letzten Kapitel werden verschiedene Wege diskutiert, eine Synthese von Konnektionismus und Symbolismus zu bilden. Die Forderung nach einer derartigen Synthese ergibt sich aus dem Umstand, daß man einerseits annehmen muß, daß das flexible Verhalten des Menschen in neuen oder unvorhergesehen Situationen auf eine Art konnektionistisches Netzwerk zurückzuführen ist, andererseits aber unklar ist, wie symbolisches Verhalten – zu dem der Mensch zweifellos fähig ist – mit Hilfe dieser Netzwerke erklärt werden kann. Dabei werden insbesondere die Thesen diskutiert, Symbolsysteme seien in konnektionistischen Netzen implementiert, Symbolsysteme approximierten das Verhalten konnektionistischer Netze oder daß man bei der menschlichen Informationsverarbeitung von einem hybriden System, bestehend aus konnektionistischen und symbolischen Modulen oder Subsystemen, ausgehen muß. Nachdem diese drei Alternativen zurückgewiesen wurden, wird dafür argumentiert, daß symbolisches Verhalten durch die Interaktion eines inneren nichtsymbolischen Systems mit seiner Umgebung zustande kommt. Durch die iterierte Anwendung von Mustererkennung und Manipulation von Gegenständen der Umwelt wird ein symbolisches Verhalten erreicht, das alle Eigenschaften echter Symbolmanipulation aufweist. Es wird dafür plädiert, dieses Modell zum Ausgangspunkt weiterer Forschungen zur menschlichen Informationsverarbeitung zu machen.

1 Positionsbestimmung

1.1 Das Körper-Geist-Problem

In diesem Abschnitt soll der theoretische Kontext der folgenden Arbeit bestimmt werden. Dazu ist es nötig, kurz auf ein zentrales Problem der Philosophie des Geistes einzugehen – das Körper-Geist-Problem – und die Lösungsversuche zu umreißen, die die Grundlage der zu behandelnden Theorien darstellen.

In seiner vollen Schärfe wird das Körper-Geist-Problem erstmals durch Descartes' Unterscheidung zwischen einer "res extensa" und einer "res cogitans" deutlich. Mit 'res extensa' bezeichnete Descartes' die ausgedehnte, nicht-denkende Substanz, der er die "res cogitans", die nicht-ausgedehnte, denkende Substanz gegenüberstellte. Nach Descartes Auffassung stehen beide Substanzen in einer kausalen Wechselwirkung: Die res cogitans – der Geist – wirkt kausal auf die res extensa – die Materie – und umgekehrt. Aber wie ist es möglich, daß zwei so wesensfremde Substanzen aufeinander einwirken? Wie kann ein Gedanke eine Körperbewegung verursachen? Descartes hatte die Vermutung, daß die Zirbeldrüse bei dieser kausalen Wechselwirkung eine Vermittlerrolle spiele, eine zufriedenstellende Lösung konnte er jedoch nicht anbieten.

Es gibt heute in der Philosophie wohl kaum noch jemanden, der einen derartigen ontologischen Dualismus im Sinne zweier voneinander unabhängiger Substanzen vertritt. Dennoch ist das Problem geblieben. Man unterscheidet zwischen physikalischen Zuständen und Ereignissen, also solchen, die ausschließlich mit dem Vokabular der Naturwissenschaften beschreibbar sind, und geistigen Zuständen, die mittels eines psychologisch-mentalistischen Vokabulars charakterisiert werden. Solange man sich im Bereich der Naturwissenschaften bewegt, ergeben sich keine Probleme aus dieser Differenzierung. Man geht davon aus, daß sich alles, was geschieht, naturwissenschaftlich und das heißt letztlich physikalisch beschreiben und erklären läßt. Alle Entitäten der Naturwissenschaften fallen auch unter die Gesetze der Physik. Jedes Ereignis läßt sich mit Hilfe der physikalischen Gesetze als Wirkung anderer physikalischer Ereignisse erklären. Ein Ereignis gilt dabei als erklärt, wenn man eine allgemeine Gesetzmäßigkeit (ein physikalisches Gesetz) angeben kann, nach der das betreffende Ereignis aus den Ausgangsbedingungen folgt.

Auch wenn unsere gegenwärtigen Theorien vielleicht noch große Lücken aufweisen oder sich teilweise sogar als falsch herausstellen sollten, berührt das nicht die Annahme, daß alles, was durch Ursache und Wirkung verknüpft ist, letztlich zum Bereich der Physik gehört. Sie bildet gleichsam die Grundlage für unser naturwissenschaftlich-technisches Weltbild. Alles, was nicht in dieses Weltbild paßt, wird in den Bereich der Mystik und des Aberglaubens abgeschoben: Hexen, Götter, Engel, übersinnliche Kräfte und ähnliches werden nicht als Bestandteile wissenschaftlicher Erklärungen akzeptiert.

Diese naturwissenschaftlich-technische Position läßt sich zusammenfassend so charakterisieren:

(1) Die physikalische Welt ist kausal abgeschlossen. Physikalisch beschreibbare Ereignisse (bzw. Zustände) haben physikalisch beschreibbare Ursachen und physikalisch beschreibbare Wirkungen.

Problematisch wird es, wenn geistige Zustände, also solche, die durch ein mentalistisches Vokabular charakterisiert werden, wie z.B. Gedanken, Gefühle, Emotionen usw., in Kausalerklärungen auftreten. In unserer vorwissenschaftlichen Alltagspsychologie gehen wir davon aus, daß diese mentalen Zustände, genau wie physikalische Zustände, als Ursachen wirksam sind, bzw. sich als Wirkungen physikalischer Zustände ergeben. Mentale Zustände werden als kausal wirksam betrachtet und zwar nicht nur bezüglich anderer mentaler Zustände, sondern auch bezüglich physikalischer Zustände. In den alltäglichen Erklärungen der Vorgänge um uns herum akzeptieren wir, daß mentale Zustände durch physikalische Zustände verursacht werden und umgekehrt, daß mentale Zustände die Ursache physikalischer Zustände sind.

Ein Beispiel: Eine Frau betritt einen Buchladen, deutet auf ein Buch und sagt. "Ich möchte bitte dieses Buch kaufen". Der Verkäufer zischt sie an: "Haben sie denn nicht das Schild an der Tür gesehen? Das ist ein Männerbuchladen. Verlassen sie bitte sofort das Geschäft." Die Frau stammelt etwas vor sich hin und verschwindet mit hochrotem Kopf. Wie würde eine Beobachterin diesen Vorgang erklären? Sie würde vielleicht annehmen, daß die Frau ein Buch kaufen wollte, daß sie nicht wußte, daß der Laden ein Männerbuchladen war, daß der Verkäufer sich durch sie provoziert fühlte usw. Verschiedene Beobachterinnen würden den Vorgang vielleicht ganz unterschiedlich erklären, aber das ist hier nicht relevant. Wichtig ist, daß in all diesen Erklärungen Bezug auf mentale Zustände genommen wird (Sie glaubte, daß..., usw.). Diese mentalen Zustände werden in der Erklärung als Ursachen für physikalisch beschreibbare Ereignisse akzeptiert (Das Blut stieg ihr ins Gesicht). Umgekehrt war vielleicht ein Buch (ein physikalisch beschreibbarer Gegenstand) in der Auslage die Ursache des Wunsches, dieses Buch zu kaufen. Beispiele dieser Art zeigen, daß wir zumindest in den alltäglichen Erklärungen unserer Umwelt von einer kausalen Wechselwirkung zwischen mentalen und physikalischen Zuständen ausgehen. Wir akzeptieren folgenden Satz:

(2) Mentale Zustände verursachen physikalische Zustände und vice versa.

Nimmt man zusätzlich noch an, daß gilt:

(3) Mentale Zustände sind keine physikalischen Zustände,

so ergibt sich ein Widerspruch aus den Sätzen (1) bis (3): Einerseits wird angenommen, daß die physikalisch beschreibbare Welt kausal abgeschlossen ist, d.h. daß es kausale Verbindungen nur zwischen physikalischen Zuständen gibt (Satz (1)). Andererseits wird akzeptiert, daß es eine kausale Wechselwirkung zwischen mentalen und physikalischen Zuständen gibt (Satz (2)) und daß mentale Zustände keine physikalischen Zustände sind (Satz (3)). Daraus folgt, daß eine der Prämissen falsch sein muß. Aber welche?

Manchen erscheint vielleicht Prämisse (1) am ehesten falsch zu sein. Der Anspruch der Naturwissenschaften, insbesondere der Physik, alles beschreiben und erklären zu können, scheint weit überzogen. Warum sollte es nicht Phänomene geben, die sich diesem

Alleinvertretungsanspruch entziehen? Warum also länger daran festhalten, daß die physikalische Welt in sich kausal abgeschlossen ist?

Mit der Aufgabe von Prämisse (1) würde man akzeptieren, daß es eine Wechselwirkung zwischen mentalen und physikalischen Zuständen gibt. Das ist weiter noch nicht tragisch. Allerdings sollte man dann etwas darüber sagen können, wie das möglich ist. Wie interagiert die geistige mit der materiellen Welt? (Das war auch das Problem Descartes'.) Es genügt nicht, eine derartige Wechselwirkung zu postulieren. Eine befriedigende Lösung ist erst dann gefunden, wenn man angeben kann, wie diese Interaktion erfolgt. Kann man das nicht, hat man den Widerspruch nicht aufgelöst, sondern sich ihm nur entzogen.

Wenn man dazu neigt, an der Gültigkeit der ersten Prämisse zu zweifeln, sollte man auch folgendes bedenken: Die Geschichte der Naturwissenschaft zeigt, daß viele Phänomene, die früher mit der Wirkung von Göttern, Geistern und Dämonen erklärt wurden, inzwischen enträtselt, d.h. naturwissenschaftlich erklärbar sind. Immer wieder wurde gezeigt, daß nicht irgendwelche übernatürlichen Kräfte am Werk sind, sondern sich das betreffende Phänomen unter naturwissenschaftliche Gesetze subsumieren läßt. Es hat also wenig Sinn, auf bisher naturwissenschaftlich Nicht-Erklärbares zu verweisen, da dies nichts über eine zukünftige mögliche Erklärung aussagt.

Selbst wenn man zugestehen würde, daß es Phänomene gibt, die *prinzipiell* außerhalb der Reichweite naturwissenschaftlicher Theorien stehen, so führt das nicht zu einer befriedigenden Auflösung des obigen Widerspruchs. Denn es geht ja nicht um irgendwelche Phänomene, sondern konkret um mentale Zustände und Ereignisse. Die Disziplin, die sich explizit mit mentalen Phänomenen beschäftigt – die Psychologie – steht aber nicht im Gegensatz zu anderen naturwissenschaftlichen Teildisziplinen, sondern ist vielmehr bestrebt, ihren Forschungsgegenstand – die Psyche – mit naturwissenschaftlichen Methoden zu erklären. Die Annahme, daß mentale Phänomene sich dem Bereich der Naturwissenschaften entziehen, würde eine wissenschaftliche Psychologie unmöglich machen. Selbst wenn es also außerhalb der Naturwissenschaften stehende Phänomene geben sollte, bleibt das Problem *innerhalb* der Wissenschaften bestehen, nämlich in der Form: Wie ist eine wissenschaftliche Psychologie möglich?

Es soll hier nicht weiter thematisiert werden, ob eine Position haltbar sein könnte, die Prämisse (1) aufgibt. Festzuhalten ist nur, daß die Theorien, um die es in dieser Arbeit gehen soll, an der Vorstellung einer naturwissenschaftlichen Psychologie festhalten und damit akzeptieren, daß es kausale Verknüpfungen letztlich nur zwischen physikalisch beschreibbaren Ereignissen gibt.

Auch die Preisgabe von Prämisse (2) erscheint nicht besonders sinnvoll. Dies würde unter Beibehaltung von (3) zu der Position eines psychophysischen Parallelismus führen. Eine derartige Position ist mit ähnlichen Problemen behaftet wie eine Wechselwirkungstheorie. Als dualistische Theorien müssen beide erklären, in welchem Verhältnis körperliche und geistige Phänomene stehen. Muß eine Wechselwirkungstheorie erklären, wie mentale und physikalische Zustände kausal interagieren, so muß ein psychophysischer Parallelismus plausibel machen, wie der *Eindruck* einer solchen Wechselwirkung entstehen kann. Es müßte gezeigt werden, wie es möglich ist, daß manche psychische Phänomene immer im Zusammenhang mit physischen Phänomenen auftreten – warum beispielsweise jemand ausgerechnet immer dann Kopfschmerzen verspürt, wenn er am Abend vorher zu viel getrunken hat. Entsprechende Erklärungsversuche liefen früher in der Regel auf das Einwirken einer göttlichen Macht hinaus, die in der einen oder anderen Weise für den Gleichtakt von materieller und geistiger Welt sorgt – ein Schritt, der in den Naturwissenschaften und auch der heutigen Philosophie nicht als besonders überzeugend erachtet wird.

Konsequenterweise besteht ein allgemeiner Konsens darüber, daß es Prämisse (3) ist, die aufgegeben werden muß. Die Position, die sich daraus ergibt, ist die eines materialistischen Monismus.[1] Mentale Zustände interagieren zwar kausal mit physikalischen Zuständen (Prämisse (2)), dies ist aber nur dadurch möglich, daß den psychischen Zuständen irgendwie physikalische Zustände zugrunde liegen, und daher im Grunde genommen nur physikalische Zustände aufeinander einwirken (Prämisse (1)). Die allgemein akzeptierte Position ist also, daß sich mentale Phänomene *irgendwie* mit physikalischen Zuständen und Prozessen identifizieren lassen, die dann die kausale Rolle innehaben, die den mentalen Zuständen von der Alltagspsychologie normalerweise zugebilligt wird.

Das 'irgendwie' im letzten Absatz ist natürlich problematisch, denn mit der Identifikation mentaler und physikalischer Zustände hat man zwar den obigen Widerspruch überwunden, aber die Probleme sind dennoch geblieben. Eine befriedigende Lösung hat man auch hier erst dann gefunden, wenn man explizieren kann, in welchem Verhältnis Psychisches und Körperliches stehen. Zwar geht es nicht mehr darum, die kausalen Interaktionen zu erklären. Diese finden ausschließlich zwischen physikalischen Zuständen statt, von denen einige allerdings auch eine Beschreibung mit mentalistischem Vokabular erlauben. Das Problem dieser Position ist es vielmehr zu explizieren, wie psychische Phänomene als physikalische Zustände und Prozesse verstanden werden können.

Es gibt verschiedene Ansätze, dieses 'irgendwie' aufzulösen. Der derzeit wohl favorisierteste Ansatz ist die Informationsverarbeitungs-Theorie des Geistes (computational theory of mind), deren Grundlagen ich im nächsten Abschnitt darstellen werde. Folgendes bleibt für den weiteren Verlauf der Arbeit festzuhalten: Die Psychologie als Lehre von den mentalen Zuständen und Prozessen ist in die Naturwissenschaften eingebunden. Insbesondere wird die Physik als Grundlagenwissenschaft betrachtet. Kausale Interaktionen gibt es letztlich nur zwischen physikalischen Zuständen. Da, wo mentalen Zuständen kausale Rollen zugebilligt werden, muß der dem mentalen Zustand zugrundeliegende physikalische Zustand expliziert werden. Die Annahme, daß diese Position korrekt ist, liegt allen in dieser Arbeit behandelten Theorien zugrunde und wird im weiteren Verlauf nicht mehr thematisiert.

1.2 Die Informationsverarbeitungs-Theorie des Geistes

1.2.1 Ausgangspunkt: Funktionalismus

Im vorherigen Abschnitt wurde gesagt, daß eine naturwissenschaftlich orientierte Psychologie versucht, mentale Zustände "irgendwie" mit physikalischen Zuständen zu identifizieren, um auf diese Weise das Problem zu lösen, wie mentale und physikalische Zustände kausal interagieren. In diesem Abschnitt werde ich einige Versuche

---

[1] Die Alternative, ein mentaler Monismus (Idealismus), findet im allgemeinen wenig Beachtung.

skizzieren, dieses 'irgendwie' näher zu explizieren. Ich werde dabei nicht allen theoretischen Verästelungen nachgehen, sondern mich auf die Schritte beschränken, die zu der Theorie hinführen, die der Informationsverarbeitungs-Theorie des Geistes zugrunde liegt: dem Funktionalismus.

Behaviorismus: Vertreter des logischen Behaviorismus waren der Ansicht, daß eine Aussage über mentale Zustände übersetzbar ist in eine Aussage über Verhaltensdispositionen.[2] Dies paßt gut zu der positivistischen Annahme, daß die Bedeutung eines Satzes die Methode seiner Verifikation sei. Da mentale Zustände nur der betroffenen Person unmittelbar zugänglich sind und damit Aussagen über geistige Zustände anderer ausschließlich durch das bei ihnen beobachtete Verhalten verifiziert werden konnten, nahm man an, daß Aussagen über psychische Zustände bedeutungsgleich mit Aussagen über aktuelles oder potentielles Verhalten seien.[3] Eine Übersetzung z.B. der Aussage "Oskar möchte ins Kino gehen" würde etwa lauten: "Wenn Oskar an einem Kino vorbeikäme, würde er – ceteris paribus – sich eine Eintrittskarte kaufen".

Der logische Behaviorismus behauptet nicht, daß es für jedes mentale Prädikat genau ein sog. behaviorales Konditional gibt. Vielmehr würde eine Übersetzung aus einer endlichen Konjunktion solcher kontrafaktischen Aussagen bestehen. Also z.B.: "Wenn Oskar an einem Kino vorbeikäme, würde er sich eine Eintrittskarte kaufen *und* wenn Oskar genug Geld hätte, ginge er zum nächsten Kino *und* wenn ..." Es wird auch nicht behauptet, daß es wünschenswert ist, solche Übersetzungen zu gebrauchen; es sollte nur prinzipiell möglich sein, jeden Satz, der mentalistische Begriffe enthält, in eine – evtl. sehr lange – Konjunktion von behavioralen Konditionalen der Form "Wenn A sich in den-und-den Umständen befände, würde er sich so-und-so verhalten" zu übersetzen.

Gegen den logischen Behaviorismus gibt es im wesentlichen den folgenden Einwand: In den einzelnen Bedingungen, die das Verhalten einer Person unter gewissen Umständen angeben sollen, kann man auf mentalistisches Vokabular letztlich nicht verzichten: Die ceteris paribus Bedingungen dieser behavioralen Konditionale lassen sich nicht frei von mentalistischen Begriffen angeben: "Oskar würde ins Kino gehen, wenn er *wüßte*, daß ein guter Film läuft" usw. Der Einwand besagt also, daß die Verhaltensdispositionen, die mentalistische Begriffe ersetzen sollen, selbst nicht ohne mentalistisches Vokabular formulierbar sind und daß der behavioristische Ansatz damit zirkulär ist.

Wie Putnam (1967) betont, kommt es dabei nicht darauf an, ob mentale Zustände *empirisch* mit Verhaltensdispositionen identifiziert werden können. Eine derartige empirische Theorie wäre keine Bestätigung des logischen Behaviorismus. Dieser behauptet ja, daß Aussagen über Mentales bedeutungsgleich sind mit Sätzen über Verhaltensdispositionen, und nicht nur, daß eine empirische Korrelation zwischen geistigen Zuständen und Verhaltensdispositionen gefunden werden kann.

Identitätstheorie: Während der Behaviorismus versucht, mentale Zustände mit Verhaltensdispositionen zu identifizieren, sucht die Identitätstheorie nach den neurophysio-

---

[2] Als Hauptvertreter des logischen Behaviorismus kann Gilbert Ryle gelten (cf. Ryle 1949).

[3] Der *logische* Behaviorismus darf nicht mit dem *methodologischen* Behaviorismus verwechselt werden, wie er in der Psychologie vor allem von Watson und Skinner vertreten wurde. Der methodologische Behaviorismus versuchte, allgemeine Gesetzmäßigkeiten des Verhaltens ausschließlich auf der Basis beobachtbarer Daten zu gewinnen, und klammerte daher mentale Zustände (da sie sind nicht beobachtbar sind) aus seinen Untersuchungen aus. Eine Behauptung über die prinzipielle Ersetzbarkeit mentaler durch physikalische Aussagen war mit dem methodologischen Behaviorismus nicht verbunden.

logischen Korrelaten psychischer Zustände und Prozesse. In ihrer stärksten Form (Typ-Typ-Identität) wird behauptet, daß die verschiedenen Typen mentaler Zustände mit bestimmten Typen neurophysiologischer Zustände identisch sind (cf. z.B. Armstrong 1970 oder Lewis 1966).

Dies würde z.B. bedeuten, daß es einen bestimmten neurophysiologischen Zustand gibt, in dem sich alle Organismen befinden, wenn sie Schmerzen empfinden. Da derartige Zustände letztlich physikalisch beschreibbar sind, beschränken sich kausale Prozesse auf physikalische Zustände. Dadurch kann die Voraussetzung der kausalen Abgeschlossenheit der Physik aufrechterhalten werden. Aussagen über psychische Zustände sind nach dieser Auffassung bedeutungsgleich mit Aussagen über innere neurophysiologische Zustände. Aufgabe der Neurologie wäre es, die entsprechenden physikalisch beschreibbaren Strukturen im Gehirn zu entdecken, die in Wirklichkeit diejenigen kausalen Rollen innehaben, die wir in unserer Alltagstheorie mentalen Zuständen zubilligen.

Diese Form der Identitätstheorie krankt an ähnlichen Problemen wie der logische Behaviorismus. Es ist kaum anzunehmen, daß einem bestimmten mentalen Zustand *immer* genau derselbe neurophysiologische Zustand zugrunde liegt, daß also z.B. der Gedanke, daß heute Donnerstag ist, bei jedem Menschen auf genau die gleiche Weise physiologisch realisiert ist. Es ist nicht einmal anzunehmen, daß der gleiche Gedanke, von einem Menschen zu zwei verschiedenen Zeitpunkten gedacht, der gleichen neurophysiologischen Struktur entspricht. Dazu kommt, daß man nicht von vorneherein ausschließen will, daß auch Wesen mit vollkommen anderem physiologischen Aufbau (Tiere, Computer, Marsmenschen) Gedanken haben können, wie sie Menschen haben.

Eine mögliche Konsequenz aus diesem "Multiple-realization"-Argument wäre, die Identitätsbehauptung auf bestimmte Klassen von Organismen – z.B. auf Menschen – einzuschränken, so daß beispielsweise Schmerzen bei Menschen etwas anderes wären als Schmerzen bei Hunden. Dieser Schritt bringt einerseits das Problem mit sich, daß nicht klar ist, wo die Grenzen der einzelnen Klassen zu ziehen sind (bei den Spezies? oder den einzelnen Individuen?) und andererseits keine Aussage mehr möglich ist, was den Schmerzen in den verschiedenen Klassen gemeinsam ist, aufgrund dessen sie Schmerzen sind. Eine andere Möglichkeit, dem "Multiple-realization"-Argument zu entgehen, bestünde darin, für jeden mentalen Zustand eine Disjunktion aller möglichen neurophysiologischen Beschreibungen anzugeben. Wie bei den behavioralen Konditionalen des logischen Behaviorismus genügt es aber auch hier nicht, empirische Korrelationen zu finden, denn die These ist ja, daß Sätze über mentale Zustände und neurophysiologische Beschreibungen bedeutungsgleich sind. Da aber diese Aussagen über Gehirnzustände niemals notwendige oder hinreichende Bedingungen für das Vorhandensein mentaler Zustände darstellen, ist diese Form der Identitätstheorie zum Scheitern verurteilt.

Nachdem dieses Problem erkannt war, wurde eine schwächere Form der Identitätstheorie vorgeschlagen: Nicht mehr die verschiedenen Typen mentaler Zustände sollten mit den Typen physiologischer Zustände identisch sein, sondern nur noch die einzelnen Vorkommnisse (Token-Token-Identität). Für jedes Vorkommnis (Token) eines mentalen Zustands gibt es nach dieser Form der Identitätstheorie einen physiologischen Zustand, der mit dem mentalen Zustand identisch ist.[4] Wenn ich also denke "Heute ist Donnerstag", dann gibt es in meinem Gehirn einen neurophysiologischen Zustand, der

---

[4] Als herausragender Vertreter dieser Token-Token-Identitätstheorie kann Donald Davidson angeführt werden (cf. insb. Davidson 1970).

mit meinem Gedankenvorkommnis, daß heute Donnerstag ist, identisch ist. Verschiedenen Gedankenvorkommnissen können verschiedene Gehirnzustände entsprechen. Über die Beziehung der verschiedenen neurophysiologischen Zustände, die den Gedankenvorkommnissen des gleichen Typs entsprechen (mit diesen jeweils identisch sind), kann nichts ausgesagt werden.

Durch diese Beschränkung der Identitätsbehauptung auf einzelne Vorkommnisse geistiger Zustände, ist es möglich, daß Menschen mit unterschiedlichen morphologischen Gehirnstrukturen den gleichen Gedanken (als Typ verstanden) haben können. Außerdem schließt man nicht von vorneherein aus, daß Wesen mit vollkommen anderem physiologischen Aufbau die gleichen Gedanken denken können, die wir uns selbst zuschreiben.

Der Übergang von der Typ-Typ zur Token-Token-Identitätstheorie muß allerdings mit einem Verlust an Erklärungskraft bezahlt werden. Die Token-Token-Identitätstheorie besagt ja nur, daß es für jedes Vorkommnis eines mentalen Zustands irgendeinen physikalischen Zustand gibt, mit dem er identisch ist. Mit dieser Aussage wird im Grunde genommen nur die materialistische Voraussetzung wiederholt, daß die kausal wirksamen Mechanismen ausschließlich physikalische Zustände betreffen und daß die vermeintliche kausale Rolle mentaler Zustände durch die Annahme zu erklären ist, daß diese irgendwie auch physikalische Zustände sind. Über dieses 'irgendwie' wird aber nichts ausgesagt.

Um aber eine Aussage darüber machen zu können, welche spezifischen Eigenschaften der physikalischen Zustände es ermöglichen, sie auch als mentale Zustände zu betrachten, oder wie diese physikalischen Zustände in systematischer Weise aufeinander einwirken, so daß die unterschiedlichen kausalen Rollen der verschiedenen mentalen Zustände erklärt werden können, ist es nötig, Typen mentaler Zustände zu betrachten und zu fragen, was diese (auf physikalischer Ebene) gemeinsam haben. Gäbe es auf dieser physikalischen Ebene keine systematische Beziehung zwischen verschiedenen Token des selben Zustandstyps, wäre die kausale Rolle mentaler Zustände weiterhin vollkommen rätselhaft. Wie könnte es beispielsweise erklärt werden, daß mein Wunsch, eine Banane zu essen, *ceteris paribus* immer zu derselben Handlung führt, nämlich zum Greifen, Schälen und Essen einer Banane? Oder worin sich die Überzeugung, daß heute Donnerstag ist, von dem Wunsch, daß heute Donnerstag ist, unterscheidet? Die kausale Rolle der mentalen Zustände soll mit der kausalen Rolle physikalischer Zustände erklärt werden – die kausalen Rollen mentaler Zustände werden aber durch den Zustandstyp charakterisiert. Eine Identitätstheorie, die nichts über die Relationen der mentalen Zustandstypen zu physikalischen Zuständen aussagt, erklärt deren kausale Rolle nicht.

Funktionalismus: Der Funktionalismus kann als Versuch gesehen werden, die brauchbaren Ideen beider Positionen – Identitätstheorie und Behaviorismus – zu vereinen. Einerseits sollen mentale Zustände in das beobachtbare Verhalten eingebunden sein, andererseits sollen sie mit physikalischen Zuständen identisch sein. Der Funktionalismus identifiziert mentale Zustände nicht direkt mit physikalischen Zuständen, sondern postuliert – sozusagen als Zwischenglied – ihre Identität mit funktionalen Zuständen. Funktionale Zustände sind durch ihre kausale Rolle definiert, in der sie zu anderen funktionalen Zuständen, zu Sinneseindrücken und schließlich zu Handlungen stehen. Der Funktionalismus ist die These, "daß das Wesen unserer psychologischen Zustände auf den abstrakten kausalen Rollen beruht, die diese in einem komplexen System von inneren Zuständen spielen, die zwischen Umwelt-Inputs und den Verhaltens-Outputs vermitteln" (Churchland & Churchland 1981; 121).[5]

Da die abstrakten funktionalen Zustände, mit denen die geistigen Zustände identifiziert werden, (u.a.) durch die kausalen Beziehungen definiert sind, die sie zu Sinneseindrücken des Organismus und dessen Verhalten haben, wird der Intuition des Behaviorismus Rechnung getragen, daß dem Verhalten des Organismus in seiner Umgebung eine determinierende Rolle bei der Individuierung geistiger Zustände zukommt. Anders als der Behaviorismus geht der Funktionalismus aber davon aus, daß auch die kausale Verknüpfung der inneren Zustände untereinander berücksichtigt werden muß. Im Gegensatz zur Identitätstheorie nimmt der Funktionalismus aber nicht auf die physikalischen Eigenschaften dieser inneren Zustände Bezug, sondern auf deren abstrakte funktionale Rolle im Gesamtsystem. Dadurch befreit er sich von dem Problem der Identitätstheorie, mentale Zustandstypen mit einem bestimmten neurophysiologischen Zustand identifizieren zu müssen.

Da funktionale Zustände nur durch ihre abstrakten funktionalen Eigenschaften definiert werden, spielt es keine Rolle, welche physikalischen Zustände letztlich diese funktionale Rolle einnehmen. Der funktionale Zustand, der mit Schmerz identisch ist, könnte bei einem Organismus durch ein bestimmtes neuronales Entladungsmuster realisiert werden, beim nächsten durch die Anwesenheit eines bestimmten Neurotransmitters in bestimmten Teilen des Gehirns oder durch ein bestimmtes Schwingungsmuster in einem Siliziumkristall bei anderen Wesen. Welcher physikalische Zustand es ist, der einen bestimmten funktionalen Zustand realisiert, ist also unerheblich. Es genügt, daß er in der Lage ist, durch seine kausale Verknüpfung mit anderen Zuständen die entsprechende funktionale Rolle zu spielen. Anders gesagt: der physikalische Zustand interessiert nur insoweit, als er eine gewisse Funktion im Gesamtsystem erfüllt.[6]

Eine funktionale Analyse zur Erklärung eines komplexen Systems ist in vielen Bereichen üblich. Möchte man beispielsweise erklären wie ein Automotor funktioniert, spricht man über das Zusammenwirken von Kolben, Zylinder, Kurbelwelle, Vergaser, Zündung, Batterie und was es da sonst noch alles gibt. All das sind zwar physikalisch beschreibbare Dinge, sie haben eine bestimmte Ausdehnung, eine Masse, bestehen aus einem bestimmten Material und sind oft aus anderen Teilen aufgebaut; bei der Erklärung der Funktionsweise eines Automotors interessieren diese physikalischen Charakterisierungen nicht. Was zählt, ist nur ihre funktionale Rolle im Gesamtsystem, d.h. welche Leistungen sie erbringen und wie sie mit anderen Teilen des Systems interagieren, um das zu erklärende Verhalten hervorzubringen.

Allerdings genügt es noch nicht zu sagen, daß mentale Zustände eine funktionale Rolle haben, die von physikalischen Zuständen erfüllt wird. Denn damit wird nur behauptet, daß für jeden mentalen Zustand einen physikalischen Zustand gibt, mit dem er identisch ist (Token-Token-Identität), und daß die mentalen Zustände in irgendwelchen kausalen Beziehungen miteinander stehen. Dies mag genügen, wenn es darum geht,

---

[5] Alle Übersetzungen in dieser Arbeit sind von mir; Hervorhebungen in Zitaten sind – wenn nicht besonders darauf hingewiesen wird – aus dem Orginal übernommen.

[6] Der Funktionalismus selbst ist ontologisch neutral: Was die funktionale Rolle letztlich realisiert, ist irrelevant. Es könnten auch wesentlich nicht-materielle Zustände sein (cf. Putnam 1960). In der Regel wird aber angenommen, daß es physikalische Zustände sind, die die funktionalen Rollen einnehmen, da man sonst wieder vor dem Problem der kausalen Verursachung stünde.

allgemein zu sagen, was mentale Zustände sind. Will man aber eine Aussage darüber treffen, wie sich die kausalen Rollen der einzelnen Zustände unterscheiden, bzw. welche Rolle ein bestimmter Zustand im Gesamtsystem einnimmt, muß man etwas über den (funktionalen) Aufbau des Systems aussagen.

Natürlich können nicht die Details der Verknüpfung einzelner mentaler Zustände angegeben werden. Es sollte aber versucht werden, wenigstens die allgemeine Struktur des funktionalen Aufbaus anzugeben. Dazu bedient man sich der Analogie zu Computern: Es wird angenommen, daß der funktionale Aufbau des Geistes in etwa dem funktionalen Aufbau von Computern (als abstrakten Maschinen) entspricht. Das hat wohl vor allem drei Gründe.[7]

Erstens werden sowohl geistige Zustände als auch innere Zustände eines Computers inhaltlich charakterisiert; die Zustände beider Systeme beziehen sich auf Dinge in der Welt. Insofern kann sowohl der menschliche Geist als auch der Computer als informationsverarbeitendes System verstanden werden. Zweitens sind Computer nicht einfach nur sehr komplexe Maschinen, sondern sie sind universelle Maschinen. Universelle Maschinen können prinzipiell alle berechenbaren Funktionen auf mechanischem Weg berechnen und sind daher (prinzipiell) in der Lage, alle mechanischen Prozesse zu simulieren. Wenn unser Geist tatsächlich auf der funktionalen Organisation der Gehirnzustände beruht, müßte er mittels eines Computer zumindest simuliert werden können. Drittens zeigen bereits heutige Computer Leistungen, die früher dem menschlichen Geist vorbehalten waren und für die eine gewisse Intelligenz als Voraussetzung erachtet wurde. Viele halten aus diesem Grund die Hypothese für plausibel, daß sich Computer bauen lassen, die zumindest genauso intelligent sind wie Menschen. Aber auch wenn der menschliche Geist nicht dem funktionalen Aufbau eines Computers entspricht, kann ein Vergleich dennoch aufschlußreich für das Verständnis des menschlichen Geistes sein.

Im nächsten Abschnitt werde ich die These erläutern, das menschliche Gehirn sei als eine Art Computer aufzufassen, und der Geist analog zu den abstrakten Maschinen, die durch die konkreten Computer realisiert werden.[8]

1.2.2 Die Computer-Metapher

Der Vergleich von Computern mit dem menschlichen Geist ruft bei manchen eine reflexartige Ablehnung hervor. Den Menschen, Krone der Schöpfung, auf eine Maschine zu reduzieren, grenzt für sie an Blasphemie. Diese Reaktion beruht auf einer Reihe zum Teil grober Mißverständnisse. Erstens ist ein Vergleich keine Identifikation. Bei einem Vergleich werden zwei oder mehrere Dinge hinsichtlich einer bestimmten Eigenschaft verglichen. Zu sagen, daß sich zwei Dinge hinsichtlich einer bestimmten Eigenschaft

---

[7] Böse Zungen behaupten, immer wenn Philosophen versuchten, den menschlichen Geist zu erklären, verwiesen sie auf die zu dieser Zeit modernsten Apparate und Geräte und setzten diese in Analogie zum menschlichen Geist. Früher waren das Uhren, Dampfmaschinen und Telefonnetze, und im Augenblick sind gerade die Computer an der Reihe.

[8] Durch die gesamte Arbeit wird sich die Unterscheidung zwischen Maschinen als konkreten, raumzeitlichen Gegenständen, und Maschinen als abstrakten Entitäten ziehen. (An ersteren kann man sich das Knie anstoßen, an letzteren nicht.) Die Unterscheidung ist genauso wichtig wie die Unterscheidung zwischen Ziffern und Zahlen und ich hoffe, daß es mir gelingt, immer deutlich zu machen, ob ich von Maschinen als konkreten Gegenständen oder abstrakten Objekten spreche.

gleichen, bedeutet nicht, daß beide Dinge sonst noch irgendwelche Eigenschaften gemeinsam haben. Wittgenstein und Hitler haben eine ganze Reihe von Dingen gemeinsam: beide gehörten zur Familie der Säugetiere, waren männlichen Geschlechts, wurden im April 1889 in Österreich geboren, gingen in dieselbe Schule usw. Damit wird nichts über sonstige Gemeinsamkeiten ausgesagt. Keiner dieser Vergleiche identifiziert Wittgenstein in irgendeiner Weise mit Hitler.

Auch der Vergleich von Menschen und Maschinen ruft starke Assoziationen hervor. Der Mensch soll plötzlich nicht mehr den grandiosen Stellenwert haben, den ihm die Kulturgeschichte seit Tausenden von Jahren zubilligt, sondern etwas Verstehbares, nach einfachen Mechanismen Ablaufendes, ja vielleicht sogar künstlich herstellbar sein? Nach dem allgemeingültigen Schluß, daß nichts sein kann, was nicht sein darf, wird der Vergleich als absurd abgelehnt. Dabei wird meist übersehen, daß es sich um zwei verschiedene Fragen handelt. Die eine Frage ist, ob der menschliche Geist nach den gleichen Prinzipien funktioniert wie ein elektronischer Rechner, und ob es möglich ist, Computer zu konstruieren, die über eine uns vergleichbare Intelligenz verfügen. Die andere Frage ist, ob man solche Maschinen bauen *sollte*, bzw. ob es Bereiche gibt, in denen man sie nicht einsetzen sollte, gesetzt den Fall, daß die erste Frage bejaht werden kann. Diese letzte Frage nach den ethischen und sozialen Problemen, die sich aus dem Einsatz intelligenter Maschinen ergeben könnten, halte ich für äußerst wichtig. Es wäre denkbar, daß es sich bei intelligenten Maschinen um eine Technologie handelt, die man zwar nutzen *könnte*, aber aus einer Reihe von Gründen – wie beispielsweise die Kernenergie – nicht nutzen *sollte*. Gerade wegen der Wichtigkeit dieser Frage, darf sie aber keinesfalls mit der Frage nach dem prinzipiellen Aufbau des menschlichen Geistes bzw. der prinzipiellen Möglichkeit einer künstlichen Intelligenz vermengt werden.

Nachdem diese möglichen Mißverständnisse aus der Weg geräumt sind, und der Vergleich zwischen Computer und Gehirn hoffentlich ganz unemotional gesehen werden kann, komme ich zu der Frage, worin sich Computer und Gehirn gleichen sollen. Zum einen sind beides materielle Gegenstände, deren innere Strukturen und Prozesse vollständig physikalischen Gesetzmäßigkeiten unterworfen sind. Es gibt keine Einflüsse von Entitäten auf das Gehirn, die nicht unter die Gesetze der Physik fallen würden, und die aus einer bloßen Ansammlung von Nervenzellen eine denkende Substanz macht (das ist die Prämisse (1) aus Kapitel 1). Daraus folgt, daß beide Dinge – Gehirn und Computer – prinzipiell vollständig verstehbar sind, daß es keine epistemologische Schranke gibt, die verhindert, daß die Funktionsweise beider Systeme vollständig erkannt werden kann.

Das bisher Gesagte trifft aber sowohl auf Computer als auch auf Rasenmäher, Schreibtischlampen und Kaffetassen zu. Was Computer besonders auszeichnet, und was sie nach einer weitgeteilten Auffassung mit dem menschlichen Gehirn gemeinsam haben, ist, daß beide Information verarbeiten. Computer und Gehirn werden also hinsichtlich ihrer Fähigkeit zur Informationsverarbeitung verglichen. Die Grundannahme der Kognitionswissenschaft ist es, daß sowohl das menschliche Gehirn als auch Computer zur Klasse der informationsverarbeitenden Systeme gehören. (Die Frage, die mich in dieser Arbeit beschäftigt, ist, ob innerhalb dieser Klasse der informationsverarbeitenden Systeme weitere Unterklassen unterschieden werden können – symbolische und konnektionistische Systeme –, und wenn ja, ob das menschliche Gehirn zu einer anderen Unterklasse gehört (zu den konnektionistischen Systemen) als traditionelle (symbolverarbeitende) Computer.) Dieses Paradigma vom menschlichen Gehirn als informationsverarbeitenden System liegt der gesamten Kognitionswissenschaft zugrunde:

- Computer und Gehirn sind komplexe informationsverarbeitende Systeme. Von beiden wird Information aufgenommen (Input), gespeichert, manipuliert, wieder abgerufen und schließlich in beobachtbares Verhalten (Output) umgesetzt.

Eine Einschränkung erfährt die Computer-Metapher durch die Beschränkung des Explanandum. Der Untersuchungsgegenstand der Kognitionswissenschaften ist nicht der Mensch schlechthin und auch nicht all seine geistigen Zustände, sondern "nur" dessen Denken: man möchte herausfinden, worin die Fähigkeit zum Denken – zur Kognition – besteht. Es werden also nicht alle mentalen Zustände und Prozesse untersucht, sondern nur solche, die als kognitiv eingestuft werden. Ein Problem dabei ist, daß es nicht unumstritten ist, welchen Bereich geistiger Prozesse der Begriff 'Kognition' umfaßt. Trotzdem gibt es unstrittige Fälle: Schlußfolgerndes Denken, Rechnen, Erinnern sind klare Beispiele kognitiver Fähigkeiten. Fühlen, Empfinden und auch das Bewußtsein gehören sicher nicht dazu. Nicht etwa, daß diese Phänomene keiner Erklärung bedürften, aber die Kognitionswissenschaft bezieht zu ihnen (vorläufig) keine Stellung. Umstrittene Fälle sind beispielsweise Wahrnehmungsprozesse. Obwohl sie von den meisten Kognitionspsychologen thematisiert und damit als kognitive Prozesse akzeptiert werden, gibt es insbesondere in philosophischen Kreisen die Tendenz, den Begriff der Kognition auf propositionale Einstellungen, also z.B. auf Überzeugungen und Wünsche usw. zu beschränken. Dazu später mehr.

Kognitive Zustände müssen nach Ansicht von Kognitionswissenschaftlern mit funktionalen Zuständen eines informationsverarbeitenden Systems identifiziert werden (also mit abstrakten Zuständen, die durch ihre kausale Rolle im Gesamtsystem definiert sind und nicht etwa mit physikalisch beschreibbaren Zuständen). Natürlich folgt daraus nicht, daß alle derartigen Zustände auch schon kognitiv wären. Informationsverarbeitung ist eine notwendige, aber keine hinreichende Bedingung für Kognition.[9] Die zweite Prämisse der Kognitionswissenschaft läßt sich wie folgt formulieren:

- Kognitive Prozesse setzen das Vorhandensein eines informationsverarbeitenden Systems voraus.

Damit ist natürlich noch nicht viel gewonnen. Es stellt sich z.B. die Frage, worin "Informationsverarbeitung" genau besteht, oder wie die Informationsverarbeitung des Gehirns funktioniert (also die Frage nach den hinreichenden Bedingungen für Kognition). Eine offene Frage ist auch, welche Rolle unsere alltagspsychologischen Begriffe in einer Informationsverarbeitungs-Theorie des Geistes spielen, bzw. ob sie nicht ganz zu eliminieren sind usw. Die Computer-Metapher gibt daher noch keine Antwort auf die Frage nach dem Verhältnis von Körper und Geist, sondern umreißt eine mögliche Forschungsstrategie. Und die Strategie besteht darin, mentale Zustände (eingeschränkt

---

[9] Gemäß Newell und Simon ist eine (symbolische) Informationsverarbeitung notwendige *und hinreichende* Bedingung für intelligentes Verhalten (cf. z.B. Newell & Simon 1976; 116). Sie verstehen 'hinreichend' dabei nicht in dem Sinn, daß jedes Symbolsystem bereits intelligentes Verhalten zeigen würde, sondern so, daß es zusätzlich zu einer symbolischen Informationsverarbeitung keiner weiteren Fähigkeiten bedarf, um – mit entsprechend elaboriertem Programm – intelligentes Verhalten zu erzeugen.

auf kognitive Zustände) als abstrakte funktionale Zustände eines informationsverarbeitenden Systems zu betrachten.

Kehrt man noch einmal zu der ursprünglichen Frage zurück, wie es möglich sein kann, daß mentale und physikalische Zustände kausal interagieren, ergibt sich folgender Lösungsansatz: Mentale Zustände sind funktionale – oder Neudeutsch: komputationale – Zustände eines informationsverarbeitenden Systems. Diese funktionalen Zustände können in unterschiedlichen Systemen durch unterschiedliche physikalische Zustände und Prozesse realisiert sein. Die kausale Wirksamkeit mentaler Zustände ergibt sich also aus der kausalen Wirksamkeit der sie realisierenden physikalischen Zustände, wobei sich die Art der kausalen Verknüpfung aus der funktionalen Rolle ergibt, die durch die mentalen Zustände spezifiziert wird.

Wenn der menschliche Geist das Ergebnis informationsverarbeitender Prozesse ist, so ist es angebracht zu fragen, wie Informationsverarbeitung im allgemeinen vor sich geht und wie ein physikalisches System diese Leistung erbringen kann. Die Ausgangslage Idee ist folgende: Dem Organismus steht eine reale Umwelt gegenüber. Damit der Organismus seine Ziele erfolgreich verfolgen kann, muß er die Gegebenheiten der Umwelt berücksichtigen. Er muß einerseits in der Lage sein, bedrohlichen Umweltbedingungen auszuweichen, und andererseits fähig sein, die Bedingungen aufzusuchen, die für die Verfolgung seiner Ziele nützlich sind. Noch besser ist es für ihn, wenn er die Fähigkeit hat, die Umwelt seinen Erfordernissen entsprechend anzupassen. Kurz gesagt, der Organismus muß mit seiner Umwelt interagieren.

Eine erfolgreiche Interaktion mit der Umwelt setzt voraus, daß der Organismus zuverlässige Informationen über die Beschaffenheit seiner Umwelt und seiner Position darin hat. Im einfachsten Fall erhält er diese Informationen über speziell ausgebildete Körperteile – die Sinnesorgane. Es kann daher als die Aufgabe der Sinnesorgane angesehen werden, dem Organismus Informationen über die Umwelt und die eigene Position darin zur Verfügung zu stellen. Information ist etwas abstraktes und muß daher immer in irgendeiner Form kodiert sein. Die inneren physikalischen Zustände oder Prozesse, die Träger der bereitgestellten Information sind, werden als (mentale) Repräsentationen bezeichnet; sie repräsentieren die Umwelt des Organismus und tragen somit eine bestimmte Bedeutung.

Die inneren Repräsentationen nützen dem Organismus so lange nichts, wie er nicht in der Lage ist, sie in irgendeiner Weise zu verwerten. Die einfachste Art der Verwertung besteht in der direkten Umsetzung in ein bestimmtes Verhalten. Dies ist oft bei sehr einfachen Lebewesen der Fall, bei denen beispielsweise der osmotische Druck der Körperzellen den Salzgehalt der Umgebung repräsentiert und zugleich eine Bewegung entgegen dem Konzentrationsgefälle verursacht.[10] Von großem Vorteil für einen Organismus ist es natürlich, wenn er die Repräsentationen speichern und bei Bedarf wieder abrufen kann. Er ist dadurch fähig, die gegenwärtige Situation mit früheren zu vergleichen. Die Möglichkeit der Speicherung und der Manipulation innerer Repräsenta-

---

[10]Dies ist natürlich eine sehr weite Verwendung des Begriffs 'Repräsentation' und viele würden es ablehnen, in diesem Zusammenhang davon zu sprechen, daß die Umwelt des Lebewesens in irgendeiner Form repräsentiert wird. Ich glaube aber, daß es nützlich ist, vorläufig den Begriff der Repräsentation sehr weit zu fassen, um nicht von vorneherein eine vielleicht unangebrachte Einschränkung zu treffen. Bei Bedarf kann man immer noch einschränkende Bedingungen für "echte" oder "mentale" Repräsentation angeben.

tionen versetzt ihn in die Lage, aus früheren Erfahrungen zu lernen und sein Verhalten aufgrund dieser früheren Erfahrungen zu modifizieren.

Informationsverarbeitung beginnt also mit der Aufnahme von Information durch speziell entwickelte Organe und der Repräsentation dieser Information durch innere Zustände. Diese repräsentationalen Zustände sind Träger von Bedeutungen, sie haben einen gewissen Informationsgehalt. Im weiteren Verlauf der Informationsverarbeitung werden die inneren Repräsentationen gespeichert, wieder abgerufen, verglichen und umgewandelt. Schließlich verursachen sie in vielen Fällen – qua physikalischer Zustand – bestimmte Körperbewegungen. Diese Körperbewegungen können als adäquate Reaktionen des Organismus auf seine Umwelt verstanden werden.

Die Fähigkeit zur Informationsverarbeitung wurde von natürlichen Systemen im Laufe der Evolution erworben und weiterentwickelt.[11] Information wird aber auch in künstlichen Systemen verarbeitet. Auch von Computern wird Information aufgenommen, gespeichert, manipuliert und wieder abgerufen. Wenn nun aber sowohl natürliche als auch künstliche "Organismen" Informationen verarbeiten, ist es zweckmäßig, die allgemeinen Mechanismen der Informationsverarbeitung unabhängig von der jeweiligen physikalischen Realisierung zu untersuchen. Dies entspricht auch der funktionalistischen Sichtweise, daß es für die Charakterisierung mentaler Zustände nur auf deren funktionale Rolle ankommt, die physikalische Realisierung aber irrelevant ist.

Wie aber geschieht die Aufnahme von Information beim Menschen? Wie wird sie gespeichert und wieder abgerufen? Welche Rolle spielt sie bei der Auswahl von Handlungen? Erst wenn diese Fragen geklärt sind, bietet die Informationsverarbeitungs-Theorie des Geistes eine brauchbare Erklärung für die Interaktion von kognitiven und physikalischen Zuständen.

1.2.3 Der Begriff der Repräsentation

Eine zentrale Rolle im Informationsverarbeitungs-Paradigma spielt der Begriff der Repräsentation. Es ist wohl nicht übertrieben, ihn als *den* Schlüsselbegriff der Kognitionswissenschaft zu bezeichnen. Information ist etwas abstraktes. Bei der Informationsaufnahme wird nicht etwas in der Weise in den Körper aufgenommen wie ein Stück Brot, vielmehr müssen durch die Sinnesorgane innere Zustände (neurale Aktivitätsmuster oder ähnliches) in einer Form gebildet werden, die es dem Organismus erlauben, aus diesen Zuständen Rückschlüsse auf seine Umwelt zu ziehen. Die inneren Zustände repräsentieren den Zustand der Umwelt, d.h. sie haben einen bestimmten repräsentationalen Gehalt.

Diese inneren Repräsentationen sind es, die bei der Informationsverarbeitung "verarbeitet" werden. Sie werden in einer von der jeweiligen Theorie zu spezifizierenden Weise umgeformt, gespeichert, und wieder abgerufen. Repräsentationen sind letztlich physikalisch beschreibbare Objekte oder Zustände, die einen bestimmten Gehalt

---

[11] Es ist wohl nicht eindeutig, an welcher Stelle der Phylogenese eines "höheren" Lebewesens man zu Recht davon sprechen kann, daß Information verarbeitet wird. Es scheint mir allerdings zweckmäßig, den Begriff eher großzügig zu verwenden und bereits dann von "Informationsverarbeitung" zu sprechen, wenn sich innere Zustände finden lassen, die als Repräsentationen bestimmter Umweltfaktoren gelten können. Und dies ist sicherlich bereits der Fall, lange bevor von "höherem" Denken gesprochen werden kann.

haben. In der normalen Umgebung begegnet man Repräsentationen in vielerlei Gestalten: Photographien, Bildern, Verkehrszeichen, Ziffern, Wörtern usw. Allerdings sollte man nicht an der Vorstellung von dinglichen Objekten haften bleiben: auch elektromagnetische Wellen, Luftdruckschwankungen oder neuronale Entladungsmuster können etwas repräsentieren. In der Kognitionswissenschaft wird davon ausgegangen, daß es irgendwelche inneren Zustände oder Prozesse des zentralen Nervensystems sind, die bei der menschlichen Informationsverarbeitung als Repräsentationen fungieren. Ein Aspekt, unter dem Repräsentationen betrachtet werden können, ist also ihre physikalische Beschaffenheit.

Was aber einen neuronalen Zustand zu einer Repräsentation macht, sind nicht deren physikalische Eigenschaften, sondern der Umstand, daß es Prozesse gibt, die diese Zustände als Repräsentation auswerten. Diesen Punkt betont Palmer wenn er schreibt: "Die einzige Information, die in einer Repräsentation enthalten ist, ist diejenige, für die Operationen definiert sind, die sie auswerten" (1978; 266). Entsprechend geht es nicht nur darum, etwas über die Repräsentationen des menschlichen informationsverarbeitenden Systems selbst herauszufinden, sondern es muß auch eine Aussage über die Operationen gemacht werden, die diese Repräsentationen manipulieren.

Wie bereits festgestellt, interessiert man sich im allgemeinen nicht für die tatsächliche physiologische Realisation der Repräsentationen, trotzdem schränken die physiologischen Gegebenheiten natürlich die Menge der in Frage kommenden Repräsentationsformen stark ein. Eine Form der Informationsverarbeitung, die Repräsentationen postuliert, die durch physiologische Fakten ausgeschlossen sind, mag vielleicht in der KI eine Rolle spielen – wenn es aber darauf ankommt, die *menschliche* Informationsverarbeitung zu erklären, müssen die postulierten Repräsentationen mit den empirischen Gegebenheiten in unseren Köpfen übereinstimmen.

Damit komme ich zum zweiten Aspekt, unter dem Repräsentationen betrachtet werden müssen: ihrem Inhalt. Eine Repräsentation ist immer etwas, das einen bestimmten Inhalt hat, das für etwas anderes steht. Ist der "materielle" Aspekt von Repräsentationen noch relativ unproblematisch, so ergibt sich aus ihrem inhaltlichen Aspekt ein Reihe höchst verzwickter Probleme. So wie ich vorher den Begriff der Repräsentation als den Schlüsselbegriff der Kognitionswissenschaft bezeichnet habe, so kann man sicherlich die Frage nach dem Inhalt oder der Bedeutung von (mentalen) Repräsentationen als *das* Kernproblem der gesamten Informationsverarbeitungstheorie des Geistes betrachten.[12]

Geht es um die Bedeutung externer Repräsentationen wie z.B. Bilder oder Schriftzeichen, so hat man immer die Möglichkeit, deren Bedeutung auf die Interpretation durch die Benutzer dieser Repräsentationen zurückzuführen. Externe Repräsentationen sind immer Repräsentationen *für* jemanden, der die Repräsentation interpretiert. Man nimmt z.B. nicht an, daß die Wörter oder Sätze der öffentlichen Sprache von sich

---

[12]Im Grund genommen gibt es nicht *ein* Problem, sondern mindestens drei: zum ersten die Frage, wie es dazu kommt, daß eine bestimmte Repräsentation gerade die Bedeutung hat, die sie hat. Was sorgt dafür, daß ein innerer Zustand von Katzen handelt und nicht von Hunden? Es ist dies die Frage nach der spezifischen Bedeutung von Repräsentationen. Das zweite Problem ergibt sich aus der Frage, wie innere Zustände überhaupt zu einer Bedeutung kommen. Was bewirkt, daß manche innere Zustände Repräsentationen sind, andere dagegen nicht? Das dritte und allgemeinste Problem bezieht sich nicht ausschließlich auf mentale Repräsentationen, sondern auf bedeutungsvolle Objekte schlechthin: Wie ist es möglich, daß ein Gegenstand etwas repräsentiert? Worin besteht die Repräsentations-Relation im allgemeinen?

aus eine Bedeutung haben, sondern daß es der Benutzer dieser Sprache ist, der sie in einer gewissen Weise interpretiert, d.h. mit einer Bedeutung versieht. Die Möglichkeit zur Kommunikation mit anderen Mitgliedern der Sprachgemeinschaft kann man dann mit der Konvention erklären, die Ausdrücke und Sätze in bestimmter Weise zu interpretieren. Das Wort 'Banane' hat seine Bedeutung nach dieser Auffassung aufgrund der Tatsache, daß alle Mitglieder das gleiche meinen, wenn sie den Ausdruck benutzen. Konventionen können sich natürlich unterscheiden; es wäre daher nicht verwunderlich, daß in einer anderen Sprachgemeinschaft der Ausdruck 'Banane' sich auf Dinge bezieht, die wir mit 'Kaffeetasse' bezeichnen. Die Bedeutungen externer Repräsentationen werden damit auf die Meinungen und Absichten (d.h. mentalen Zuständen) des jeweiligen Interpreten zurückgeführt.

Im Gegensatz zur Bedeutung externer Repräsentationen kann der Gehalt innerer Repräsentationen nicht auf die Interpretation durch einen Benutzer zurückgeführt werden. Denn wer (oder was) sollte es sein, das die inneren Zustände interpretiert? Da man mit Hilfe innerer Repräsentationen erklären will, was mentale Zustände sind, kann man den Gehalt der mentalen Repräsentationen vor allem nicht auf die Interpretation von etwas zurückführen, das selbst wieder mentale Zustände hat. Eine derartige "Homunculus"-Theorie ist – abgesehen von ihrer fehlenden Plausibilität – entweder zirkulär oder regressiv.

Es muß also versucht werden zu explizieren, was es heißt das mentale Repräsentationen einen bestimmten Gehalt haben, ohne sich selbst wieder auf andere bedeutungstragende Zustände zu berufen. *Ein* Versuch in naturalistischer Weise zu erklären, wie mentale Repräsentationen zu ihrem Inhalt gelangen, besteht darin, den Inhalt der inneren Repräsentation auf die *Kovarianz* der Repräsentation mit ihrem Inhalt zurückzuführen. Die grundlegende Idee bei Jerry Fodor beispielsweise ist, daß ein Vorkommnis einer inneren Repräsentation seine Ursachen bezeichnet, und die Typen der Repräsentationen die Eigenschaft ausdrücken, deren Instantiierung zuverlässig ein Vorkommnis dieses Repräsentations-Typs verursacht (cf. Fodor 1987; 99).[13] Die Bedeutung der mentalen Repräsentationen wird dadurch auf die kausal bedingte Kovarianz mit ihrem Inhalt zurückgeführt.

Eine derartig primitive Form einer Kovarianz-Theorie hat zwei große Probleme: Das Vorhandensein eines Gegenstands ist weder notwendige noch hinreichende Bedingung für das Vorkommnis der entsprechenden Repräsentation. Zum einen verursachen also z.B. nicht alle Katzen ein Vorkommnis einer Katzen-Repräsentation (z.B. wenn es zu dunkel ist, um die Katze zu sehen, die vorbeischleicht) und zweites werden nicht alle Vorkommnisse einer Katzen-Repräsentation von einer Katze verursacht (etwas anderes – z.B. ein Stofftier – wird manchmal irrtümlich für eine Katze gehalten).

Dem Umstand, daß nicht alle Vorkommnisse einer Katzen-Repräsentation von einer Katze verursacht werden (das Problem der Mißrepräsentation), versucht Fodor in

---

[13]Da Fodor davon ausgeht, daß die inneren Repräsentationen eine kompositionale Semantik haben (siehe Kapitel 5), braucht er sich nur um die Bedeutung der primitiven Ausdrücke in diesem Repräsentationssystem zu kümmern. Die Bedeutung der komplexen Ausdrücke ergibt sich – ähnlich wie bei der natürlichen Sprache – aus der Bedeutung der primitiven Ausdrücke und der Art und Weise ihrer Zusammenstellung. Da es in meiner Arbeit in erster Linie um den syntaktischen Aspekt mentaler Repräsentationen geht, ist es hier nicht mein Ziel, Fodors kausale Bedeutungstheorie mentaler Repräsentationen im Detail wiederzugeben. Meine Darstellung wird diese daher zwangsläufig übersimplifizieren und ihrer teilweise intrikaten Komplexität keinesfalls gerecht.

seiner Theorie dadurch Rechnung zu tragen, daß die Kausalbeziehungen zwischen z.B. Stofftieren und Katzen-Repräsentationen *asymmetrisch abhängig* sind von den Kausalbeziehungen zwischen Katzen und Katzen-Repräsentationen: Wenn Katzen keine Katzen-Repräsentationen verursachten, würden Stofftiere auch keine Katzen-Repräsentationen verursachen. Das Umgekehrte gilt nicht: Wenn Stofftiere keine Katzen-Repräsentationen verursachten, so wäre es dennoch möglich, daß Katzen Katzen-Repräsentationen verursachen.

Das umgekehrte – und wie Fodor feststellt – schwierigere Problem, daß nicht alle Dinge in der näheren Umgebung eines Lebewesens ihre entsprechende Repräsentation verursachen (so wie z.B. nicht jede Mücken um mich herum eine entsprechende Repräsentation verursacht, einfach aus dem Grund, weil ich sie nicht wahrnehme) versucht er damit in den Griff zu bekommen, daß er annimmt, daß sich für einen normalen, intakten Beobachter mit Hilfe psychophysischer Gesetzmäßigkeiten Umstände spezifizieren lassen, deren Vorliegen eine hinreichende Bedingung für innere Zeichen darstellen, die einfache sinnliche Qualitäten (wie z.B. der Farbe Rot) repräsentieren. Damit sind zumindest die Vorkommnisse bestimmter Repräsentationen durch psychophysische Gesetzmäßigkeiten determiniert. Ein Problem bereiten aber noch Begriffe wie z.B. "Pferd", "Proton" oder "Menge", da nicht angenommen werden kann, daß es einfache psychophysische Gesetze gibt, mit deren Hilfe hinreichende Bedingungen für ein Vorkommnis z.B. einer Proton-Repräsentation spezifiziert werden können. Fodor ist der Meinung, daß es hier genügt anzunehmen, daß sich die Umstände ohne mentalistisches Vokabular spezifizieren lassen, unter denen Pferde ein Vorkommnis einer Pferde-Repräsentation verursachen, auch wenn man (noch) nicht in der Lage ist, diese Bedingungen anzugeben: "Für die Zwecke einer semantischen Naturalisierung ist es die Existenz einer verläßlichen Geist-Welt-Korrelation was zählt, nicht die Mechanismen, durch die diese Korrelation bewirkt wird" (1987; 122).[14]

Ich möchte hier Fodors Position nicht diskutieren (cf. Cummins 1989, für eine meines Erachtens überzeugende Kritik). Es genügt, wenn mir gelungen ist, deutlich zu machen, daß die Frage nach dem Inhalt mentaler Repräsentationen keineswegs trivial ist. Im folgenden werde ich zwei verschiedene Ansätze zur Informationsverarbeitung darstellen, die den Anspruch erheben, als Modell der menschlichen Informationsverarbeitung dienen zu können. Beide Ansätze postulieren repräsentationale Zustände, insofern stehen beide vor dem gleichen Problem zu erklären, wie diese inneren Repräsentationen zu ihrem Inhalt gelangen. Es sollte aber festgehalten werden, daß beide Versionen der Informationsverarbeitungs-Theorie des Geistes an den oben genannten Grundsätzen festhalten: Kognitive Prozesse ergeben sich als Leistungen eines informationsverarbeitenden Systems, und die allgemeinen Prinzipien der Informationsverarbeitung sind bei Menschen dieselben wie bei künstlichen Systemen.

---

[14]Es sollte noch angemerkt werden, daß die Zeichen des inneren Repräsentationssystems für Fodor keine "weite" Bedeutung haben (keine Wahrheitsbedingungen spezifizieren), sondern nur eine "enge" Bedeutung. Enge Bedeutung ist nur potentielle Bedeutung; erst in einem bestimmten Kontext haben die mentalen Repräsentationen Wahrheitsbedingungen. Da dieser Punkt für mich nicht relevant ist, gehe ich nicht näher darauf ein.

2 Symbolische Informationsverarbeitung

Es ist die allgemein akzeptierte Auffassung in der Kognitionswissenschaft, daß kognitive Prozesse als informationsverarbeitende Prozesse verstanden werden müssen. Information wird "verarbeitet", indem bedeutungstragende Zustände (Repräsentationen) nach bestimmten Regeln umgeformt werden. So allgemein formuliert, enthält der letzte Satz nicht viel Neues. Um zu sehen, wie eine Informationsverarbeitung im Detail funktioniert, sieht man sich am besten konkrete informationsverarbeitende Systeme an. In diesem Kapitel möchte ich darstellen, wie die Informationsverarbeitung in typischen Computern funktioniert.

Natürlich kann ich hier nicht auf jedes Detail eingehen; ich werde allerdings versuchen, die allgemeinen Prinzipien soweit darzustellen, wie es für die Einschätzung der philosophischen Position, die annimmt, der menschliche Geist funktioniere ähnlich wie ein derartiger Computer, erforderlich ist. Außerdem sollen in diesem Kapitel die Grundlagen für den späteren Vergleich mit konnektionistischen Modellen erarbeitet werden. Um erkennen zu können, worin sich beide Versionen der Informationsverarbeitung unterscheiden, ist es sicher hilfreich, sich über die wesentlichen Eigenschaften beider Modelle klar zu werden.

2.1 Algorithmen

Ein Schlüssel zum Verständnis dazu, wie ein Computer rechnet, ist sicher der Begriff des Algorithmus. Allgemein gesagt ist ein Algorithmus eine Vorschrift, die eindeutig angibt, wie man sich in einer bestimmten Situation zu verhalten hat. So gesehen kann man viele Vorschriften des täglichen Lebens als Algorithmen auffassen. Im Bereich der Mathematik und Informatik betreffen Vorschriften in der Regel aber ausschließlich die Umformung von Zeichen. Ein Algorithmus ist hier eine Vorschrift, die eindeutig angibt, wie bestimmte Zeichen umgeformt werden. Algorithmen für die Umformung von Zeichen sind jedem aus der Schule bekannt. Wenn man Rechnen lernt, lernt man genau das: die Anwendung von Algorithmen. Die Berechnung einer Aufgabe besteht meist darin, daß man ein derartiges Verfahren auf eine Menge vorgegebener Zahlen anwendet und so zur gewünschten Lösung gelangt. So gesehen ist Rechnen nichts anderes als die Umformung von Zeichen nach festgelegten Regeln.

Für theoretische Zwecke ist die Forderung wichtig, daß der Algorithmus endlich sein muß. Er darf z.B. nicht aus einer unendlichen Liste von Anweisungen bestehen, sondern muß mit einer endlichen Anzahl auskommen. Für praktische Zwecke ist dieser Punkt weniger relevant, da man kaum in die Versuchung kommen wird, eine unendliche Vorschrift aufzustellen.

In einer Vorschrift zur Umformung von Zeichen muß natürlich angegeben werden, für welche Zeichen bzw. Zeichenkonfigurationen die Vorschrift gelten soll. Die Menge der Zeichen, auf die die Vorschrift anwendbar ist, wird als das *Alphabet* des Algorithmus bezeichnet. Das Alphabet eines Algorithmus darf nur endlich viele Elemente enthalten, da sonst die Forderung nach endlich vielen Anweisungen nicht erfüllbar wäre. Die Elemente müssen außerdem deutlich voneinander zu unterscheidbar sein, da sonst unklar wäre, welche Regel anzuwenden ist. Das Alphabet eines Algorithmus besteht also aus endlich vielen, diskreten Objekten.

In unserem gebräuchlichen Dezimalsystem besteht das Alphabet aus den Ziffern '0','1','2','3','4','5','6','7','8','9' sowie einer Reihe von Operationszeichen '+','−','×' usw. Dagegen werden in der Informatik hauptsächlich Algorithmen mit einem zweielementigen Alphabet (z.B. {0; 1}) benutzt. Eine Folge von Ziffern aus dem Alphabet wird als *Wort* über dem Alphabet bezeichnet. Unsere gebräuchlichen Ziffernfolgen zur Darstellung von Zahlen (z.B. '74689') sind in dieser Terminologie also Wörter über dem Alphabet {0, . . . , 9}.

Das Alphabet eines Algorithmus besteht aus konkreten Objekten (meist graphische Zeichen). Die Vorschrift gibt an, wie diese konkreten Objekte zu behandeln sind. Will man mit anderen Objekten rechnen, braucht man andere Algorithmen. Die Vorschrift "Forme das Wort '111000' um in '111001'" hilft mir nichts, wenn meine Objekte nicht Ziffern, sondern beispielsweise Murmeln sind. Dabei ist es wichtig, den Unterschied zwischen den konkreten Objekten (Ziffern, Wörtern) und ihren Bedeutungen im Auge zu behalten. Üblicherweise benutzt man Ziffernfolgen, die Zahlen bedeuten. So bedeutet die Ziffer '5' die Zahl 5. Algorithmen betreffen immer die Ziffern, nie ihre Bedeutungen, also die Zahlen. Zahlen sind Abstrakta; zu sagen, die Zahl 5 wird in eine andere Zahl umgeformt, ist Unsinn. Was immer Zahlen sind, umformen kann man sie sicher nicht. Daraus ergibt sich paradoxerweise, daß man mit Zahlen nicht rechnen kann; man rechnet mit Ziffern. Dieser Unterschied wird dadurch verwischt, daß wir im alltäglichen Sprachgebrauch nicht sorgfältig zwischen Zahlen und Ziffern unterscheiden (meistens ergibt sich aus dem Kontext, was gerade gemeint ist).

In diesem Zusammenhang muß auch auf den Unterschied zwischen einem Algorithmus und einer Funktion hingewiesen werden. Eine Funktion ist eine Abbildung einer Menge (Definitionsbereich) auf eine andere Menge (Wertebereich), so daß jedem Element des Definitionsbereichs genau ein Element des Wertebereichs zugeordnet ist. Durch eine Funktion werden also Elemente von Mengen einander zugeordnet. Es ist vollkommen offen, um welche Elemente es sich dabei handelt.

Eine Funktion könnte beispielsweise jedem Ball aus einer Menge von Fußbällen eine Zahl zuordnen (z.B. die Anzahl der mit diesem Ball geschossenen Tore). Ein Algorithmus dagegen ordnet nichts einander zu, sondern ist eine Verhaltensvorschrift. Algorithmen werden in erster Linie dazu benutzt, Funktionen zu berechnen. Ein Algorithmus zur Berechnung der Funktion, die jedem Fußball aus einer bestimmten Menge die Anzahl der mit ihm erzielten Tore zuordnet, würde ein Verfahren darstellen, das angibt, wie man zu jedem der Fußbälle die Anzahl der mit ihm geschossenen Tore ermittelt.

Der Unterschied zwischen einer Funktion und einem Algorithmus ist also nicht, daß die Funktion nur abstrakte und der Algorithmus nur konkrete Entitäten betrifft, sondern vielmehr, daß die Funktion etwas *ist* (eine Zuordnung) während der Algorithmus etwas *tut* (er ordnet zu) (cf. Hennie 1977).

Ein Algorithmus legt für ein zulässiges Wort (also eine Zeichenfolge) eindeutig fest, wie dieses Wort umzuformen ist. Bei Rechenaufgaben, die wir mit Stift und Papier ausführen, formen wir die Ziffern in der Regel nicht um, obwohl natürlich auch das mit Hilfe eines Radiergummis möglich wäre, sondern wir schreiben die neue Ziffernfolge an eine andere Stelle des Blattes. Das ist praktischer, als die alte Zahl auszuradieren und eine neue darüberzuschreiben, spielt aber für theoretische Zwecke keine Rolle. Wenn also von der Umformung von Zeichen die Rede ist, ist damit auch die Neubildung eingeschlossen. Wichtig ist, daß der Algorithmus für jedes zulässige Wort genau *eine* Anweisung gibt. Eine Vorschrift, die dem Benutzer verschiedene Möglichkeiten gibt, ein Wort umzuformen, ist kein Algorithmus. Vorschriften, bei denen der Benutzer entscheiden muß, welche der zulässigen Alternativen er auswählt, werden meist als Kalkül bezeichnet.

Aus dem Umstand, daß der Algorithmus für jedes zulässige Wort genau eine Anweisung erteilt, ergibt sich die Möglichkeit, die Ausführung des Algorithmus einem "dummen" Benutzer zu übertragen. Der Benutzer eines Algorithmus braucht nicht zu wissen, warum er etwas tut, welchen Zweck seine Handlungen haben oder was die Zeichen, die er umformt, bedeuten. Für jede Situation gibt es eine Anweisung, die ihm sagt, wie er sich zu verhalten hat.[1] Tritt eine Situation ein, die in seinen Vorschriften nicht spezifiziert ist (ein unzulässiges Wort), so tut er einfach gar nichts. Es ist z.B. denkbar, daß jemand den aus der Schule bekannten Algorithmus zur Multiplikation zweier Zahlen lernt, ohne etwas über Multiplikation, Zahlen, Vielfaches usw. zu wissen. Auch wenn er vom Zweck dieser Zeichenmanipulationen keine Ahnung hat, kann er den Algorithmus dennoch ausführen. Das einzige, was vom Benutzer des Algorithmus verlangt wird, ist, daß er erkennt, welche Regel auf das umzuformende Zeichen zutrifft, und daß er die geforderte Operation (die Zeichenmanipulation) ausführen kann.

In der gleichen Weise, wie der Algorithmus die Grundelemente festlegt, auf denen er operiert (die Wörter), werden auch die Grundoperationen spezifiziert. Um den Algorithmus anwenden zu können, muß der Benutzer in der Lage sein, diese Grundoperationen auszuführen. Da es hier in erster Linie um die Umformung von Zeichen geht, hat eine typische Grundoperation die allgemeine Form "Forme das Zeichen x in das Zeichen y um". Für das Verständnis eines informationsverarbeitenden Systems ist wesentlich, daß sich die Handlungsanweisungen auf die physikalisch spezifizierbaren Eigenschaften konkreter Objekte beziehen und keinesfalls auf deren eventuelle Bedeutung. Anders gesagt: was es erlaubt, ein konkretes Objekt als ein Token desjenigen Typs aufzufassen, auf den eine bestimmte Handlungsanweisung zutrifft, sind syntaktische, d.h. letztendlich physikalisch beschreibbare Eigenschaften des Objekts.

Was als Grundoperation zählt, wird durch den Algorithmus festgelegt. Es gibt keine ausgezeichnete Klasse von Operationen, die für alle Algorithmen als Grundoperationen gelten. Beim Algorithmus zur Multiplikation zweier (mehrstelliger) Zahlen ist die Multiplikation zweier einstelliger Zahlen eine Grundoperation. In einem anderen Algorithmus könnte es beispielsweise eine Grundoperation sein, die Wurzel aus einer Zahl zu ziehen (oder präzise ausgedrückt: eine gegebene Ziffer so umzuwandeln, daß die neue Ziffer die Wurzel der Zahl repräsentiert, die durch die erste Ziffer repräsentiert wurde).

---

[1] Das ist im Grunde genommen die Situation Searle's im chinesischen Zimmer (cf. Searle 1985).

Durch den Algorithmus wird nur festgelegt, *welche* Operationen als Grundoperationen gelten. *Wie* diese Grundoperationen ausgeführt werden, ist für die Befolgung des Algorithmus gleichgültig. Es ist also ohne weiteres möglich, daß die Grundoperationen selbst große Anforderungen an den Benutzer stellen. Insofern ist es mißverständlich zu fordern, daß ein Algorithmus "mechanisch" (d.h. ohne zu denken) ausführbar sein muß und daß seine Ausführung keinerlei Kreativität oder Intelligenz erfordern darf. Der Algorithmus selbst ist (per definitionem) immer mechanisch in diesem Sinn ausführbar, da er für jede Situation eindeutig festlegt, was als nächstes zu tun ist. Ob es auch die durch ihn spezifizierten Grundoperationen sind, steht auf einem anderen Blatt.

Einen Algorithmus kann man auffassen als die Zerlegung einer komplexen Operation in eine Folge einfacher Operationen. Jede dieser einfachen Operationen kann man ihrerseits wieder als komplexe Operation auffassen, die in noch einfachere zerlegt werden kann. Zur Lösung einer bestimmten Aufgabe ist also eine ganze Hierarchie von Algorithmen denkbar, in der das, was für einen Algorithmus als elementaren Schritt gilt, durch einen eigenen, untergeordneten Algorithmus ausgeführt wird. Man sollte allerdings nicht den Fehler begehen anzunehmen, daß es irgendwie fixierte "Ebenen" von Algorithmen gebe. So kann in einem bestimmten Algorithmus die Operation "Ziehe die Wurzel aus x" Grundoperation sein, eine einfache Division dennoch gleichzeitig viele einzelne Schritte erfordern.

Für die theoretische Mathematik und natürlich insbesondere für die Informatik sind vor allem solche Algorithmen interessant, deren Ausführung vollständig einer Maschine übertragen werden kann. Der Anwender des Algorithmus ist in diesem Fall eine Maschine, die sowohl den Algorithmus als auch die durch ihn geforderten Operationen automatisch, d.h. ohne Zutun eines Benutzers, ausführen können muß. Algorithmen, die von Maschinen ausgeführt werden, sind als die Programme eines Computers bekannt. Computerprogramme sind also im Grunde nichts anderes als eine Verhaltensvorschrift, die die Maschine veranlaßt, bestimmte Zeichen in andere umzuformen. Bevor ich etwas darüber sage, wie man eine Maschine dazu bringt, Zeichen vorschriftsmäßig umzuformen, möchte ich diesen Abschnitt zusammenfassen.

Ein Algorithmus (so wie er hier verstanden werden soll) ist eine eindeutige Vorschrift zur Umwandlung konkreter Objekte (Zeichen) in andere konkrete Objekte. Durch die Beschreibung des Algorithmus wird festgelegt, auf welchen Objekten er operiert (das Alphabet) und welche Operationen mit diesen Objekten ausgeführt werden. Wie diese Operationen auszuführen sind, wird durch den Algorithmus selbst nicht spezifiziert. Die Anweisungen des Algorithmus beziehen sich ausschließlich auf die formalen Eigenschaften der Zeichen und nicht auf deren Bedeutung. Insofern ist ein Algorithmus ein formales System, das angewendet werden kann, ohne etwas über den Zweck der Anwendung zu wissen. Wird gefordert, daß ein bestimmter Algorithmus durch eine Maschine realisiert wird, so müssen die geforderten Grundoperationen so einfach sein, daß die Maschine sie ohne weiteres Zutun eines Benutzers (automatisch) ausführen kann.

2.2 Automatisierte Algorithmen: Computer

Ein Algorithmus, so wurde im letzten Abschnitt festgestellt, ist eine Handlungsanweisung, die für eine endliche Menge von Situationen (die aus dem Alphabet gebildeten Wörter) eindeutig festlegt, was in dieser Situation als nächstes zu tun ist. Die Ausführung der einzelnen Anweisungen kann dabei evtl. sehr kompliziert sein und die Anwendung eines weiteren Algorithmus erfordern. Eine der bahnbrechendsten Entdeckungen dieses Jahrhunderts war die Erkenntnis, daß jeder Algorithmus durch einen anderen Algorithmus ersetzt werden kann, bei dem auch die geforderten Operationen so einfach sind, daß sie von einer Maschine ausgeführt werden können. Alan Turing (1937) zeigte, daß jede Funktion, die in einem intuitiven Sinn berechenbar ist, effektiv mit Hilfe eines Algorithmus berechnet werden kann, der nur wenige Grundoperationen erfordert. Diese Grundoperationen sind so elementar, daß eine Maschine vorstellbar (und auch tatsächlich konstruierbar) ist, die diese Operationen ausführt. Damit hatte Turing gezeigt, daß sich jede (intuitiv) berechenbare Funktion, von einer derartigen Maschine effektiv berechnen läßt, und damit auch, daß sich jeder deterministische Prozeß, bei dem der Endzustand durch seine Anfangsbedingungen eindeutig festgelegt ist – also als Abbildung des Anfangszustands in einen Endzustand darstellbar ist –, mit Hilfe einer derartigen Maschine simulieren läßt.[2]

Eine Turing-Maschine besteht aus einem unendlich langen Rechenband, das in einzelne Felder unterteilt ist und einem Mechanismus, der in der Lage ist, das Band abzutasten und ein Zeichen zu lesen oder zu schreiben (Schreib-Lese-Kopf). In der Regel kann dieser Schreib-Lese-Kopf mit Hilfe einer Verschiebe-Einrichtung um maximal ein Feld nach rechts oder links bewegt werden. Er liest dabei immer nur das Zeichen, das auf dem Feld unter ihm steht. Meist beschränkt man sich darauf, die Zeichen 0 und 1 zu unterscheiden. Das Verhalten der Maschine wird ausschließlich durch ihren augenblicklichen Zustand und durch das Zeichen, das gerade gelesen wird, bestimmt. In Abhängigkeit vom gelesenen Zeichen und augenblicklichen Zustand ist die Maschine in der Lage, vier grundlegende Operationen auszuführen. Sie kann den Schreib-Lese-Kopf um ein Feld nach rechts oder um ein Feld nach links bewegen, und sie kann ein Zeichen aus ihrem Zeichenvorrat auf das Feld drucken, das gerade gelesen wurde. Außerdem kann die Maschine noch einen von endlich vielen Zuständen einnehmen, wobei einer dieser Zustände der Stop-Zustand ist, in dem die Maschine anhält. Die Maschine kann also die Anweisungen befolgen:

1. Rücke ein Feld nach rechts
2. Rücke ein Feld nach links

---

[2] Turing konnte nicht formal beweisen, daß sich alle berechenbaren Funktionen mit Hilfe einer Turing-Maschine effektiv berechnen lassen. Der Grund dafür ist, daß nur intuitiv klar ist, was alles unter den Begriff der "berechenbaren Funktion" fällt. Turings Idee war es, diesen intuitiven Begriff der Berechenbarkeit formal zu *definieren*: Er stellte eine einfache Maschine vor und definierte den Begriff der Berechenbarkeit als die Menge aller Funktionen, für die es einen Algorithmus gibt, den diese Maschine ausführen kann. Es zeigte sich, daß alle bisherigen Versuche, den Berechenbarkeitsbegriff formal zu definieren die gleiche Klasse an Funktionen umfaßt, was man als sicheren Hinweis dafür betrachtet, daß mit Hilfe der Turing-Maschine tatsächlich alle berechenbaren Funktionen effektiv berechnet werden können, d.h., daß der Begriff der Turing-Berechenbarkeit und der intuitive Berechenbarkeitsbegriff koextensiv sind (Churchsche These).

3. Schreibe das Zeichen S_i
4. Gehe in Zustand Z_j

Turing zeigte, daß jeder Algorithmus auf diese vier Operationen reduziert werden kann. Wie die Maschine diese vier Grundoperationen ausführt, wird dabei in der Regel nicht thematisiert. Bei der Beschreibung einer Turing-Maschine kümmert man sich daher im allgemeinen nicht darum, wie z.B. der Mechanismus beschaffen sein muß, damit die Maschine auf dem Rechenband um jeweils ein Feld nach rechts rücken kann, oder wie der Schreib-Lese-Kopf ein Zeichen auf dem Rechenband erkennt. Man begnügt sich damit, daß eine derartige Maschine prinzipiell realisierbar ist, um die Operationen tatsächlich als elementare Operationen anzuerkennen.

Welche Operation die Maschine in welcher Situation auszuführen hat, wird durch einen Algorithmus festgelegt. Eine derartige Handlungsanweisung für eine Turing-Maschine wird meist als Maschinentafel bezeichnet.[3] In dieser Maschinentafel (dem Programm der Turing-Maschine) ist für jede mögliche Situation spezifiziert, welche der beschriebenen Grundoperationen ausgeführt wird. Die möglichen Situationen sind charakterisiert durch den jeweiligen Zustand der Maschine und dem Zeichen, das gerade gelesen wird; die Operation besteht darin, einen bestimmten Zustand einzunehmen sowie den Schreib-Lese-Kopf um ein Feld zu verrücken oder ein Zeichen zu schreiben. Eine einzelne Anweisung könnte also etwa so lauten:

> **Wenn** du dich im Zustand Z_j befindest
> und das Zeichen S_i liest,
> **Dann** rücke ein Feld nach rechts
> und gehe in Zustand Z_l.

Meist wird eine derartige Anweisung nur als 4-Tupel angegeben (das in der oben angegebenen Form zu lesen ist):

$$\langle Z_1,\ S_1,\ R,\ Z_2 \rangle$$

Jede Befolgung einer derartigen Anweisung stellt einen *Rechenschritt* der Maschine dar. Da jede Situation, in der sich die Maschine nach einem Rechenschritt befindet, wieder eine Ausgangssituation darstellt, für die der Algorithmus eine Anweisung gibt, folgen die einzelnen Rechenschritte solange aufeinander, bis sich die Maschine in einem ausgezeichneten Haltezustand befindet und ihre Tätigkeit beendet. Die Folge aller Rechenschritte vom ursprünglichen Zustand bis zum Haltezustand wird als *Berechnung* bezeichnet. Es sollte beachtet werden, daß noch keine Aussage darüber gemacht wurde, *was* berechnet wird. Die mögliche Bedeutung der einzelnen Rechenschritte sowie der gesamten Berechnung spielt an dieser Stelle noch keine Rolle.

Ein weiterer wichtiger Punkt auf dem Weg zum heutigen Computer war Turings Erkenntnis, daß es bestimmte ausgezeichnete Algorithmen für Turing-Maschinen gibt,

---

[3] Oft wird auch nur die Maschinentafel selbst als Turing-Maschine bezeichnet und damit von der konkreten Maschine selbst vollkommen abstrahiert. Jeder, der diesen Algorithmus ausführt, realisiert dann eine Turing-Maschine. Der übliche Aufbau einer tatsächlichen Maschine mit Band und Schreib-Lese-Kopf ist dann nur eine von vielen möglichen Realisierungen einer abstrakten Turing-Maschine. In dieser uneinheitlichen Verwendung spiegelt sich das Problem wider, daß oft nicht genau zwischen dem abstrakten Programm eines Computers und der konkreten Maschine, die dieses Programm realisiert, unterschieden wird.

mit deren Hilfe man alle Turing-Maschinen, die eine bestimmte Funktion berechnen (spezielle TM), simulieren kann. Turing-Maschinen, deren Maschinentafel einen derartigen Algorithmus realisiert, bezeichnet man als universelle Turing-Maschinen. Durch die Möglichkeit, jede beliebige spezielle Turing-Maschine zu simulieren, sind derartige universelle Turing-Maschinen in der Lage, jede beliebige (berechenbare) Funktion zu berechnen.[4] Da die Maschinentafel der speziellen Maschine endlich sein muß, läßt sich ihre Beschreibung durch eine Folge von Nullen und Einsen kodieren. Diese Beschreibung der speziellen Maschine wird dann auf das Rechenband der universellen Maschine geschrieben. Die Beschreibung der speziellen Maschine stellt das Programm dar, das die universelle Maschine "abarbeitet" und dadurch die spezielle Maschine simuliert.

Neben der kodierten Maschinentafel der speziellen Maschine (dem Programm) trägt das Band der universellen Maschine auch noch die eigentlichen Daten, also die Zeichenfolgen, die die spezielle Maschine umformen sollte. Damit die universelle Maschine "weiß", was sie mit diesen Daten machen soll, liest sie von Zeit zu Zeit den Teil des Bandes, auf dem die Maschinentafel der speziellen Maschine kodiert ist. Das spezielle Programm bringt die universelle Maschine dazu, die Zeichenfolgen (die Daten) so umzuformen, daß diese nach Ende der Berechnung genauso aussehen, als wären sie von der speziellen Maschine umgeformt worden. Sowohl das Programm der speziellen Maschine als auch deren Daten sind also in gleicher Weise auf dem Rechenband der universellen Maschine kodiert (als eine Folge von Nullen und Einsen).

Ob eine bestimmte Ziffer auf dem Rechenband als Teil des Programms oder als Teil der Datenmenge interpretiert wird, ist nur davon abhängig, in welchem Zustand sich die Maschine befindet, wenn sie das Zeichen liest. Erwartet sie einen Programmbefehl wird sie eine bestimmte Ziffer als Anweisung interpretieren und entsprechend ausführen. Das Verfahren, Daten und Programm in gleicher Weise zu kodieren und im gleichen Medium zu speichern, wird auch bei den meisten der heutigen Computer verwendet. Auf einen wichtigen Unterschied, der typische Computer wesentlich leistungsfähiger macht als universelle Turing-Maschinen, komme ich gleich zu sprechen.

Man beachte, daß nicht gesagt wurde, die universelle Maschine forme die Zeichenfolgen in der gleichen Weise um wie die simulierte spezielle Maschine. Die jeweiligen Rechenschritte der beiden Maschinen würden sich vollkommen voneinander unterscheiden. Die Berechnung der universellen Maschine umfaßt z.B. wesentlich mehr Rechenschritte als die der speziellen Maschinen – schließlich muß sie immer wieder zu dem Teil des Bandes rücken, der das Programm für die spezielle Maschine trägt.

Was bei beiden Maschinen gleich ist, sind die umzuformenden Zeichenfolgen auf dem Rechenband (der Input) und die Zeichenfolge nach der Umformung (der Output). Aber die beiden Maschinen sind nicht einfach nur Input-Output-äquivalent. Jeder Rechenschritt der speziellen Maschine entspricht einer Folge von Rechenschritten der universellen Maschine. Die universelle Maschine erzielt also nicht nur irgendwie das gleiche Ergebnis, sie erzielt es dadurch, daß sie die Rechenschritte der speziellen Maschine in der gleichen Reihenfolge nachvollzieht, wie sie von der speziellen Maschine ausgeführt werden würden. Was bei der speziellen Maschine in einem Rechenschritt erledigt wird, kann bei der universellen Maschine allerdings eine sehr große Anzahl von Rechenschritten erfordern. Wird ein Algorithmus in derartiger Weise durch einen andern

---

[4] Analog dazu wird jede Maschine, die in der Lage ist, durch die Simulation anderer Maschinen alle berechenbaren Funktionen zu berechnen, als universelle Maschine bezeichnet.

"simuliert", spricht man davon, daß er in diesen *implementiert* ist. Für zwei Algorithmen A und A' gilt: A ist in A' implementiert, genau dann, wenn es für jeden Rechenschritt von A eine Folge von Rechenschritten in A' gibt, so daß das Ergebnis des Rechenschritts von A identisch ist mit dem Ergebnis der entsprechenden Rechenschritte von A' (anders gesagt: jeder Rechenschritt von A ist Input-Output-äquivalent zu einer Folge von Rechenschritten von A'). Der Begriff der Implementation wird bei der Diskussion um die adäquate Form kognitiver Informationsverarbeitung eine wichtige Rolle spielen.

Ein wichtiger Punkt in diesem Zusammenhang ist auch, daß sich eine realisierte universelle Turing-Maschine von einer speziellen Turing-Maschine lediglich darin unterscheiden würde, daß sie eine andere Maschinentafel realisierte. Die auszuführenden Grundoperationen (Schreiben, Lesen, Verrücken des Rechenbands) beider Maschinen sind gleich. Das, was bei der speziellen Maschine (z.B. einer Additionsmaschine) durch die Maschinentafel festgelegt (sozusagen "fest verdrahtet") ist, ist bei der universellen Maschine lediglich auf dem Rechenband angegeben.[5]

Turing-Maschinen haben keine praktische Relevanz. Eine universelle Turing-Maschine könnte zwar theoretisch die gleichen Berechnungen ausführen wie ein heutiger Großrechner, allerdings wäre sie extrem langsam. Typische Computer werden daher nicht als Turing-Maschinen sondern als sog. Von-Neumann-Maschinen gebaut. Der wesentliche Unterschied zwischen beiden ist eigentlich recht gering, dennoch bewirkt er eine enorme Steigerung der Effizienz. Der Unterschied liegt in der Art des Speicherzugriffs begründet. Der Prozessor einer Turing-Maschine (der Schreib-Lese-Kopf) kann immer nur den Speicherinhalt lesen, der in den Speicherzellen (Feldern des Rechenbands) steht, die der augenblicklich benutzten Speicherzelle direkt benachbart sind. Der Schreib-Lese-Kopf rückt jeweils nur ein Feld nach rechts oder links. Um zu einem Feld auf dem Rechenband zu gelangen, das weit vom augenblicklichen Standpunkt des Kopfes entfernt ist, müssen evtl. sehr viele Rechenschritte ausgeführt werden, die einzig den Zweck haben, den Schreib-Lese-Kopf zu dem gewünschten Feld zu bringen. Würde man eine universelle Turing-Maschine bauen und sie eine einigermaßen anspruchsvolle spezielle Maschine simulieren lassen, wäre sie die meiste Zeit damit beschäftigt, den Schreib-Lese-Kopf auf dem Band hin und her zu schieben, um zu den augenblicklich relevanten Feldern zu gelangen.

Die erste Idee war es daher, dem Schreib-Lese-Kopf zu ermöglichen, mehrere Felder in einem Schritt zu überspringen. Dazu muß natürlich die Menge der Grundoperationen erweitert werden. Es müssen Anweisungen möglich sein wie: "Rücke nach rechts bis zur nächsten '0'". Durch derartige Operationen werden viele Rechenschritte eingespart, die im Grunde unnötig sind. Trotz dieser Verbesserung ist der Speicherzugriff immer noch sehr eingeschränkt. Die Anweisungen, die der Schreib-Lese-Kopf erhält, beziehen sich immer auf seine augenblickliche Position auf dem Rechenband. Er kann zwar jetzt z.B. in einem Schritt bis zur nächsten Null vorrücken, aber die Position, auf der er dann landet, ist immer relativ zur augenblicklichen Position. Ein und dieselbe Anweisung führt den Schreib-Lese-Kopf evtl. zu ganz unterschiedlichen Feldern des Rechenbands. Diese Form des Speicherzugriffs nennt man *relativen Speicherzugriff*, da er immer relativ zur augenblicklich genutzten Speicherzelle erfolgt.

---

[5] Der Unterschied zwischen universeller und spezieller Turing-Maschine ist damit der gleiche, wie zwischen Computer und Taschenrechner.

Der nächste Schritt war, dem Schreib-Lese-Kopf zu ermöglichen, in einem Schritt beliebige Stellen des Rechenbands aufzusuchen. Dazu müssen aber die einzelnen Felder gekennzeichnet werden, damit ein Befehl der Form "Gehe zu Feld xyz" möglich wird. Eine derartige Kennzeichnung nennt man die *Adresse* der Speicherzelle. Durch die Adressierung der einzelnen Felder wird ein *absoluter Speicherzugriff* möglich, der es gestattet, auf beliebige Speicherzellen von beliebigen Positionen aus zuzugreifen. Dadurch ist es auch möglich, die Teile eines Programms, die während der Bearbeitung mehrmals benutzt werden sollen, nur einmal auf dem Band zu kodieren. Der Schreib-Lese-Kopf rückt bei Bedarf jeweils zu der entsprechenden Stelle des Bandes, führt das entsprechende Teilprogramm aus und kehrt danach wieder an die ursprüngliche Position zurück. Während der Ausführung einer derartigen "Subroutine" kann es wiederum notwendig sein, andere Subroutinen auszuführen. Auf diese Art können ganze Hierarchien von Subroutinen entstehen. Wichtig ist vor allem auch die Möglichkeit, daß sich manche Subroutinen selbst wiederum aufrufen können, so daß eine Prozedur innerhalb der gleichen Prozedur ausgeführt werden kann (Rekursivität!).

Durch solche Subroutinen, die von verschiedenen Stellen des Programms aus aufgerufen werden können, ist es möglich, relativ einfache und kurze Programme für die speziellen Maschinen zu schreiben, an denen man interessiert ist. Abgesehen von der Übersichtlichkeit kurzer Programme benötigen diese auch geringeren Speicherraum (Bandinhalt). Für theoretische Überlegungen ist es oft zweckmäßig, Maschinen zu betrachten, die sich durch möglichst einfache Operationen auszeichnen und deren Speicherraum prinzipiell unbegrenzt ist, eben Turing-Maschinen.

Für praktische Zwecke aber, d.h., wenn man mit der Maschine tatsächlich umgehen will, muß man den durch verschiedene Zwänge begrenzten Speicherraum optimal nutzen. Dies geschieht in einer Von-Neumann-Maschine vor allem durch deren Möglichkeit eines absoluten Speicherzugriffs. Darüber hinaus ist für eine Von-Neumann-Maschine die Trennung zwischen Prozessor (Schreib-Lese-Kopf) und Speicher (Rechenband) kennzeichnend. Dies unterscheidet sie zwar nicht von einer Turing-Maschine, aber von den später zu betrachtenden konnektionistischen Netzen.

Auch eine Von-Neumann-Maschine ist eine universelle Maschine, d.h., es ist genau wie bei der universellen Turing-Maschine möglich, für jeden beliebigen Algorithmus einen anderen Algorithmus zu finden, der so einfach ist, daß die von ihm geforderten Grundoperationen von einer Maschine (in diesem Fall einer Von-Neumann-Maschine) ausführbar sind. Der Algorithmus, den der Prozessor ausführt, stellt das Programm dar, das im Speicher der Maschine kodiert ist. Das Programm einer Von-Neumann-Maschine (und damit eines typischen Computers) ist der Algorithmus einer speziellen Maschine (z.B. einer Textverarbeitungsmaschine), transformiert in einen Algorithmus, dessen Grundoperationen von der Von-Neumann-Maschine ausführbar sind. Der Algorithmus der speziellen Maschine (bzw. die Maschine selbst) ist dadurch in einer Von-Neumann-Maschine implementiert.

Man beachte, daß es keineswegs trivial ist, für einen gegebenen Algorithmus einen passenden Algorithmus für eine Von-Neumann-Maschine zu finden. Noch weniger trivial ist es, für die Lösung einer bestimmten Aufgabe überhaupt einen Algorithmus zu finden. Das Finden eines Algorithmus für bestimmte Aufgaben ist die Arbeit eines Programmierers. Die Transformation eines so gefundenen Algorithmus in einen, den die Maschine versteht, d.h. ausführen kann, wird heutzutage im allgemeinen wieder von speziellen Maschinen erledigt, den Compilern oder Interpreten. Genaueres dazu möchte ich in den nächsten Abschnitt verschieben, wenn die Arbeitsweise symbolverarbeitender Maschinen etwas deutlicher geworden ist. Vorher noch eine kurze Zusammenfassung der wesentlichen Punkte dieses Abschnitts.

Für jede berechenbare Funktion gibt es eine Maschine, die diese Funktion effektiv berechnet, d.h. in endlich vielen Arbeitsschritten zu jedem zulässigen Argument den entsprechenden Wert liefert. Da sich jeder deterministische Prozeß als Berechnung einer Funktion beschreiben läßt, folgt unter anderem, daß sich jeder deterministische Prozeß durch eine derartige Maschine simulieren läßt. Alan Turing zeigte, welche einfachen Operationen eine Maschine auszuführen in der Lage sein muß, damit sie eine beliebige berechenbare Funktion effektiv berechnen kann. Eine Turing-Maschine besteht aus einem Schreib-Lese-Kopf (dem Prozessor), der endlich viele Zustände einnehmen kann, und einem beliebig langen Rechenband (Speicher), das in einzelne Felder unterteilt ist (Speicherzellen).

Die Grundoperationen einer Turing-Maschine sind das Lesen/Schreiben einer Ziffer auf ein Feld des Rechenbands sowie das Verrücken des Schreib-Lese-Kopfs um jeweils ein Feld nach rechts oder links. In Abhängigkeit vom augenblicklichen Zustand der Maschine und dem gelesenen Zeichen führt sie eine der Grundoperationen aus. In welchen Zustand sie dabei übergeht bzw. welche andere Grundoperation sie dabei ausführt, wird durch die Maschinentafel festgelegt. Die Maschinentafel stellt den Algorithmus dar, den die Maschine ausführt, d.h. nach dem sie die entsprechende Funktion berechnet.

Eine universelle Turing-Maschine ist genauso aufgebaut wie spezielle Turing-Maschinen zur Berechnung einer bestimmten Funktion. Ihre Maschinentafel ist allerdings so gestaltet, daß sie in der Lage ist, jede beliebige (spezielle) Turing-Maschine zu simulieren. Dazu wird eine Beschreibung der speziellen Turing-Maschine zusammen mit den umzuformenden Zeichenfolgen (den eigentlichen Daten) auf das Rechenband der universellen Maschine kodiert. Diese Beschreibung der speziellen Maschine stellt das Programm für die universelle Maschine dar, durch dessen Befolgung die universelle Maschine die spezielle simuliert. Die spezielle Maschine wird dadurch in der universellen Maschine implementiert.[6]

Von-Neumann-Maschinen sind gekennzeichnet durch vier Eigenschaften: 1. Es wird unterschieden zwischen einem Speicher, der die umzuformenden Zeichen enthält, und einem Prozessor, der die Zeichen umformt. 2. Der Prozessor führt zu jedem Zeitpunkt höchstens eine Operation aus. Daraus ergibt sich eine serielle Form der Informationsverarbeitung. 3. Programm (d.h. die Anweisung, wie eine spezielle Maschine zu simulieren ist) und Daten sind im gleichen Speicher kodiert. Zwischen Programm und Daten wird nur funktional unterschieden. 4. Auf einzelne Speicherplätze kann in absoluter Weise zugegriffen werden, d.h., jeder Speicherplatz hat seine eigene Adresse und der Prozessor kann unabhängig von der augenblicklich gelesenen Speicherzelle zu einer beliebigen anderen wechseln. Nur im letzten Punkt unterscheidet sich eine Turing-Maschine von einer universellen Von-Neumann-Maschine.

Die Möglichkeit des absoluten Speicherzugriffs erlaubt es, kurze, d.h. übersichtliche und wenig Speicherkapazität verbrauchende Programme zu bilden, da Programmteile, die mehrmals ausgeführt werden müssen, nur einmal kodiert werden müssen. Derartige

---

[6] Die spezielle Maschine wird *simuliert*, indem ihre Maschinentafel in einem anderen Algorithmus *implementiert* wird, und dieser wiederum durch eine konkrete Maschine *realisiert* wird.

Subroutinen oder Prozeduren können ihrerseits wieder andere Subroutinen enthalten oder sich auch selbst nochmals aufrufen. Dieser Umstand macht eine Von-Neumann-Maschine zu einer für praktische Zwecke besser geeigneten universellen Maschine als eine Turing-Maschine. Es ist allerdings zu betonen, daß die Unterschiede tatsächlich nur praktischer Natur sind (sie betreffen vor allem den Speicherbedarf und die Rechenzeit). Prinzipiell ließe sich alles, was mit einem Computer vom Von-Neumann-Typ gemacht wird, auch mit einer Turing-Maschine machen.

2.3 Symbolverarbeitende Maschinen

Im letzten Abschnitt wurden Maschinen unter dem Aspekt der automatischen Ausführung von Algorithmen betrachtet. Dazu mußten die Anweisungen des Algorithmus so beschaffen sein, daß sie einfachen Operationen der Maschine entsprachen. Betrachtet man Maschinen unter dem Aspekt des ausgeführten Algorithmus, spielt der tatsächliche (physikalische) Aufbau der Maschine keine Rolle. Es wird nur verlangt, daß sie die geforderten Operationen ausführen kann. In diesem Abschnitt möchte ich symbolverarbeitende Maschinen als physikalische Entitäten betrachten, d.h. als "Hardware". Mich interessiert dabei weniger, aus welchen Teilen ein Computer besteht und auch nicht sein elektronisches Innenleben. Es geht mir vielmehr darum, diese Dimension der physikalischen Realisierung von der im letzten Abschnitt thematisierten algorithmischen Dimension abzugrenzen und die Übergänge aufzuzeigen.

Von Seiten der physikalischen Maschine ist die Redeweise von der Umformung oder Verarbeitung von Zeichen sowie der Befolgung eines Algorithmus, also einer Verhaltensvorschrift, allenfalls metaphorisch zu verstehen. Das einzige, dem die Maschine "folgt", sind die Gesetze der Physik. Was macht also eine Maschine, wenn sie Zeichen umformt?[7]

Eine erste Antwort könnte lauten, daß eine Maschine unterschiedliche physikalische Zustände einnehmen kann und diese Zustände dann als unterschiedliche Zeichen interpretiert werden können. Wenn die Maschine dann von einem Zustand in den anderen übergeht, hat sie ein Zeichen in ein anderes umgeformt. Die Zeichen auf dem Rechenband einer Turing-Maschine können daher nicht in einer Weise auf dem Band stehen, wie Ziffern auf einem Stück Papier. Die Maschine, die in der Lage wäre, Ziffern dieser Art zu erkennen und in andere umzuwandeln, wäre alles andere als einfach. Es muß vielmehr so sein, daß sich die physikalischen Zustände der einzelnen Felder so voneinander unterscheiden, daß sie auf den Schreib-Lese-Kopf in unterschiedlicher Weise einwirken.

Für die theoretischen Zwecke, für die Turing-Maschinen erfunden wurden, genügt es, zwei physikalisch verschiedene Bandzustände zu unterscheiden, denen dann meist die Ziffern '0' und '1' zugeordnet werden. Auch bei tatsächlich realisierten Rechenmaschinen hat es sich aus praktischen Gründen als nützlich erwiesen, prinzipiell zwei Zustände zu unterscheiden. Dies hat mit den verwendeten Bauteilen zu tun. Den Feldern auf dem Band einer Turing-Maschine entsprechen bei Computern elektronische Schaltkreise. Die

---

[7] Wenn ich in diesem Abschnitt von einer Maschine spreche, meine ich damit den physikalischen Gegenstand, nicht den abstrakten Algorithmus.

elementarste Form, verschiedene Zustände bei elektronischen Bauteilen zu unterscheiden, ist die Unterscheidung zwischen "Strom fließt" und "Strom fließt nicht", bzw. zwischen einer positiven und einer negativen Spannung bezüglich einer bestimmten Stelle. Zwischen diesen beiden Extremen gäbe es noch viele Möglichkeiten, aber aus praktischen Gründen hat man sich entschieden, nur diese beiden elementaren Zustände zu unterscheiden.

Wie bekannt, werden diese beiden elementaren Zuständen "Strom fließt" bzw. "Strom fließt nicht" durch die beiden Ziffern '0' und '1' gekennzeichnet. Wenn man davon spricht, daß an irgendeiner Stelle des Programms eine '0' in eine '1' umgewandelt wird, ändert sich der Zustand der Maschine derart, daß an einem bestimmten Punkt seines elektronischen Innenlebens Strom fließt, wo bisher kein Strom geflossen ist. So gesehen sind die '0' und die '1' Mitteilungszeichen für innere Zustände der Maschine.

Entsprechend sind die Speicherelemente eines Computers in der Lage, zwei verschiedene physikalische Zustände einzunehmen. Man faßt allerdings immer jeweils acht dieser binären Speicherelemente zu einer Speicherzelle zusammen. Eine Speicherzelle kann daher $2^8 = 256$ verschiedenen Zustände einnehmen.[8] Eine Speicherzelle entspricht einem Feld auf dem Band einer Turing-Maschine. Sie ist die kleinste Speichereinheit, auf die der Prozessor mittels ihrer Adresse zugreifen kann. (Die einzelnen Speicherelemente haben – ähnlich wie Familienmitglieder, die zusammen in einer Wohnung leben – keine eigene Adresse.)

Es ist wichtig zu erkennen, daß die Unterscheidung zwischen den mittels '0' und '1' mitgeteilten physikalischen Zuständen auf einer Idealisierung beruht. Betrachtet man den Spannungsverlauf z.B. am Ausgang eines elektronischen Bauelements, das als Speicherelement dient (ein Flip-Flop), so erkennt man, daß der Spannungsverlauf nicht nur zwei wohl unterschiedene Zustände einnimmt, sondern auf einem Kontinuum variiert. Man versucht natürlich, diesen Übergangsbereich so klein wie möglich zu halten, d.h., den Übergang vom einen Zustand zum anderen so schnell wie möglich erfolgen zu lassen, trotzdem bleibt immer ein gewisser Übergangsbereich vorhanden. Der Übergang von einem Zustand (z.B. '0') zum anderen ('1') erfolgt also kontinuierlich. Erst durch eine idealisierende Betrachtung ("Vergessen wir den Übergangsbereich und betrachten nur die beiden Extremwerte"), läßt sich dieser Vorgang als Übergang von einem diskreten Zustand in einen anderen verstehen.

Vom Standpunkt der Elektronik betrachtet, ist der gesamte Rechenvorgang ein kontinuierlicher Prozeß. Zu einem diskreten (bzw. digitalen) Vorgang wird er dadurch, daß ein externer Betrachter diesen kontinuierlichen Vorgang in endlich viele einzelne Zustände aufteilt. Natürlich sind Rechner gerade so konstruiert, daß eine derartige Aufteilung unterstützt wird. Trotzdem sollte man – auch im Hinblick auf die später zu betrachtenden konnektionistischen Systeme – im Auge behalten, daß unter einer bestimmten Sichtweise auch die Prozesse in einem Digitalrechner stetig sind.

In diesem Zusammenhang steht auch die Frage, was eigentlich den Prozessor dazu veranlaßt, einen Zustand in einen anderen umzuwandeln. Wenn z.B. der Schreib-Lese-Kopf einer Turing-Maschine den Zustand des augenblicklich gelesenen Feldes des Rechenbands ändert, dann nicht etwa weil er seine Maschinentafel in dem Sinne befolgt, wie wir die Regeln der Straßenverkehrsordnung befolgen (oder nicht), sondern weil er

---

[8] Die Informationsmenge, die zwei unterscheidbare Zustände tragen können, ist ein Bit (binary digit). Acht Bit ergeben ein Byte.

durch die physikalischen Gesetzmäßigkeiten dazu gezwungen wird. Die Maschinentafel einer Turing-Maschine ist – aus der physikalischen Dimension betrachtet – keine Anweisung für die Maschine, sich in einer bestimmten Weise zu verhalten, sondern eine Beschreibung ihres (funktionalen) Aufbaus. Die Maschine muß so gebaut sein, daß sie die funktionale Beschreibung erfüllt. Auf der physikalischen Ebene, also z.B. der Ebene ihrer elektronischen Bauteile, befolgt die Maschine nicht die Maschinentafel, sie führt also keinen Algorithmus aus, sondern funktioniert ausschließlich entsprechend den physikalischen Gesetzmäßigkeiten.

Im allgemeinen Fall heißt das, daß das ganze System bestrebt ist, einen möglichst energiearmen Gesamtzustand einzunehmen. Wird die Maschine in einen bestimmten Zustand versetzt (z.B. durch einen Benutzer), der nicht dem energieärmsten Zustand entspricht, der augenblicklich möglich ist, so wird sie (aufgrund physikalischer Gesetzmäßigkeiten) in einem kontinuierlichen Prozeß zu diesem energieärmsten Zustand gelangen. Lassen sich in diesem kontinuierlichen Prozeß diskrete Zustände unterscheiden (s.o.), denen bestimmte Zeichen zugeordnet werden, so kann man den Übergang vom Ausgangszustand zum energieärmsten Zustand als Abfolge einzelner diskreter Rechenschritte auffassen und mit Hilfe einer Maschinentafel beschreiben. Die Kunst dabei ist natürlich, die Maschine so zu konstruieren, daß eine derartige funktionale Beschreibung der physikalischen Abläufe möglich ist, d.h. eine Maschine zu bauen, deren Abfolge einzelner Zustände die Realisierung eines Algorithmus darstellt.

Damit ist für meine Zwecke hinreichend geklärt, wie tatsächliche Maschinen Algorithmen ausführen können. Im weiteren Verlauf dieses Abschnitts möchte ich den Zusammenhang zwischen den Speicherzuständen, die durch die Ziffern '0' und '1' gekennzeichnet sind, und den sog. Programmiersprachen näher beleuchten. Dieser Punkt ist vor allem hinsichtlich des Vergleichs von elektronischem Rechner und Gehirn und der Frage nach der "Sprache des Geistes" wichtig.

In den Anfängen der Computertechnik legte man die Zustände der Speicherelemente quasi von Hand fest. Dieser Vorgang ist vergleichbar mit dem Beschriften eines Rechenbands einer universellen Turing-Maschine. Das Rechenband muß mit einer Folge von Nullen und Einsen beschriftet werden, derart, daß die universelle Turing-Maschine – indem sie die ihr eingebaute Maschinentafel realisiert – die spezielle Maschine simuliert. Da die Speicherzellen eines typischen Computers acht binäre Speicherelemente enthalten, muß jeder Speicherzelle einer von 256 Werten zugewiesen werden. In der Darstellung dieses Wertes im Dualsystem (z.B. '000000101') wird dabei der Zustand der einzelnen Speicherelemente deutlich. Da bei dieser Darstellung jede '0' und jede '1' den Zustand eines Bauteils der Maschine darstellt und jedes 8-Tupel einer Grundoperation des verwendeten Prozessors entspricht (außer es handelt sich um zu verarbeitende Daten), wird diese Art der Darstellung als Maschinensprache oder Maschinencode bezeichnet.

Es wird oft behauptet, daß die Maschinensprache die Sprache ist, die ein Computer versteht, in der er denkt oder "in der er mit sich selbst spricht" (Fodor 1975; 66). Man sollte sich aber darüber im Klaren sein, daß dies bestenfalls eine metaphorische Redeweise ist. Der Maschinencode ist keine Sprache, in der der Benutzer mit der Maschine kommuniziert und auch keine Sprache, die die Maschine benutzt. Die 8-Tupel von Nullen und Einsen stellen nur insofern eine Anweisung an den Prozessor dar, als sie einen Speicherzustand beschreiben, der – in Abhängigkeit vom augenblicklichen Zustand des Prozessors – ein bestimmtes Verhalten des Prozessors verursacht.

Eine Beschreibung des auszuführenden Algorithmus im Maschinencode macht den physikalischen Zustand der einzelnen Speicherzellen deutlich. Eine Liste von 8-Tupeln von Nullen und Einsen gibt daher an, in welchem Zustand die einzelnen Speicherzellen sein müssen, damit der Prozessor die gewünschte Maschine simuliert. Eine Maschine kann ein derartiges Programm direkt ausführen ("sie versteht das Programm im Maschinencode unmittelbar"), da diese Liste exakt den Zustand der Speicherelemente angibt, die der Reihe nach auf den Prozessor einwirken. Ein Computer versteht Programme im Maschinencode unmittelbar genau in dem Sinn, wie eine Turing-Maschine den Inhalt ihres Rechenbands versteht. Aus diesem Grund erscheint es wenig sinnvoll, den Maschinencode als eine Sprache aufzufassen. Er ist ein Mittel zur Beschreibung des Zustands eines Systems, bzw. ein Mittel, den Zustand des Systems so zu verändern, daß es ein gewünschtes Verhalten zeigt.[9]

Wie steht es mit den sogenannten "höheren" Programmiersprachen wie LISP, PRO-LOG oder PASCAL? Wie man sich vorstellen kann, sind Programmtexte im Maschinencode äußerst unübersichtlich und schwer nachvollziehbar. Sie geben zwar exakt den Zustand der einzelnen Speicherelemente wieder, aber durch die verwendete Notation (8-Tupel) wird die intendierte Funktion der jeweiligen Anweisung nicht deutlich. Deshalb ging man dazu über, die 8-Tupel von Nullen und Einsen durch mnemotechnisch brauchbare Buchstabenkombinationen zu ersetzen. Wollte man beispielsweise die Anweisung ausdrücken, die den Prozessor dazu veranlaßt, zwei bestimmte Speicherinhalte zu addieren, so schrieb man nicht mehr die Ziffernfolge '10101010' sondern die Buchstabenkombination 'ADD'. Da diese Abkürzungen einen Hinweis auf die Funktion der Anweisung geben, ermöglichen sie es dem Programmierer, den Aufbau eines Programms besser zu überblicken und dadurch auch Fehler zu verringern. Die Abkürzungen geben zwar keinen Aufschluß mehr über den Zustand der Speicherelemente, aber das wird durch die anderen Vorteile ausgeglichen. Außerdem interessiert den Programmierer nicht so sehr, wie die Maschine im Detail arbeitet, ihm genügt es, daß seine Anweisungen ausgeführt werden.

Da die verwendeten Buchstabenkombinationen nicht mehr den Zustand der jeweiligen Speicherzellen angeben, kann ein Programm, das in diesem sogenannten Assemblercode erstellt ist, nicht mehr direkt von der Maschine ausgeführt werden, da eine direkte Übertragung des Programmtextes auf die Speicherzustände nicht mehr möglich ist. Dies stellt allerdings kein großes Problem dar, da man nur die Buchstabenkombinationen im fertigen Programmtext durch die entsprechenden Ziffernfolgen ersetzen muß. Dadurch erhält man wieder ein Programm im Maschinencode, das dann von der Maschine direkt ausgeführt werden kann. Die Ersetzung der Buchstabencodes durch die entsprechenden 8-Tupel ist eine rein mechanische Angelegenheit: jeder Buchstabenkombination entspricht ein bestimmtes 8-Tupel (das aber je nach verwendeten Prozessor anders aussehen kann). Eine derartig mechanische Aufgabe überläßt man natürlich einem speziellen Programm, dem sogenannten Assembler. Der Assembler erzeugt aus einem in Assemblercode geschriebenen Programmtext ein Programm im Maschinencode, indem es die verwendeten Buchstabenkombinationen durch die jeweiligen Ziffernfolgen ersetzt.

---

[9] Programme dienen in der Praxis dazu, einen Computer zu einem bestimmten Verhalten zu veranlassen. Das geschieht dadurch, daß seine Speicherelemente in den Zustand versetzt werden, der durch das Programm beschrieben ist. Das Verhalten der Maschine beim Ablaufen der physikalischen Prozesse läßt sich daher als Ausführen dieses Programms (des Algorithmus) beschreiben.

In Assemblercode geschriebene Programme gelten als "maschinennah", da jeder Anweisung des Assemblerprogramms genau eine Prozessoroperation entspricht. Das ändert sich bei den "höheren" Programmiersprachen. Hier sind oft benötigte Abfolgen einzelner Operationen zu einer einzigen Anweisung zusammengefaßt. Ein Befehl in einem PASCAL-Programmtext kann beispielsweise sehr viele einzelne Schritte im Maschinencode umfassen. Durch die Möglichkeit, häufig benutzte Prozeduren mit einer einzigen Instruktion aufzurufen, erreicht man eine noch größere Übersichtlichkeit der Programmtexte. Dabei tritt die Art und Weise, wie der Prozessor die einzelnen Programmschritte ausführt, immer mehr in den Hintergrund. Die Befehlswörter der höheren Programmiersprache entsprechen nicht mehr einzelnen Operationen des Prozessors, sondern sind gleichsam Abkürzungen für oft benötigte und daher standardisierte Prozeduren. Je nachdem, für welchen Zweck die Programmiersprache gedacht ist, lassen sich verschiedene Prozeduren definieren, d.h. verschiedene Abfolgen von Grundoperationen zusammenstellen. Die höheren Programmiersprachen stellen damit eine Art Baukasten zur Lösung spezifischer Aufgabenstellung dar. Jeder Block aus diesem Baukasten besteht aus vielen einzelnen Befehlen im Maschinencode. Höhere Programmiersprachen gelten aus diesem Grund als "problemorientiert".

Da die Befehle der jeweiligen Programmiersprache nicht mehr in direktem Zusammenhang mit den einzelnen Operationen des Prozessors stehen, müssen in diesen Sprachen geschriebene Programme (Quelltexte) in eine ausführbare Form gebracht werden, d.h. in Maschinencode transformiert werden. Diese Transformation geschieht wieder durch spezielle Programme, die für jeden Befehl der höheren Programmiersprache die entsprechenden Befehls*folgen* im Maschinencode liefern. Sogenannte "Compiler" transformieren den kompletten Quelltext in den entsprechenden Maschinencode. Ist das Programm "compiliert", könnte man den ursprünglichen Programmtext im Prinzip wegwerfen – zur Ausführung des Programms wird nur noch der erzeugte Maschinencode benötigt.

Im Gegensatz zu den Compilern transformieren Interpreter jede Zeile des Quelltexts einzeln in den entsprechenden Maschinencode, der dann auch sofort ausgeführt wird. Dieser Vorgang muß jedesmal erneut durchgeführt werden, wenn das Programm benutzt wird. Welche Art der Transformation man im Einzelfall wählt, hat – wie auch die Entscheidung für eine bestimmte Programmiersprache – ausschließlich praktische Gründe.[10]

In welchem Sinn sind nun diese Programmiersprachen als Sprachen zu verstehen? Im Grunde genommen stellen die Befehle dieser Sprachen nichts anderes als Abkürzungen für häufig gebrauchte Prozeduren dar. Irgendwann hat man entdeckt, daß sich in den meisten Programmen gewisse Teile ständig wiederholen. Statt diese Teile ständig aufs Neue zu schreiben (was bei der binären Notation auch eine große Fehlerquelle beinhaltet), bezeichnete man diese Teile mit Ausdrücken, die ihre jeweilige Funktion deutlich werden ließ, und beschränkte sich bei den Programmtexten nur noch auf die Angabe dieser Abkürzungen. Ebenso wie der Maschinencode stellen diese Programmtexte daher ein Mittel dar, die Speicherelemente der universellen Maschine in einen Zustand zu versetzen, der die Simulation einer speziellen Maschine erlaubt. Der Unterschied ist nur, daß aus den Programmtexten dieser "Sprachen" der Zustand der einzelnen

---

[10]Um den Unterschied zwischen Compiler und Interpreter anschaulich zu machen, vergleicht man sie oft mit Übersetzern (Compiler) auf der einen und Dolmetschern (Interpreter) auf der anderen Seite.

Speicherzellen nicht mehr direkt ablesbar ist und die durch sie festgelegten Programmschritte nicht mehr den Rechenschritten des Prozessors entsprechen. Auf diesen Punkt
wird oft hingewiesen.

Niklaus Wirth beispielsweise, der Erfinder der weit verbreiteten Programmiersprache
PASCAL, ist der Meinung, daß man eigentlich überhaupt nicht davon sprechen sollte,
ein Programm in einer bestimmten "Sprache" zu schreiben, sondern vielmehr vom "Konstruieren einer neuen Maschine, die mit Hilfe einer bestehenden Allzweckmaschine, eben
dem Computer, realisiert wird" (1984; 46). Die verschiedenen Programmiersprachen sind
daher als verschiedene, abkürzende Beschreibungen der physikalischen Zustände einer
universellen Maschine zu betrachten. Mit ihrer Hilfe gebildete Programme sind Algorithmen mit problemspezifischen Grundoperationen, die allerdings nicht elementar genug
sind, um von einer Von-Neumann-Maschine ausgeführt zu werden. Sie müssen daher
in eine Form transformiert werden, aus der die Maschinenzustände unmittelbar her-
vorgehen. Da in den Definitionen der einzelnen Programmiersprachen exakt festgelegt
ist, welche Operationen auf welchen Elementen ausgeführt werden können, stellen die
Programmiersprachen formale Systeme dar. Ein anderer Aspekt dieser "Sprachen" – die
Bedeutung ihrer Ausdrücke – wird im nächsten Abschnitt diskutiert werden.

Man sollte sich bewußt sein, daß ein Computer nie ein in ASSEMBLER, PASCAL,
LISP oder einer anderen Programmiersprache geschriebenes Programm direkt ausführen
kann. Immer muß der Programmdurchführung eine Transformation dieses Programmtextes in den entsprechenden Maschinencode vorausgehen. Dieser Maschinencode dient
dazu, die einzelnen Speicherzellen in einen Zustand zu versetzen, der – läßt man die
Maschine starten – bewirkt, daß das Programm abgearbeitet, d.h. die gewünschte Maschine simuliert wird. Höhere Programmiersprachen machen den Computer natürlich
auch nicht in irgendeiner Hinsicht leistungsfähiger. Typische Computer haben eine Von-
Neumann-Architektur und sind damit – ebenso wie Turing-Maschinen – universelle
Maschinen. Jede Aufgabe, die sich beispielsweise durch ein PROLOG-Programm lösen
läßt, läßt sich auch mit einem Programm im Maschinencode lösen. Dies ergibt sich schon
aus dem Umstand, daß jeder Programmtext – gleich welcher Sprache – in Maschinencode
umgeformt werden muß.

Auch die Programmiersprachen selbst unterscheiden sich nicht bezüglich ihrer Leistungsfähigkeit. Jede Aufgabe kann (prinzipiell) unter Zuhilfenahme jeder Programmiersprache gelöst werden. Allerdings unterscheiden sie sich stark in ihrer praktischen
Anwendung. Manche Programmiersprachen eignen sich besser zur Lösung bestimmter
Probleme als andere. So eignet sich COBOL besonders für kaufmännische Anwendungen,
während FORTRAN sich besser für mathematisch-technische Probleme eignet. Genau
aus diesem Grund wurden sie auch konstruiert.

Es wurde festgestellt, daß Programme dazu dienen, mit Hilfe einer universellen Maschine eine spezielle Maschine zu simulieren. Durch die Ausführung des im Programmtext beschriebenen Algorithmus verhält sich die universelle Maschine so, als sei sie die
spezielle Maschine. Interessiert man sich nur für diese spezielle Maschine, ihre Grundoperationen und Prozesse (also den Algorithmus der speziellen Maschine), kann man die
zugrundeliegende universelle Maschine gleichsam aus der Betrachtung ausblenden und
so tun, als gäbe es nur die spezielle Maschine. Da diese Maschine aber nur als Software
– als Programm – und nicht als fest verdrahtete Hardware existiert, spricht man oft von
einer *virtuellen Maschine*. Eine virtuelle Maschine ist also keine konkrete Maschine, son-

dern ein (abstrakter) Algorithmus. Wird beispielsweise eine Textverarbeitungsmaschine durch eine Von-Neumann-Maschine simuliert – der Algorithmus "Textverarbeitung" wird im (fest verdrahteten) Algorithmus der Von-Neumann-Maschine implementiert – hat man Grundoperationen wie z.B. das Schreiben einzelner Buchstaben, Löschoperationen, Formatierungsbefehle usw. Man kann jetzt das gesamte Verhalten des Computers als Wirkung dieser virtuellen (Textverarbeitungs-)Maschine betrachten und die zugrundeliegenden Operationen der Von-Neumann-Maschine ignorieren.

Verwirrend zeigt sich die Situation manchmal, wenn keine spezielle Maschine, sondern wiederum eine universelle Maschine simuliert wird. Der Algorithmus einer universellen Maschine wird dann im Algorithmus der anderen implementiert oder, wie man oft sagt, die eine Maschine wird *auf* der anderen implementiert. Dies geschieht mit Hilfe der Interpreter. Wie oben festgestellt wurde, handelt es sich dabei um Programme, die in den Quelltexten angegebene Anweisungen einer "höheren" Programmiersprache sofort in Maschinencode transformieren und diese auch sofort ausführen. Da der Befehlsumfang der meisten Programmiersprachen es erlaubt, alle berechenbaren Funktionen effektiv zu berechnen – und diese damit selbst wieder universelle Maschinen sind –, können Interpreter als Programme betrachtet werden, die es erlauben, andere universelle Maschinen durch eine Von-Neumann-Maschine zu simulieren.[11] Diese simulierten universellen Maschinen (LISP-Maschinen, PROLOG-Maschinen) können ihrerseits spezielle Maschinen (irgendwelche Anwenderprogramme) oder wiederum andere universelle Maschinen simulieren.

Auf diese Weise kann eine ganze Hierarchie virtueller Maschinen entstehen, bei der unterschiedliche Maschinen auf anderen virtuellen Maschinen implementiert werden (deren Grundlage die Hardware der Von-Neumann-Maschine ist). Ob eine derartige hierarchische Ordnung verschiedener universeller Maschinen nützlich ist, ist zweifelhaft. Klar sollte allerdings sein, daß es in einem derartigen Fall nicht sinnvoll ist zu fragen, welches die richtige virtuelle Maschine ist, d.h. welcher Algorithmus das Verhalten der Maschine richtig beschreibt. Viele verschiedene (virtuelle) Maschinen überlagern sich gegenseitig. Welche von diesen betrachtet werden soll, hängt davon ab, welche Fragen man beantworten möchte.

Es ist wichtig zu erkennen, daß die Beschreibung des Verhaltens einer bestimmten Maschine oft auf vielen verschiedenen Ebenen möglich ist, und daß keine der resultierenden Beschreibungen richtiger als die andere ist. Man beachte auch, daß es sich bei diesen verschiedenen Beschreibungen jeweils um verschiedene Algorithmen und damit um formale Beschreibungen des Systems handelt. Nur die Beschreibung im Maschinencode korrespondiert direkt mit einer physikalischen Beschreibung ('0' und '1' kennzeichnen unmittelbar physikalische Zustände der Speicherzellen).[12]

---

[11] Bei kompilierten Programmtexten ist das nicht so deutlich, da sie ein lauffähiges Programm in Maschinencode darstellen, das direkt von der Von-Neumann-Maschine ausgeführt wird. Trotzdem ließe sich auch hier die entstehende virtuelle Maschine ohne Bezug auf die Operationen der zugrundeliegenden Von-Neumann-Maschine beschreiben.

[12] Genau aus diesem Grund bezeichnet man die Verhaltens*beschreibung* einer Maschine oft als Algorithmus. Algorithmen sind aber in erster Linie Verhaltens*vorschriften*. Da aber an einer Stelle (beim Maschinencode) die Vorschrift mit der Beschreibung zusammenfällt, sagt man oft, die Maschine führe einen bestimmten Algorithmus aus, obwohl man im Grunde nur das Verhalten der Maschine beschreibt.

Genau wie sich innerhalb der physikalischen Dimension verschiedene Ebenen unterscheiden lassen (z.B. die Ebenen der Elementarteilchen, der Atome und Moleküle, der elektronischen Bauteile, der Schaltkreise usw.), so sind auch innerhalb der algorithmischen Dimension verschiedene Ebenen möglich. Die hier getroffene Unterscheidung zwischen "Dimension" und "Ebene" wird oft dadurch verwischt, daß man in beiden Fällen von unterschiedlichen "Ebenen" spricht und z.B. eine Beschreibung auf physikalischer Ebene von einer Beschreibung auf algorithmischer (oder syntaktischer) Ebene abgrenzt. Das ist so lange nicht tragisch, wie man sich darüber im klaren ist, daß es sich dabei um unterschiedliche Hierarchien von Ebenen handelt, die gleichsam orthogonal aufeinander stehen. Im nächsten Abschnitt werde ich mich mit der semantischen Dimension informationsverarbeitender Systeme beschäftigen und damit das Bild symbolischer Informationsverarbeitung vervollständigen.

2.4 Die semantische Dimension: Interpretation

Im vorletzten Abschnitt wurde gesagt, daß die hier betrachteten Algorithmen Vorschriften zur Manipulation von Zeichen sind. Im letzten Abschnitt wurde gezeigt, wie diese Manipulation automatisch, d.h. durch Maschinen ausgeführt werden kann, wenn man bestimmte physikalische Zustände der Maschine als formale Zeichen betrachtet. Der ganze Aufwand zur Manipulation solcher Zeichen wäre ziemlich witzlos, wenn es nur um die Umformung irgendwelcher Zustände ginge. Was das Ganze interessant macht, ist natürlich, daß diese Zeichen eine Bedeutung haben, so daß durch die Umformung von Zeichen eine bestimmte Aufgabe erfüllt wird, nämlich die Berechnung irgendeiner Funktion. Die Umformung von Zeichen durch einen Computer ist daher mehr als nur ein formales Spiel.

Durch die formale Manipulation von Zeichen bzw. Symbolen, die eine bestimmte Bedeutung haben, hat man ein probates Mittel zur Lösung vieler Probleme zur Hand. Sobald eine funktionale Beziehung zwischen der Ausgangslage eines Problems und seiner Lösung besteht, kann man sich daran machen, diese Funktion durch einen Algorithmus zu berechnen. Dabei ist es (in gewissen Grenzen) unerheblich, wie kompliziert dieser Algorithmus ist, denn man hat ja Maschinen, die ihn schnell und zuverlässig ausführen.

Das ganze Vorgehen ist im Grunde genommen jedem vertraut. Um die Zahl zu erhalten, die sich aus der Multiplikation zweier Zahlen ergibt (diese beiden Zahlen stehen in einer bestimmten funktionalen Beziehung zu der gesuchten), schreibt man die zu den Zahlen gehörenden Ziffern auf ein Stück Papier und formt sie nach bestimmten Regeln um (d.h. man wendet einen bestimmten Algorithmus an). Die so gewonnene Ziffer repräsentiert die gesuchte Zahl. Durch die Manipulation konkreter Objekte (der Ziffern) hat man auf diese Weise das Problem gelöst, das Produkt zweier Zahlen zu finden.

Wenn man Computer etwas berechnen läßt, macht man im Grunde genommen genau dasselbe. Natürlich kann ein Computer nichts mit graphischen Gebilden auf einem Stück Papier anfangen (es gehört sogar mit zu den schwierigsten Aufgaben für einen typischen Computer, Schriftzeichen zu *ent*-ziffern). Unseren Schriftzeichen auf dem Papier entsprechen elektronische Zustände in bestimmten Bauteilen des Computers. Diese

Bauteile (Flip-Flops) haben die Funktion von Speichern (entsprechend unserem Papier), ihre jeweiligen Zustände übernehmen die Rolle unserer Ziffern. Da jedes Speicherelement nur zwei verschiedene stabile Zustände einnehmen kann, werden diese beiden Zustände als Grundelemente einer binären Notation für Zahlen aufgefaßt: der eine Zustand repräsentiert die 0 der andere die 1 (genau wie unsere Ziffern '0' und '1' die Zahlen 0 und 1 repräsentieren).[13] Soll der Prozessor z.B. zwei Zahlen addieren, die durch die Zustände zweier Speicherzellen repräsentiert werden, so "liest" er die beiden Speicherzellen (er lädt sie in sein Register) und verändert eine dritte Speicherzelle so, daß ihr Zustand eine Zahl repräsentiert, die der Summe der beiden anderen Zahlen entspricht. Wie dieser Prozeß im Detail vor sich geht, spielt hier keine Rolle; das allgemeine Prinzip sollte aus den letzten beiden Abschnitten klar geworden sein. Worauf es ankommt, ist nur, daß durch die elektronische Umformung bedeutungstragender Objekte bestimmte Aufgaben gelöst werden können.

Deutlich ist hier der doppelte Aspekt zu sehen, unter dem Symbole betrachtet werden müssen. Einerseits sind sie konkrete physikalische Objekte. Ziffern auf dem Papier haben eine bestimmte Farbe, eine Ausdehnung und eine bestimmte Gestalt. Was zwei graphische Gebilde zum gleichen Symbol macht, ist ihre Form. Das zweidimensionale graphische Gebilde 'A' ist z.B. dadurch gekennzeichnet, daß es zwei (annähernd) vertikale Linien enthält, die sich am oberen Ende berühren und die in der Mitte durch eine horizontale Linie verbunden sind. Die Form eines Zeichens sollte hier allerdings als etwas betrachtet werden, das nicht notwendigerweise etwas – wie beim Buchstaben 'A' – mit einer räumlichen Orientierung von Linien zu tun hat. Die "Form" der Symbole im Inneren eines Computers ist ein physikalischer Zustand bestimmter elektronischer Bauelemente. Zwei Zeichen haben in diesem Fall die gleiche Form (und sind damit zwei Token vom selben Typ), wenn sich die jeweiligen Speicherzellen im gleichen (elektrischen) Zustand befinden.[14]

Der andere Aspekt von Symbolen ist ihre Bedeutung: Sie stehen für etwas anderes, beziehen sich auf irgendetwas. Die Ziffer '1' steht für die Zahl 1, das Wort 'Baum' bezieht sich auf einen Baum usw. Der durch die binäre Ziffer '01000001' ausgedrückte Speicherzustand könnte beispielsweise den Buchstaben A bedeuten. Auch in bezug auf diese semantische Dimension können Symbole zu Typen zusammengefaßt werden. Anders als in der physikalischen Dimension ist es nicht die gleiche Form, sondern die gleiche Bedeutung, die zwei verschiedene Symbole (Token) zum gleichen Typ gehören läßt. So gehören z.B. die Symbole 'Baum' und 'tree' zum selben semantischen Typ, da beide dieselbe Bedeutung haben.

Diese beiden Aspekte von Symbolen – die physikalische Dimension auf der einen Seite und die semantische Dimension auf der anderen – werden vor allem in der Mathematik und Logik genutzt. Hier werden Objekte – Symbole – in Berechnungen und Beweisen ausschließlich aufgrund ihrer formalen Eigenschaften umgeformt. Die Umformungsregeln beziehen sich dabei nur auf die formalen Eigenschaften der Symbole, sind

---

[13] Es ist gleichgültig, ob man annimmt, daß man mit den Ziffern '0' und '1' die Speicherzustände bezeichnet, oder ob man die Speicherzustände selbst als Art elektronische Ziffern betrachtet, die die Zahlen 0 und 1 repräsentieren.

[14] Was als die Form eines Symbols zu gilt, hat auch sehr viel mit den Operationen zu tun, die auf diese Symbole einwirken. Weiter unten wird zu zeigen sein, daß im Zusammenhang mit der symbolischen Informationsverarbeitung nur die Wörter über dem Algorithmus einer universellen Maschine als Symbole gelten.

jedoch derart, daß durch die Umformungen die semantischen Eigenschaften dieser Symbole berücksichtigt werden. In der Logik beispielsweise wird bei zulässigen Umformungen von Sätzen deren Wahrheitswert erhalten. Damit eine derartige Übereinstimmung von formalen und semantischen Eigenschaften erzielt werden kann, muß genau angegeben werden, a) welche Symbole benutzt werden dürfen, und wie aus einfachen Symbolen komplexe zusammengesetzt werden können, d.h., es muß angegeben werden, was als wohlgeformter Ausdruck gilt; b) wie diese wohlgeformten Ausdrücke in andere wohlgeformte Ausdrücke umgewandelt werden können (die Umformungsregeln); und c) welche semantischen Eigenschaften, die einfachen und komplexen Ausdrücke haben sollen, d.h. was die Ausdrücke bedeuten. Durch die Angabe dieser drei Komponenten hat man eine *formale Sprache* definiert.

Auf alle Fälle erfüllen die Speicherzustände in Computern die ersten beiden Bedingungen: Den einfachen Symbolen entsprechen die elektrischen Zustände der Speicherzellen, die durch die bekannten 8-Tupel aus Nullen und Einsen mitgeteilt werden. Da auf diese Weise 2^8 verschiedene Zustände unterschieden werden, besteht das Alphabet dieses formalen Systems aus 256 Elementen. Komplexe Ausdrücke werden im Computer durch Konkatenation erzeugt. Ähnlich wie bei zweidimensionalen graphischen Symbolen die Zeichen aneinandergehängt werden, werden auch im Computer die jeweiligen Speicherzellen verknüpft. Dies geschieht natürlich nicht durch eine Umgruppierung der elektronischen Bauteile oder dadurch, daß man zwischen ihnen einen Draht zieht, sondern dadurch, daß an einer bestimmten Stelle im Speicher kodiert ist, wie viele der geordneten Speicherzellen, zu dem komplexen Zeichen gehören. Der Prozessor erhält also beispielsweise die Information, daß das Zeichen bei der Speicherzelle 1005 beginnt und bei der Speicherzelle 1009 endet, also aus 5 elementaren Symbolen zusammengesetzt ist (5 Bytes umfaßt).

Die Speicherzustände werden durch den Prozessor verändert. Auch nach der Veränderung ist der Zustand einer Speicherzelle durch ein 8-Tupel beschreibbar. Welche Umformungen zulässig sind, wird allein durch den physikalischen Aufbau des Prozessors bestimmt. Ein bestimmter Zustand einer Speicherzelle verursacht in Abhängigkeit vom augenblicklichen Zustand des Prozessors die Veränderung des Zustands einer (evtl. anderen) Speicherzelle. Letztendlich sind es also nur Naturgesetze, nach denen die Speicherzustände verändert und die Symbole damit umgeformt werden. Die Kunst beim Bau eines Computers besteht natürlich darin, elektronische Bauteile so zu verknüpfen, daß sie – indem diese den Naturgesetzen "gehorchen" – die gewünschten Umformungen ausführen. Da sich diese Umformungen nur aufgrund der formalen, und das heißt in diesem Fall elektrischen Eigenschaften der Symbole vollziehen, ist auch die zweite Anforderung an ein formales System erfüllt. Die Umformung von Symbolen in einem Computer erfolgt automatisch, daher werden Computer manchmal auch als "automatische formale Systeme" bezeichnet (cf. Haugeland 1985).

Die Zustände der Speicherzellen eines Computers – seine Symbole – erfüllen aber auch die dritte Bedingung für formale Sprachen, sie haben eine Bedeutung (sonst könnte man auch schlecht von "Symbolen" sprechen). Die Vorgänge im Computer während einer Berechnung können daher als automatische Prozesse einer formalen Sprache aufgefaßt werden: der Computer "denkt in seiner formalen Sprache".[15] Die Frage ist, wie kommt

---

[15]Um den letzten Satz können gar nicht genug Anführungszeichen stehen. Erstens ist das, was als "denken" bezeichnet wurde, nichts anderes als die Abfolge einer Reihe physikalischer Zustände entlang

es, daß die Speicherzustände eines Computers etwas bedeuten? Oder, allgemeiner (da
sie Elemente einer formalen Sprache sind): Wie kommen die Zeichen eines formalen
Systems zu ihrer Bedeutung?

Zuerst einmal ist festzustellen, daß die Bedeutung eines Symbols nicht durch seine
Form festgelegt wird. Insbesondere besteht keine Ähnlichkeit zwischen dem repräsentierenden Symbol und dem repräsentierten Gegenstand. Dies wird schon dadurch ausgeschlossen, daß viele repräsentierte Gegenstände abstrakt sind (z.B. Zahlen). Bei diesen
ist es sinnlos, nach einer Ähnlichkeit zu irgendwelchen konkreten Objekten zu fragen.
Gäbe es eine Ähnlichkeit zwischen Symbol und Gegenstand, müßten die verschiedenen Symbole für denselben Gegenstand auch untereinander ähnlich sein, da "ähnlich"
eine transitve Relation ist. Aber welche Ähnlichkeit besteht (außer natürlich ihrer
Bedeutung) zwischen dem deutschen Wort 'Pferd', dem englischen Wort 'horse' und
dem französischen 'cheval'? Vollkommen klar wird dieser Punkt, wenn man auch die
gesprochenen Wörter (die Laute), elektrische Impulse in Telefonleitungen oder letztendlich Speicherzustände eines Computers vergleicht. Eine Ähnlichkeit der repräsentierenden Symbole ist sicher nicht vorhanden. Das gleiche gilt z.B. für die verschieden
Arten, Zahlen zu repräsentieren. (Man denke an den Unterschied zwischen römischen
und arabischen Ziffern.)

Umgekehrt ist es auch möglich, mit dem gleichen Symbol bei verschiedenen Gele-
genheiten unterschiedliche Gegenstände zu bezeichnen. In den natürlichen Sprachen ist
dieses Phänomen als Ambiguität bekannt ('bank'). Verschiedene Systeme verwenden
oft auch gleiche Zeichen, die aber unterschiedliches bedeuten, z.B. kann 'mutter' ver-
schiedenes bezeichnen, je nachdem ob es als Wort des Deutschen oder des Englischen
gilt. Innerhalb formaler Sprachen gibt es zwar in der Regel keine Ambiguitäten, aber
verschiedene formale Sprachen können bestimmte Symbole mit anderen Bedeutungen
versehen. Die Ziffer '110' z.B. kann die Zahl 110, die Zahl 272 oder die Zahl 6 bedeuten,
je nachdem ob man sich innerhalb eines dezimalen, hexadezimalen oder binären Systems
bewegt.

Aus dem bisher Gesagten wird deutlich, daß in einem formalen System die Bedeutung eines Zeichens unabhängig von seinen formalen Eigenschaften ist. Die Symbole in
formalen Systemen erhalten ihre Bedeutung dadurch, daß sie vom Benutzer des Systems interpretiert werden. Der Benutzer weist ihnen ihre Bedeutung zu und benutzt
sie als Repräsentationen anderer Gegenstände. Daraus folgt nicht, daß der Benutzer die
Bedeutung der Symbole willkürlich festlegen kann. Die Interpretation muß so erfolgen,
daß die Bedeutung bei verschiedenen Vorkommnissen im System gleich bleibt, und daß
die semantischen Relationen zwischen den Zeichen durch die zulässigen Umformungen
erhalten bleiben, d.h., das formale System muß sich in konsistenter Weise interpretieren
lassen. Will man beispielsweise das folgende Schema als Addition mit Buchstaben als
Repräsentationen für Zahlen interpretieren,

---

eines Energiegradienten, zweitens ist eine formale Sprache nur in dem im Text genannten Sinn eine
"Sprache" (alles, was diese genannten Kriterien erfüllt, ist eine formale Sprache). Eine formale Sprache
darf aber keinesfalls mit unseren natürlichen Sprachen verwechselt werden. Darüber hinaus ist es
umstritten, ob Denken überhaupt etwas mit einer formalen Sprache zu tun hat.

D O N A L D

G E R A L D
____

R O B E R T

so kann man den einzelnen Buchstaben nicht willkürlich Zahlen zuzuordnen (z.B. D=3, T=1 usw.), da dadurch die (semantische) Relation der Addition zwischen zwei Zahlen nicht berücksichtigt würde.[16]

Normalerweise steht man jedoch nicht vor dem Problem, konsistente Interpretationen für formale Systeme suchen zu müssen. Entweder man entwirft das formale System selbst, dann konstruiert man die formalen Regeln immer im Hinblick auf die intendierte Interpretation, oder man benutzt ein von anderen entworfenes formales System, dann bekommt man die intendierte Interpretation in der Regel mitgeliefert. Letzteres ist bei Computern der Fall. Die intendierte Interpretation ergibt sich hier u.a. auch durch die Verwendung anderweitig bekannter Symbole auf dem Bildschirm oder der Tastatur (d.h. von Zeichen, deren Interpretation konventionell geregelt ist). Der Benutzer braucht sich dann um die vom Computer intern verwendeten Symbole nicht zu kümmern, da zu seiner Bequemlichkeit eine Übersetzung in sein gewohntes Symbolsystem eingebaut ist.

Da in der Kognitionswissenschaft geistige Prozesse oft mit formalen Prozessen in symbolverarbeitenden Maschinen verglichen werden, ist es sicher nützlich, den Zusammenhang von formalen Systemen und ihrer Interpretation noch einmal deutlich zu machen.[17]

Wenn man beispielsweise einen Taschenrechner dazu bringen möchte, die Quadratwurzel einer Zahl zu berechnen, so geschieht das, indem man eine Reihe von Tasten drückt, was bewirkt, daß eine bestimmte Ziffer in der Anzeige erscheint. Der Aufbau der Rechners ist derart, daß der Druck auf die Tasten 'C', '2' und '$\sqrt{*}$' eine Anzeige der Form '1.4142136' *verursacht*. Die Anzeige steht in einem funktionalen Zusammenhang mit den gedrückten Tasten. Das Verhalten des Rechners (als physikalisches Objekt) läßt sich als *Realisierung* einer Funktion verstehen, die Tastatureingaben auf Zustände des Displays abbildet. Im benutzten Beispiel wurde die Anzeige '1.4142136' den gedrückten Tasten 'C', '2' und '$\sqrt{*}$' zugeordnet. Die Argumente dieser Funktion sind also Tastatureingaben, ihr Wert ein Zustand des Anzeigenfeldes. In der üblichen Schreibweise:

$$F : \langle \text{'C'}, \text{'2'}, \text{'}\sqrt{*}\text{'} \rangle \longrightarrow \text{'1.4142136'}$$

Man beachte, daß damit noch nichts über die Bedeutung der Tasten oder der Anzeige ausgesagt ist. Bis hierher ist der Taschenrechner nichts anderes als ein Gegenstand, der auf bestimmte Manipulationen in einer gewissen Weise reagiert (wie ein Mixer, der auf Knopfdruck die Messer bewegt). Was dieses Gerät zu einem Rechner macht, der die Wurzel aus der Zahl Zwei berechnet, ist die Tatsache, daß die Tasten und die Anzeigen jeweils als Zahlen bzw. Funktionsoperatoren in einer Art interpretiert werden können, die die Wurzelfunktion widerspiegelt. Die Wurzelfunktion ordnet jeder natürlichen Zahl

---

[16]Eine mögliche Interpretation ist:

526485

197485
____

723970

[17]Ich stütze mich dazu im wesentlichen auf Cummins 1989.

als Argument eine Zahl als Wert zu, die mit sich selbst multipliziert, die ursprüngliche Zahl (das Argument) ergibt. Der Definitions- und Wertebereich dieser Funktion besteht also aus den reellen Zahlen und nicht, wie vorher, aus Tastatureingaben und Zuständen des Anzeigenfeldes. Die Funktion $\sqrt{}$ ordnet der Zahl zwei eine andere Zahl zu, die durch 1.4142136 näherungsweise dargestellt wird. Schematisch:

$$\sqrt{} : 2 \longrightarrow 1.4142136$$

Wird nun die Taste '2' als Repräsentation der Zahl 2 interpretiert ('C' dient dazu, den Rechner in die Ausgangsposition zu bringen; die Taste '$\sqrt{*}$' ruft die gewünschte Funktion auf), und der Zustand des Anzeigenfeldes als Repräsentation der Zahl 1.4142136, so hat man die Möglichkeit, das Verhalten eines physikalischen Gegenstands als Berechnung der Funktion "Quadratwurzel" zu betrachten. Dadurch, daß der Rechner die Funktion *F realisiert*, und daß es eine Interpretationsfunktion I gibt, die physikalische Zustände auf Zahlen abbildet, *simuliert* der Rechner die Wurzelfunktion.[18]

Schematisch läßt sich dieser Zusammenhang wie folgt darstellen:

$$\sqrt{} : \langle 2 \rangle \longrightarrow 1.4142136$$
$$\uparrow I \qquad\qquad \uparrow I$$
$$F : \langle \text{'C'}, \text{'2'}, \text{'}\sqrt{*}\text{'} \rangle \longrightarrow \text{'1.4142136'}$$

Die untere Ebene stellt die physikalische Dimension dar; die Funktion F bildet Tastatureingaben auf Zustände des Anzeigenfeldes ab. Die obere Ebene entspricht der semantischen Dimension; die Wurzel-Funktion bildet (positive) reelle Zahlen aufeinander ab. Beide "Ebenen" sind durch die Interpretationsfunktion verbunden; ein Benutzer (ein Interpret) ordnet den Gegenständen der physikalischen Dimension Gegenstände der semantischen Dimension zu. Bei der Interpretation findet also eine Art "Dimensionswechsel" statt.

Was hier für den Fall eines Taschenrechners beschrieben wurde, gilt genauso für Computer – nur ist alles etwas komplizierter. Da Taschenrechner keine universellen Maschinen sind, braucht man kein Programm, mit dessen Hilfe man eine spezielle Maschine simuliert – sie sind bereits spezielle Maschinen. Will man einen Computer dazu bringen, die Wurzel aus zwei zu berechnen (d.h. die Wurzelfunktion zu simulieren), braucht man erst einmal ein Programm, das dann von einem Interpreter in Maschinencode übertragen und ausgeführt wird oder aus dem ein Compiler einen selbständig lauffähigen Maschinencode erzeugt. Ein Programmtext zur Berechnung der Wurzel aus zwei sähe in der Programmiersprache PASCAL z.B so aus:

```
Program wurzelauszwei (output);
begin
     write (sqrt(2))
end.
```

---

[18]Cummins unterscheidet die *Simulation* und die *Instantiierung* einer Funktion. Von der Instantiierung einer Funktion spricht er dann, wenn der Definitions- und Wertebereich der Funktion aus abstrakten Gegenständen besteht (also z.B. Zahlen), während bei der Simulation keine Unterscheidung zwischen abstrakten und konkreten Gegenständen getroffen wird. Ich habe auf diese Unterscheidung verzichtet und immer von der Simulation einer Funktion gesprochen. Bei Funktionen mit abstraktem Definitions- und Wertebereich von "Instantiierung" zu sprechen, hat allerdings den Vorteil, daß damit nicht – wie bei "Simulation" – die Vorstellung von etwas "nicht Wirklichem" hervorgerufen wird.

Durch die Interpretationsfunktion werden diesen Zeichen Bedeutungen zugeordnet. Es sind nicht mehr die physikalischen Zustände, die interpretiert werden, sondern die Befehle der jeweiligen Programmiersprache (z.B. 'sqrt') bzw. die Symbole, die durch diese Befehle verändert werden (z.B. '2'). In der Informatik spricht man davon, daß die Befehle durch die Maschine interpretiert werden, was heißt, daß die intendierten Befehle ausgeführt werden. Die Symbole, die die eigentlichen Daten repräsentieren, werden – wie die Tastatureingaben beim Taschenrechner – vom Benutzer der Maschine interpretiert. Im Falle eines Computers hat man also zwei verschiedene Interpretationsfunktionen. Die erste ordnet den Konstrukten der Programmiersprache physikalische Prozesse zu, die zweite den Symbolen irgendwelche Bedeutungen. Welchen physikalischen Zuständen diese Symbole entsprechen, interessiert den Benutzer nicht.[19] Zwischen die physikalische und die semantische Dimension schiebt sich bei Computern daher noch die Dimension der Symbole, also die algorithmische oder syntaktische Dimension.

Das wäre alles kein Problem, gäbe es nicht die im letzten Abschnitt erwähnte Hierarchie unterschiedlicher algorithmischer Beschreibungsebenen. Die Operationen, die ein Computer während des Ablaufs eines Programms durchführt, lassen sich oft als unterschiedliche symbolische Prozesse beschreiben. Um diesen Punkt deutlich werden zu lassen, betrachte man einmal ein beliebiges in PASCAL geschriebenens Anwendungsprogramm, das durch einen PASCAL-Interpreter Zeile für Zeile in Maschinencode transformiert und von der zugrundeliegenden Von-Neumann-Maschine unmittelbar ausgeführt wird. Das Verhalten der konkreten Maschine während des Programmablaufs läßt sich nun auf zwei unterschiedlichen Ebenen innerhalb der algorithmischen Dimension beschreiben. Einmal als Ausführung eines Algorithmus in Maschinencode, das andere Mal als Ausführung des PASCAL-Algorithmus. Dies ergibt sich einfach daraus, daß man zwei verschiedene (abstrakte) Maschinen betrachten kann: Die Von-Neumann-Maschine, die eine spezielle Maschine simuliert (die durch Interpreter und Anwendungsprogramm definiert ist) oder die PASCAL-Maschine, die von der Von-Neumann-Maschine plus Interpreter simuliert wird.[20]

Durch die Implementation der (virtuellen) PASCAL-Maschine auf der (physikalisch realisierten) Von-Neumann-Maschine stehen dem Betrachter zwei algorithmisch-syntaktische Ebenen zur Verfügung, die das Verhalten der Maschine beschreiben. Dabei ist eine Beschreibung so korrekt wie die andere. Jede dieser unterschiedlichen Ebenen stellt ein anderes formales System dar. Durch die Interpretation der Ausdrücke beider Algorithmen entstehen zwei unterschiedliche formale Sprachen. Ein Ausdruck, der in einem System eine bestimmte Bedeutung zugewiesen bekommt, gilt im anderen System evtl. gar

---

[19]Information wird durch die Manipulation bedeutungstragender Symbole verarbeitet. Um den Vorgang der Informationsverarbeitung zu verstehen, genügt es daher, die Gesetzmäßigkeiten der Symbolmanipulation zu erkennen. Wie diese Symbole physikalisch realisiert sind und welcher Mechanismus sie umformt, ist für das Verständnis der Informationsverarbeitung (als Symbolmanipulation verstanden) genauso irrelevant, wie es für die Ausführung eines logischen Beweises unerheblich ist, ob ich ihn auf weißem oder gelbem Papier, mit Bleistift oder Schreibmaschine usw. durchführe.

[20]Es wären auch noch mehrere Ebenen denkbar: z.B. Eine LISP-Maschine wird auf einer PASCAL-Maschine implementiert, die wiederum durch eine Turing-Maschine simuliert wird, die durch eine PASCAL-Maschine simuliert wird usw. Natürlich wird so etwas niemand tatsächlich machen, da die (praktische) Leistungsfähigkeit einer derartigen Maschine ziemlich eingeschränkt wäre. Der Punkt ist nur, daß sich die ganze Sache dann auf vielen verschiedenen algorithmischen Ebenen beschreiben ließe, deren Ausdrücke interpretiert werden könnten.

nicht als wohlgeformter Ausdruck. Natürlich besteht zwischen den beiden formalen Systemen eine Abhängigkeitsbeziehung: Für jeden Ausdruck (jedes Symbol) des PASCAL-Systems gibt es einen oder mehrere Ausdrücke des Von-Neumann-Systems, so daß die Ausführung der letzteren der Ausführung der PASCAL-Ausdrücke entspricht.

Im praktischen Umgang mit Computern spielt dies alles keine Rolle, da sich der Programmierer darauf beschränkt, die oberste algorithmische Ebene, d.h. die Sprache, in der er seinen Programmtext schreibt, zu interpretieren. Anders ist es im Fall der Kognitiven Psychologie: Man hat die konkrete informationsverarbeitende Maschine vor sich (das Gehirn) und möchte deren Verhalten als formale Symbolmanipulation beschreiben. Anders als bei Computern hat man kein wohldefiniertes formales System mit der dazugehörigen Interpretation. Unter der Annahme, daß das Gehirn ein formales System ist, wird eine algorithmische Beschreibung seines Verhaltens gesucht. Dabei sucht man (meist) nicht nach *irgendeiner* algorithmischen Beschreibung (innerhalb einer möglichen Hierarchie der algorithmischen Dimension), sondern gerade nach derjenigen, deren Symbole eine Interpretation durch psychologische Begriffe erlaubt. Wäre man bei diesem Projekt erfolgreich, käme man durch eine derartige Interpretation der internen Symbole zu einer Simulation der kognitiven Funktion:

$$C : \langle c_1, \ldots, c_n \rangle \quad \xrightarrow{\text{Kognition}} \quad \langle c_{n+1} \rangle$$
$$\uparrow I \qquad\qquad\qquad\qquad \uparrow I$$
$$S : \langle s_1, \ldots, s_k \rangle \quad \xrightarrow{\text{Algorithmus}} \quad \langle s_{k+1} \rangle$$

Die Funktion S bildet Symbole (in der formalen Sprache des Geistes) auf andere Symbole ab, die Funktion C ist die kognitive Funktion (mathematisch verstanden), die durch die Funktion S simuliert wird und die inhaltlich charakterisierte kognitive Zustände (propositionale Einstellungen) einander zuordnet (Schlußfolgerungen). I ist die Interpretationsfunktion, die es einem Betrachter erlaubt, die Realisierung von S als Simulation von C zu erkennen.

Daß es eine derartige Beziehung zwischen Kognition und Algorithmus gibt, ist eine empirische Hypothese. Es könnte sich daher ohne weiteres herausstellen, daß wir bei dem Versuch, das Gehirn als informationsverarbeitendes System zu beschreiben, eine algorithmische Ebene finden, wir aber nicht in der Lage sind, für dieses formale System eine Interpretation anzugeben, die unsere üblichen psychologischen Begriffe enthält.[21] Im nächsten Kapitel werde ich die philosophische Position darstellen, die besagt, daß es eine derartige Beziehung zwischen psychologischer und algorithmischer Ebene geben muß, wenn man am Paradigma der Informationsverarbeitung festhält.

---

[21] Es wird also nicht irgendeine semantische Interpretation gefordert, sondern eine, deren Begrifflichkeit bereits weitgehend festgelegt ist. Man beachte auch, daß durch diese Interpretation ein funktionaler Zusammenhang zwischen kognitiven Zuständen hergestellt würde, unsere gegenwärtige Alltagspsychologie aber weit davon entfernt ist, aus dem Auftreten bestimmter kognitiver Zustände eindeutig auf das Auftreten eines anderen Zustands zu schließen.

3 Die Sprache des Geistes: Symbolismus

In diesem Kapitel werde ich die Theorie darstellen, derzufolge kognitive Zustände oder Prozesse identisch mit den (algorithmischen) Zuständen oder Prozessen eines informationsverarbeitenden Systems sind. Insbesondere werde ich mich dabei auf die von Jerry Fodor in *The Language of Thought* (1975) vertretene Auffassung beziehen, daß kognitive Prozesse als Ableitungen in einer "Sprache des Geistes" zu analysieren sind. In den ersten beiden Abschnitten deutlich gemacht werden, welche zentrale Rolle dabei den sog. propositionalen Einstellungen beigemessen wird und warum Fodor glaubt, sie als Relationen von Personen zu Sätzen einer inneren Sprache analysieren zu müssen. Im dritten Kapitel soll dann der Frage nachgegangen werden, was unter der von Fodor postulierten Sprache des Geistes zu verstehen ist. Dabei werde ich ein Problem herausarbeiten, das den Symbolismus generell betrifft. Im letzten Abschnitt werde ich ein weiteres schwerwiegendes Problem darstellen, das sich für jede Theorie ergibt, die annimmt, der menschliche Geist komme durch die formale Manipulation von Symbolen zustande – das sogenannte Frame-Problem.

3.1 Propositionale Einstellungen

Aus dem Umstand, daß der Mensch in einer sozialen Gemeinschaft mit anderen Menschen lebt, ergibt sich für ihn die Notwendigkeit, sein Verhalten mit dem seiner Mitmenschen zu koordinieren. Was das im Detail bedeutet, ist hier nicht so wichtig; wichtig aber ist, daß diese Koordination zum großen Teil mit Hilfe von Annahmen und Verallgemeinerungen über die eigenen geistigen Zustände und die anderer Menschen erreicht wird. Die Summe dieser impliziten Annahmen und Verallgemeinerungen wird – oft etwas abwertend – als *Alltagspsychologie* bezeichnet (cf. Stich 1983).

Die Annahmen und Verallgemeinerungen beziehen sich dabei einerseits auf äußere Merkmale der Situation, andererseits auch auf innere, nichtbeobachtbare Zustände und Prozesse, die aus dem sichtbaren Verhalten (einschließlich des sprachlichen Verhaltens) erschlossen werden. Aufgabe der Alltagspsychologie ist die Beschreibung, Erklärung, Vorhersage und letztendlich die Veränderung von Verhalten (cf. Schneewind 1982).[1] Jeder der vier Teilaspekte der Alltagspsychologie dient letztlich dazu, unser eigenes Verhalten mit dem anderer in einer Weise zu koordinieren, die der Verwirklichung unserer Anliegen am ehesten dienlich ist. Die Aufgabe einer *wissenschaftlichen* Psychologie

---

[1] Die Alltagspsychologie dient nach psychologischer Auffassung nicht nur zu Verhaltenserklärungen bei *anderen* Menschen, sondern auch zur Beschreibung, Erklärung, Vorhersage und Modifikation des *eigenen* Verhaltens.

wird darin gesehen, die vagen und oft sogar widersprüchlichen Annahmen und Verallgemeinerungen der Alltagspsychologie "in einer kommunizierbaren und damit überprüf- und kritisierbaren Form verfügbar zu machen" (Schneewind 1982; 45).

In der Philosophie des Geistes konzentriert man sich im wesentlichen auf die Analyse von Verhaltenserklärungen. Folgt man der philosophischen Literatur, so wird in der Alltagspsychologie Verhalten nahezu ausschließlich durch die Zuschreibung propositionaler Einstellungen unter Zuhilfenahme eines sog. "praktischen Syllogismus" erklärt.[2] Das Verhalten einer Person gilt z.B. als erklärt, wenn der Person ein Wunsch zugeschrieben werden kann, daß etwas der Fall sein möge, sowie die Überzeugung, daß die zu erklärende Handlung zur Erfüllung dieses Wunsches führt: "Warum hat Oskar den Regenschirm mitgenommen?" "Weil er glaubt, daß es heute noch regnen wird." Diese Überzeugung ergibt – zusammen mit dem implizit vorausgesetzten Wunsch, daß Oskar nicht naß werden möchte und der ebenfalls implizit vorausgesetzten Überzeugung, daß Regenschirme helfen, nicht naß zu werden – eine Erklärung seines Verhaltens. Schematisch sieht das wie folgt aus:[3]

Wenn	x möchte, daß P der Fall ist,
und wenn	x glaubt, daß P nur dann der Fall sein wird,
	wenn er Q tut,
dann	(ceteris paribus) führt x die Handlung Q aus.

Da bei derartigen Verhaltenserklärungen, die sich auf die Überzeugungen und Wünsche (und auch Hoffnungen, Ängste, Absichten usw.) der Person beziehen, immer vorausgesetzt wird, daß sich die Person rational verhält, also z.B. nicht etwas tut, von dem sie weiß, daß es nicht den gewünschten Effekt hat, werde ich diese Art der Verhaltenserklärung als *rationale Verhaltenserklärung* bezeichnen. Analog dazu, werde ich eine psychologische Theorie, die Verhalten mittels rationaler Verhaltenserklärungen, d.h. also, durch die Zuschreibung propositionaler Einstellungen erklärt, "rationale Psychologie" nennen. Insofern unsere Alltagspsychologie auf dieses Erklärungsschema zurückgreift, ist die Alltagspsychologie eine rationale Psychologie.

Es ist sicher nützlich, sich noch einmal klar zu machen, warum man sich in der Philosophie des Geistes überhaupt so sehr für alltagspsychologische Verhaltenserklärungen interessiert. Der Grund ist, daß bei derartigen Verhaltenserklärungen angenommen wird, der Geist bzw. die Psyche der betreffenden Person befinde sich in einem bestimmten Zustand, und daß es gerade dieser psychische Zustand der Person ist, der ein bestimmtes (körperliches) Verhalten verursacht. Wie im ersten Kapitel dargestellt, ergibt sich daraus, zusammen mit der Annahme, daß die physikalische Welt kausal abgeschlossen ist, das klassische Leib-Seele-Problem: Wie ist es möglich, daß mentale Zustände mit körperlichen Zuständen kausal interagieren?

---

[2] Es ist interessant, daß Verhaltenserklärungen via propositionaler Einstellungen in den meisten rein *psychologisch* orientierten Arbeiten keine Rolle spielen (auch nicht bei der Beschreibung der Alltagspsychologie). Dies mag daran liegen, daß propositionale Einstellungen eher zu einer introspektiven Psychologie gehören, in der kognitiven Psychologie Introspektion aber immer noch als "unwissenschaftlich" gilt.

[3] Es wird also davon ausgegangen, daß die alltagspsychologische Verhaltenserklärung nach dem sog. nomologisch-deduktiven Modell erfolgt, nach dem etwas dann als erklärt gilt, wenn gezeigt werden kann, daß das zu Erklärende als Einzelfall aus einem allgemeingültigen Gesetz deduziert werden kann.

Da propositionale Einstellungen nach gängiger philosophischer Auffassung eine zentrale Rolle bei der alltagspsychologischen Verhaltenserklärung spielen, versucht man, die Rolle propositionaler Einstellungen in der Ätiologie des Verhaltens zu explizieren. Dazu ist es nützlich, sich darüber im klaren zu sein, durch welche Eigenschaften propositionale Einstellungen in der Alltagspsychologie charakterisiert werden.

Als erstes ist natürlich die bereits erwähnte *kausale Wirksamkeit* propositionaler Einstellungen anzuführen: Propositionale Einstellungen *verursachen* Handlungen. Diese kausale Wirksamkeit impliziert einen Realismus bezüglich propositionaler Einstellungen. Propositionale Einstellungen werden also nicht als hypothetische Konstrukte oder abstrakte Gegenstände verstanden, sondern als real existierende Dinge, deren Zuschreibung zu einer Person im Sinne einer Korrespondenztheorie wahr sein kann.

Es sollte an dieser Stelle erwähnt werden, daß ein derartiger Realismus (und damit auch die kausale Wirksamkeit propositionaler Einstellungen) nicht unumstritten ist. Das oben geschilderte Problem mit der kausalen Wirksamkeit propositionaler Einstellungen ergibt sich natürlich nur dann, wenn man annimmt, daß es propositionale Einstellungen auch tatsächlich gibt. Vertritt man dagegen die Auffassung, daß es sich hierbei um Entitäten einer vorwissenschaftlichen Mythologie handelt, die in einem wissenschaftlichen Weltbild nichts zu suchen haben, hat man mit der vermeintlichen kausalen Wirksamkeit propositionaler Einstellungen kein Problem: Da es keine propositionalen Einstellungen gibt, braucht man ihre vermeintliche kausale Wirksamkeit auch nicht zu erklären. Nach dieser Auffassung besteht die Aufgabe einer wissenschaftlichen Psychologie nicht darin, die Alltagspsychologie zu systematisieren, sondern die *tatsächlich* wirksamen Mechanismen unseres Verhaltens aufzudecken und damit die Redeweise von propositionalen (oder anderen geistigen) Zuständen zu eliminieren.[4]

Durch diese Elimination propositionaler Einstellungen hat man sich zwar des Problems ihrer kausalen Wirksamkeit entledigt, allerdings ist man dann gezwungen, eine brauchbare Alternative für rationale Verhaltenserklärungen zu geben. Da Eliminativisten die Realität propositionaler Einstellungen verneinen, erklären rationale Verhaltenserklärungen ihrer Meinung nach gar nichts. Das vermeintlich gute Funktionieren unserer Alltagspsychologie ist aus ihrer Sicht eine Illusion, aus der wir uns augenblicklich nicht lösen können, da es – soviel muß zugegeben werden – gegenwärtig noch keine ausgearbeitete wissenschaftliche Verhaltenstheorie gibt.

Eine andere Form des Anti-Realismus bezüglich propositionaler Einstellungen ist der sog. Instrumentalismus. Diese Position besagt, daß propositionale Einstellungen in der Ätiologie des Verhaltens zwar keine kausale Rolle spielen, daß rationale Verhaltenserklärungen aber dennoch ein brauchbares, wenn auch unpräzises Instrument zur Erklärung und Vorhersage von Verhalten darstellen, auf das wir nicht verzichten können, da uns die eigentlichen kausalen Mechanismen (Aktivität der Neuronen im Gehirn) nicht zugänglich sind.[5] Das Problem eines derartigen Instrumentalismus ist es, den Umstand plausibel zu machen, daß eine rationale Verhaltenserklärung zwar einigermaßen brauchbare Ergebnisse liefert, die durch sie präsupponierten Entitäten aber keine kausale Rolle

---

[4] Ein derartiger Eliminativismus wird von Paul und Patricia Churchland und Stephen Stich vertreten (cf. z.B. Paul Churchland 1981, 1986, Paticia Churchland 1980 oder Stephen Stich 1983.) Auf diese Position werde ich bei der Diskussion des Konnektionismus zurückkommen.

[5] Der bedeutendste Vertreter eines Instrumentalismus bezüglich propositionaler Einstellungen ist wohl Daniel Dennett (cf. z.B Dennett 1971, 1981).

spielen sollen. Kurz gesagt: Warum funktioniert die Erklärung mittels propositionaler Einstellungen, wenn es keine propositionalen Einstellungen gibt?

Auf diese Alternativen zu einer realistischen Sichtweise propositionaler Einstellungen werde ich hier nicht eingehen. Es ging mir nur darum zu zeigen, daß man die Schwierigkeiten im Zusammenhang mit propositionalen Einstellungen vermeiden kann, wenn man ihnen ihre Realität aberkennt, und daß es Philosophen gibt, die diesen Weg tatsächlich beschreiten. Die im folgenden zu betrachtende Theorie propositionaler Einstellungen geht – wie die Alltagspsychologie – von deren kausaler Wirksamkeit und damit auch von deren Realität aus.

Weiter sind propositionale Einstellungen nach alltagspsychologischer Auffassung *innere* Ursachen für Handlungen. Der Zustand, auf den man sich in der Handlungserklärung beruft, wird als ein Zustand der Person bzw. als ein Zustand "in" der Person identifiziert.[6] Ich möchte diese beiden Annahmen mit folgendem Satz festhalten:

> (1) Propositionale Einstellungen sind (innere) Zustände einer Person und spielen bei der Entstehung von Handlungen dieser Person eine kausale Rolle.

Propositionale Einstellungen unterscheiden sich einmal durch ihren Modus (durch die Art der Einstellung), d.h. ob es ein Wunsch, eine Überzeugung, eine Befürchtung usw. ist, und zum anderen durch ihren Inhalt. Die *inhaltliche Charakterisierung* ist die zweite zentrale Eigenschaft propositionaler Einstellungen. Der Inhalt einer Einstellung wird mit Hilfe des verwendeten daß-Satzes ausgedrückt. Die durch den daß-Satz ausgedrückte Proposition ist der Inhalt der Einstellung. Wenn man also beispielsweise sagt: "Oskar glaubt, daß heute Montag ist", dann schreibt man Oskar eine Überzeugung zu, deren Inhalt die Bedeutung des Satzes "Heute ist Montag" ist.

Man beachte, daß die inhaltliche Charakterisierung einer propositionalen Einstellung nicht etwa ein zusätzliches Merkmal einer bereits durch andere Faktoren bestimmten Einstellung, sondern – neben ihrem Modus – ihr kennzeichnendes Merkmal ist. Fodor schreibt:

> "...propositionale Einstellungen haben ihre Inhalte wesentlich: die kanonische Form, eine Einstellung zu bezeichnen, besteht darin zu sagen, a) von welcher Art die Einstellung ist (eine Überzeugung, ein Wunsch, eine Ahnung oder was auch immer); und b) was der Inhalt der Einstellung ist."
> (1987; 11)

Der Vollständigkeit halber könnte man noch einen dritten Punkt anfügen: c) nichts sonst dient zur Kennzeichnung einer propositionalen Einstellungen. Kennzeichnungen der Art "die letzte Überzeugung, die ich gestern vor dem Einschlafen hatte" oder "der Wunsch, den ich immer dann habe, wenn ich dich sehe" usw. kommen in alltagspsychologischen Verhaltenserklärungen so gut wie nicht vor.

---

[6] Natürlich spielen bei Verhaltenserklärungen nicht ausschließlich innere Zustände eine Rolle, sondern auch die äußeren Gegebenheiten der Situation, in der sich die Person befindet: "Warum nimmt Oskar einen Regenschirm mit?" – "Weil es regnet". Dies ist eine unter bestimmten Umständen akzeptable Verhaltenserklärung, die sich auf äußere Faktoren bezieht (und die inneren implizit voraussetzt). dieser Punkt sollte aber keinesfalls mit dem vieldiskutierten Unterschied zwischen einer individualistischen bzw. anti-individualistischen Individuierung des Inhalts propositionaler Einstellungen verwechselt werden.

Die inhaltliche Charakterisierung propositionaler Einstellungen weist auf ihre semantischen Eigenschaften hin: Propositionale Einstellungen beziehen sich auf Dinge in der Welt – sie haben einen Bezug oder "Referenz". Wenn Oskar glaubt, daß Hamburg nördlich von München liegt, dann bezieht er sich mit seinen Gedanken auf Hamburg und auf München. Diese "Gerichtetheit" oder Intentionalität propositionaler Einstellungen ist nach Brentano das wesentliche Merkmal geistiger Zustände. Aus dieser Intentionalität ergibt sich, daß propositionale Einstellungen semantisch bewertbar sind: Überzeugungen sind wahr oder falsch, Wünsche sind erfüllt oder unerfüllt usw. Zum Beispiel ist Oskars Glaube, daß heute Montag ist, genau dann wahr, wenn heute tatsächlich Montag ist, ansonsten ist er falsch. Entsprechendes gilt für andere Arten propositionaler Einstellungen.

Die zwei wichtigsten Eigenschaften propositionaler Einstellungen sind also ihre inhaltliche Charakterisierung und ihre kausale Wirksamkeit. Allerdings sind diese beiden Eigenschaften nicht voneinander unabhängig. In der Alltagspsychologie geht man davon aus, daß der Inhalt die kausale Rolle charakterisiert, die eine bestimmte Einstellung bei der Entstehung des zu erklärenden Verhaltens spielt. Wenn Oskar seinen Regenschirm mitnimmt, weil er glaubt, daß es regnet, dann wird die Überzeugung, daß es regnet, als Ursache dafür angesehen, daß er den Schirm mitnimmt. Hätte Oskar nicht geglaubt, daß es regnet, hätte er (ceteris paribus) den Schirm nicht mitgenommen. Oskars Überzeugung verursacht sein Verhalten aber nur insofern, als seine Überzeugung den Inhalt hat, daß es regnet. Hätte er einen Gedanken anderen Inhalts gehabt (z.B. die Überzeugung, daß die Sonne scheint), hätte er sich anders verhalten. Der Inhalt propositionaler Einstellungen ist also nicht nur in dem Sinn wesentlich, daß er zu ihrer Identifizierung beiträgt, sondern er charakterisiert auch ihre kausale Rolle.

Die Rolle des Inhalts propositionaler Einstellungen bei der Verhaltenserklärung möchte ich im folgenden Satz festhalten:

(2) Propositionale Einstellungen haben einen Inhalt. Dieser Inhalt charakterisiert – zusammen mit dem Modus der Einstellung – die kausale Rolle der propositionalen Einstellung in der Ätiologie von Handlungen.[7]

Eine dritte, meist weniger beachtete Eigenschaft propositionaler Einstellungen wurde von Ramsey, Stich und Garon ausgemacht: propositionale Einstellungen werden in der Alltagspsychologie als *funktional diskrete* Entitäten verstanden (cf. Ramsey, Stich & Garon 1990). Überzeugungen, Hoffnungen usw. werden als Einzeldinge betrachtet, die eine Person jeweils unabhängig von anderen Einstellungen haben kann oder nicht. Es ist – um ein Beispiel von Ramsey, Stich und Garon zu benutzen – durchaus möglich, daß Henry nach einem Mittagsschläfchen vollkommen vergessen hat, daß sich seine Autoschlüssel im Kühlschrank befinden, ohne etwas anderes vergessen zu haben. In der Alltagspsychologie ist es demnach durchaus sinnvoll, davon zu sprechen, daß jemand einen bestimmten Gedanken hat oder nicht, unabhängig davon, welche anderen Einstellungen er hat.

---

[7] Welchen Modus die propositionale Einstellung hat, d.h. ob sie eine Überzeugung, ein Wunsch usw. ist, spielt natürlich auch eine zentrale Rolle dafür, welches Verhalten verursacht wird. Im allgemeinen betrachtet man diesen Punkt aber als philosophisch nicht besonders interessant – im Vergleich zu den Problemen, die sich aus dem Inhalt propositionaler Einstellungen ergeben.

Ramsey, Stich und Garon betonen, daß damit nicht behauptet wird, daß ein einzelner Gedanke nicht mit vielen anderen Gedanken verknüpft ist, daß also beispielsweise eine Überzeugung, daß sich die Autoschlüssel im Kühlschrank befinden, nur dann möglich ist, wenn die betreffende Person andere Gedanken hat, die sich auf Autos, Schlüssel und Kühlschränke beziehen. Unabhängig davon müsse man aber davon ausgehen, daß propositionale Einstellungen als Dinge betrachtet werden, die ihre kausale Wirkung bei der Verursachung von Verhalten jeweils einzeln und unabhängig voneinander ausüben. Eine derartige Sichtweise läßt sich auch in verschiedenen Äußerungen Fodors ausmachen, der von "chains" oder "trains of thought" spricht (cf. z.B. Fodor 1978; 182 oder 1987; 12 u. 17). Die funktionale Diskretheit propositionaler Einstellungen wird später eine Rolle bei der Frage spielen, ob konnektionistische Modelle der menschlichen Informationsverarbeitung einen Eliminativismus bezüglich propositionaler Einstellungen implizieren.

Bevor ich im nächsten Abschnitt darlege, wie man glaubt, die Alltagspsychologie mit Hilfe symbolischer Informationsverarbeitung in eine Theorie des menschlichen Geistes zu überführen, die wissenschaftlichen Standards genügt, hier noch eine kurze Zusammenfassung des letzten Abschnitts:

Für den Menschen als sozialem Wesen ist es notwendig, das Verhalten anderer zu beschreiben, zu erklären, vorherzusagen und evtl. zu verändern. Dazu wird er sich selbst und anderen innere geistige Zustände zuschreiben, die für das beobachtete Verhalten ursächlich sind. Insbesondere propositionale Einstellungen (Überzeugungen, Wünsche usw.) scheinen für Verhaltenserklärungen eine zentrale Rolle zu spielen. Ein Verhalten kann z.B. dadurch erklärt werden, daß der Person ein Wunsch zugeschrieben wird, einen bestimmten Zustand herbeizuführen, sowie eine Überzeugung, daß ihr Verhalten zur Herbeiführung dieses Zustands beiträgt. In der philosophischen Diskussion wird davon ausgegangen, daß propositionale Einstellungen in der Alltagspsychologie funktional diskrete, inhaltlich charakterisierte Zustände der Person sind, deren kausale Rolle bei der Entstehung von Verhalten durch ihren Inhalt determiniert wird.

3.2 Mentale Repräsentationen

Ging es im letzten Abschnitt um die Rolle propositionaler Einstellungen in alltagspsychologischen Verhaltenserklärungen, so soll in diesem Abschnitt gezeigt werden, wie propositionale Einstellungen nach einer gängigen Auffassung in der Philosophie des Geistes zu analysieren sind. Aus Gründen, die im weiteren Verlauf der Arbeit deutlich werden, werde ich diese Theorie propositionaler Einstellungen als "Symbolismus" bezeichnen. Da Jerry Fodor der exponierteste Vertreter dieser Position ist, werde ich den Symbolismus in erster Linie anhand seiner Argumentation darstellen.

Die einzige Möglichkeit, zu einer wirklich brauchbaren Theorie propositionaler Einstellungen zu gelangen, besteht nach Fodors Ansicht darin, das in der Kognitiven Psychologie vorherrschende Paradigma zu übernehmen. Die Kognitive Psychologie, "die versucht, das Wesen der menschlichen Intelligenz und des menschlichen Denkens zu verstehen" (Anderson 1985; 15), betrachtet "höhere" kognitive Leistungen "als Aktivität eines Systems menschlicher Informationsverarbeitung" (Wessells 1984, 36). Um die menschliche Informationsverarbeitung zu verstehen, hält man es für zweckmäßig, sie mit Computern zu vergleichen – denjenigen informationsverarbeitenden Systemen, von denen man weiß wie sie funktionieren. Fodor stellt fest:

(3) Die einzigen psychologischen Modelle kognitiver Prozesse, die zumindest im entferntesten plausibel erscheinen, betrachten diese Prozesse als Rechenprozesse (1975; 27).[8]

Die Informationsverarbeitung erfolgt bei (typischen) Computern durch die Manipulation von Symbolen nach formalen Regeln, d.h. durch eine Abfolge einzelner Rechenschritte nach den Regeln eines Algorithmus (cf. Kap. 2). Fodor weiter:

(4) Rechenprozesse setzen ein Medium der Berechnung voraus: ein repräsentationales System (ebd).[9]

Kognitive Prozesse (insbesondere propositionale Einstellungen) sollte man nach Fodors Vorstellung mit den Rechenprozessen eines informationsverarbeitenden Systems identifizieren. Genau wie Rechenprozesse in einem Computer durch die Umformung von Symbolen zustande kommen, ergeben sich kognitive Prozesse seiner Meinung nach durch die Manipulationen bedeutungstragender Symbole im Gehirn. Da die algorithmischen Umformungsregeln sich ausschließlich auf die formalen Eigenschaften der Symbole beziehen, spielt die Bedeutung der Symbole bei diesen Rechenprozessen keine Rolle. Das einzige was zählt, d.h. das, was ein Vorkommnis eines Symbols zu einem bestimmten Symbol-Typ gehören läßt, sind seine formalen Eigenschaften.

Im letzten Kapitel wurde festgestellt, daß ein Computer bei der Ausführung einzelner Rechenschritte den Regeln eines Algorithmus nicht in einer Weise "gehorcht", wie wir irgendwelchen Anordnungen. Der Computer "befolgt" nur die Gesetze der Physik. Allerdings ist er so konstruiert worden, daß er dadurch, daß er sich den Gesetzen der Physik entsprechend verhält, so interpretiert werden kann, als würde er die Regeln eines Algorithmus befolgen: er realisiert einen bestimmten Algorithmus.

Wenn in einem informationsverarbeitenden System das Symbol S_1 in das Symbol S_2 umgewandelt wird, dann aufgrund der Tatsache, daß ein physikalischer Zustand (der das Symbol S_1 realisiert) einen anderen Zustand verursacht (der das Symbol S_2 realisiert). Was aber einen physikalischen Zustand (z.B. den Zustand eines bestimmten Flip-Flops) zu einem bestimmten Symbol macht (im syntaktischen Sinn), ist seine kausale Rolle im formalen System.[10] Betrachtet man mentale Prozesse als Rechenprozesse eines formalen Systems, so läßt sich das Gesagte auf mentale Prozesse übertragen: Die Manipulation der mentalen Repräsentationen (Symbole) erfolgt aufgrund ihrer kausalen Verknüpfung mit anderen Repräsentationen und "mentale Prozesse sind kausale Abfolgen einzelner Vorkommnisse mentaler Repräsentationen" (Fodor 1987; 17).

---

[8] Fodor ist nicht der einzige, der dieser Meinung ist; ähnlich äußert sich Field (1978; 90).

[9] Man beachte, daß diese These in zwei Schritten gewonnen wird: a) Rechenprozesse setzen ein Medium der Berechnung voraus: ein *formales* System; b) die Elemente des formalen Systems sollen einen Inhalt haben: das formale System ist ein *repräsentationales* System. Man kann mentale Prozesse als Rechenprozesse in einem formalen System auffassen, ohne gleichzeitig annehmen zu müssen, daß das formale System gleichzeitig repräsentational sei (cf. Stich 1983).

[10] Man beachte, daß damit nichts über den *Inhalt* des Symbols ausgesagt wurde. Insbesondere wird *nicht* behauptet, daß sich der Inhalt des Symbols aus dessen funktionaler Rolle ergibt.

Das Problem der kausalen Interaktion mentaler Zustände ist gelöst, wenn es gelingt, mentale Prozesse als algorithmische Prozesse zu beschreiben, die durch unser Gehirn realisiert werden. Fodor ist da zuversichtlich:

> "...wenn wir den richtigen Weg finden, den Zuständen Symbole zuzuordnen, wird es – im Falle von Organismen genau wie im Falle realer Computer – möglich sein, die Abfolge der Ereignisse, die den Output *verursachen*, als eine algorithmische *Ableitung* des Outputs zu interpretieren. Kurz gesagt, wenn alles gut geht, wird es sich herausstellen, daß die organischen Ereignisse, von denen wir annehmen, daß sie in der Ätiologie einer Handlung eine Rolle spielen, zwei theoretisch relevante Beschreibungen haben: eine physikalische Beschreibung, aufgrund der sie unter kausale Gesetze fallen, und eine psychologische Beschreibung, aufgrund der sie die Schritte einer Berechnung vom Reiz zur Reaktion darstellen." (1975; 74)

Damit ist zwar noch keine erschöpfende Theorie kognitiver Zustände gewonnen, aber die Strategie ist klar: Das Gehirn ist als informationsverarbeitendes System zu betrachten, das mentale Repräsentationen aufgrund ihrer kausalen Eigenschaften umformt. Aufgabe der Kognitiven Psychologie ist es, den Algorithmus zu spezifizieren, der dabei realisiert wird.

Warum aber eigentlich der Umweg über das formale System? Warum betrachtet man nicht gleich die zugrundeliegenden kausalen, und das heißt in diesem Falle die neuronalen Mechanismen? Die Antwort ist einfach:

> "Eine Erklärung auf dieser neuronalen Ebene ist zu detailliert und zu komplex, um differenziertes menschliches Verhalten adäquat zu beschreiben. Wir benötigen eine abstraktere Analyseebene. Computer bieten sich als nützliche Analogie an, um die Notwendigkeit abstrakter Analysen zu verstehen. Ähnlich wie das Gehirn besteht ein Computer aus Millionen von Einzelelementen: Bei jeder einigermaßen interessanten Aufgabe – etwa beim Lösen eines mathematischen Problems der Integralrechnung – wäre es hoffnungslos, das Gesamtverhalten der Maschine verstehen zu wollen, indem man das Verhalten jeder ihrer physikalischen Komponenten analysiert. [...] Das Verhalten eines Computers läßt sich oft schon recht gut verstehen, wenn man das in einer höheren Programmiersprache geschriebene Programm untersucht." (Anderson 1985; 23)

Das Ziel der Kognitiven Psychologie ist es also, das "Programm" des menschlichen Geistes zu finden, mit Hilfe dessen das informationsverarbeitende System (das Gehirn) den Output des Organismus in Abhängigkeit von seinem Input und seinem gegenwärtigen Zustand berechnet. Stillschweigend vorausgesetzt wird, daß für die Vorgänge im Gehirn – genau wie bei Computern – tatsächlich eine derartige "abstraktere Analyseebene" existiert, und die neuronale Ebene nicht die einzig mögliche Analyseebene für eine exakte Beschreibung der stattfindenden Vorgänge bietet. Dies kann – wie David Marr schreibt – der Fall sein, "wenn ein Problem durch die simultane Tätigkeit einer beachtlichen Anzahl von Prozessen gelöst wird, *deren Interaktion ihre eigene einfachste Beschreibung darstellt*" (1981; 131). Wie man sehen wird, ist dies genau der Ansatzpunkt des Konnektionismus.

Man beachte, daß aus einer physikalistischen Position folgt, daß es eine algorithmische Beschreibung der mentalen Prozesse geben *muß*. Insofern nämlich als das, was in unseren Gehirnen geschieht, ein physikalisch determinierter (berechenbarer) Prozeß ist, kann er theoretisch von jeder universalen Maschine simuliert werden. Das ergibt sich aus der Churchschen These, daß alle berechenbaren Funktionen auch Turing-Maschinenberechenbar sind. Ein Computer bräuchte nur die Funktion jeder einzelnen Gehirnzelle eines Menschen nachzubilden und in geeigneter Weise zu verknüpfen und schon hätte man ein virtuelles Gehirn auf einer Von-Neumann-Maschine implementiert. Daß man so etwas nicht macht, hat ausschließlich praktische Gründe; der wichtigste ist wohl, daß man weit davon entfernt ist, die Funktion *jeder* einzelnen Gehirnzelle und ihrer Verbindungen zu anderen Zellen zu kennen, ja man weiß eigentlich noch nicht einmal genau, welche Zellen im einzelnen an der Informationsverarbeitung beteiligt sind.[11] Die aus praktischen Gründen beschränkte Speicher- und Rechenkapazität von Computern dürfte ihr übriges beitragen.

Damit kein Mißverständnis entsteht: Eine derartige Implementation eines Gehirns auf einer universellen Maschine ist zwar theoretisch möglich (unter der Annahme, daß alle Gehirnprozesse physikalisch determiniert sind), praktisch aber wohl kaum durchführbar. Voraussetzung wäre ein vollständiges Verständnis jeder einzelnen Nervenzelle und deren Verbindungen untereinander (und was sonst noch alles bei der menschlichen Informationsverarbeitung eine Rolle spielt). Was aber noch wichtiger ist: Es wäre eine Simulation der Informationsverarbeitung auf der neuronalen Ebene.[12] Durch den Algorithmus der universellen Maschine würde eine neuronale Informationsverarbeitung implementiert. Einer Beschreibung dieser Informationsverarbeitung auf einer abstrakteren Ebene, wie sie von Anderson im letzten Zitat gefordert wurde, wäre man damit keinen Schritt nähergekommen. Man hätte zwar eine perfekte neuronale Theorie aber keine Psychologie.

Für die Kognitive Psychologie kommt es also nicht darauf an, *irgendeine* algorithmische Beschreibung der menschlichen Informationsverarbeitung zu finden, sondern eine, die abstrakt genug ist, um die auf dieser Ebene stattfindenden Rechenprozesse mit kognitiven Prozessen identifizieren zu können. Ein Problem dabei ist, daß es alles andere als klar ist, was als "kognitiver Prozeß" gelten soll. Bezeichnete man früher die höheren geistigen Prozesse, wie das Denken, Schlußfolgern usw. als "kognitiv" (ohne genau sagen zu können, was "höhere" geistige Prozesse von "niedrigen" unterscheidet), gilt inzwischen oft jeder Prozeß der menschlichen Informationsverarbeitung als "kognitiv". Die Kognitive Psychologie wird somit ganz allgemein zur Wissenschaft von der menschlichen Informationsverarbeitung (cf. Wessells 1984, oder Lindsay & Norman 1977). Innerhalb einer so verstandenen Kognitiven Psychologie ist es eine triviale Wahrheit, daß kognitive Prozesse Prozesse eines informationsverarbeitenden Systems sind.

Wenn Fodor allerdings von "kognitiven" oder "mentalen" Zuständen und Prozessen spricht, geht es ihm um propositionale Einstellungen. Damit hat er sich darauf fest-

---

[11]So ist z.B. unklar, ob die sog. Gliazellen an der Informationsverarbeitung beteiligt sind, oder ob es sich "nur" um eine Art Stützzellen handelt, die u. a. an der Ernährung der Neurone beteiligt sind (cf. Schmidt 1983; 6).

[12]Ob ein derartig implementiertes Gehirn tatsächlich denken würde, oder ob kognitive Prozesse nur simuliert würden, ist eine andere Frage. Man kann daher die Möglichkeit einer solchen Simulation – wie z.B. John Searle – ohne weiteres bejahen, ohne zu der Konsequenz verpflichtet zu sein, daß diese künstliche Maschine tatsächlich denkt (cf. Searle 1985; 35).

gelegt, was seiner Meinung nach die adäquate Abstraktionsebene einer algorithmischen Beschreibung der menschlichen Informationsverarbeitung darstellt: Die Symbole, die durch den Algorithmus manipuliert werden, müssen den gleichen Inhalt haben wie die daß-Sätze, mit denen propositionale Einstellungen zugeschrieben werden.[13] Ein formales System, das Symbole manipuliert, deren repräsentationaler Gehalt nicht mit dem Inhalt propositionaler Einstellungen identifiziert werden kann, ist für Fodor keine adäquate psychologische Theorie. (Auch wenn die meisten Kognitionswissenschaftler damit mehr als zufrieden wären.)

Fodor verbindet also die Annahme der rationalen Psychologie, daß Verhalten durch die kausale Wirkung propositionaler Einstellungen verursacht wird, mit der Annahme der Kognitiven Psychologie, daß mentale Zustände mit formalen Zuständen eines Rechenprozesses zu identifizieren sind. Kurz gesagt, er schlägt eine Synthese der (als rational verstandenen) Alltagspsychologie mit einer Informationsverarbeitungstheorie des Geistes vor. Es ist seiner Meinung nach "der einzige Vorschlag für eine wissenschaftliche Glaubens-Wollens-Psychologie, den man hat" (1987; 16). Aus dieser Synthese ergibt sich für Fodor folgendes Bild der Natur propositionaler Einstellungen:

"Für alle Organismen O und jede Einstellung E zu einer Proposition P gibt es eine (algorithmische/ funktionale) Relation R und eine mentale Repräsentation MP, so daß
a) MP bedeutet, daß P und
b) O hat E genau dann, wenn O in der Relation R zu MP steht." (1987; 17)

Eine bestimmte propositionale Einstellung zu haben, heißt demnach, eine mentale Repräsentation gebildet zu haben, die einen bestimmten Inhalt hat, und die eine bestimmte funktionale Rolle in einem formalen System spielt (d.h. eine bestimmte Position im formalen Ableitungsprozeß der Sprache des Geistes einnimmt).

Wenn jemand Oskar die Überzeugung zuschreibt, daß heute Montag ist, dann behauptet er damit quasi, daß es in Oskar eine Repräsentation gibt, die die gleiche Bedeutung hat wie der deutsche Satz 'Heute ist Montag', und daß diese Repräsentation ein Symbol ist, das durch einen formalen Prozeß in einer Weise manipuliert wird, wie es einer Überzeugung (im Gegensatz etwa zu einem Wunsch) entspricht.[14] Die Überzeugungszuschreibung ist wahr, d.h. Oskar glaubt tatsächlich, daß heute Montag ist, wenn Oskar sich in in diesem Zustand befindet.

Fodor bezeichnet seine Theorie als "Representational Theory of Mind". Man sollte sich aber im klaren sein, daß das, was er postuliert, über eine Theorie des Geistes weit hinausgeht, die mentale Zustände als algorithmische Zustände eines informationsverarbeitenden Systems begreift, und keineswegs durch die gegenwärtige psychologische Praxis gedeckt ist. In der Kognitiven Psychologie akzeptiert man zwar das Informationsverarbeitungsparadigma und man ging auch lange Zeit davon aus, daß der mensch-

---

[13]Angesichts der Anti-Individualismus-Diskussion in der Analytischen Philosophie muß man einschränken: Die Symbole müssen *relativ zum Kontext der wirklichen Welt* den gleichen Inhalt haben wie die Zuschreibungssätze.

[14]Tritt ein Vorkommnis des gleichen formalen Zeichens an einer anderen Stelle des formalen Prozesses auf, ändert sich evtl. der Modus der Einstellung und Oskar hat anstelle der Überzeugung vielleicht die Hoffnung, daß heute Montag ist.

lichen Informationsverarbeitung algorithmische Prozesse zugrunde liegen; die Bedeutungen der manipulierten Symbole, deren Existenz man in diesem Modell annimmt, werden allerdings nicht mit dem Inhalt propositionaler Einstellungen identifiziert. Oder in der Terminologie Fodors: Der "intentionale Inhalt" der in der Kognitiven Psychologie postulierten "intentionalen Zustände" ist nicht notwendigerweise das "intentionale Objekt" einer propositionalen Einstellung (cf. Fodor 1987; 135).

Man denke beispielsweise an die verschiedenen Schema- bzw. Scripttheorien: Schemata und Scripts sind komplexe mentale Repräsentationen, die inhaltlich charakterisiert sind (z.B. das bekannte Restaurantschema). Wie ich in einer anderen Arbeit festgestellt habe, werden diese inneren, kausal wirksamen repräsentationalen Zustände aber nicht als Objekte einer propositionalen Einstellung aufgefaßt (cf. Helm 1989). Es wird z.B. nicht behauptet, daß jemand das Restaurantschema (bzw. dessen Inhalt) denkt. Ein Schema ist auch keine Anhäufung oder Zusammenfassung propositionaler Einstellungen: Welche Gedanken jemand hat, der sich dem Schema entsprechend verhält, wird durch das Schema selbst nicht spezifiziert. Natürlich wird dadurch nicht ausgeschlossen, daß jemand irgendwelche Gedanken bei der Anwendung des Schemas hat. Die Kognitive Psychologie sagt nur nichts darüber aus, da sie propositionale Einstellungen nicht thematisiert.

Ich will an dieser Stelle Fodors Position nicht kritisieren, sondern nur darauf hinweisen, daß seine These mehr behauptet, als daß die repräsentationalen Zustände eines Organismus algorithmische Zustände eines informationsverarbeitenden Systems sind. Er behauptet zusätzlich, daß die manipulierten Zustände das gleiche repräsentieren (den gleichen Inhalt haben) wie der daß-Satz einer wahren Einstellungszuschreibung. Fodors Position beinhaltet also nicht nur die Behauptung, daß im Gehirn eine symbolische Informationsverarbeitung stattfindet, sondern auch, daß eine rationale Psychologie die intendierten Interpretationen dieses realisierten formalen Systems liefert.[15] Anders gesagt: Es wird behauptet, daß unser Gehirn ein informationsverarbeitendes System ist und daß es eine virtuelle Maschine gibt, die dieses System beschreibt, so daß die Zustände und Operationen dieser virtuellen Maschine identisch sind mit den Zuständen und Prozessen, die eine rationale Psychologie postuliert.

3.3 Die Sprache des Geistes

Im letzten Abschnitt wurde gezeigt, daß nach Fodors Ansicht propositionale Einstellungen als Relationen zwischen Personen und inneren Zuständen dieser Person analysiert werden müssen. Welche propositionale Einstellung eine Person hat, ergibt sich aus dem Inhalt dieses Zustands und dessen funktionaler Rolle im Rechenprozeß.[16] Diese inneren

---

[15]Fodor formuliert seine Position meist als gesetzesartige Beziehung zwischen propositionalem Zustand und mentaler Repräsentation. (cf. z.B. Fodor 1975; 75, in Fodor 1987; 20, Fn. 7, weist er allerdings darauf hin, daß sie genausogut als Identitätsbehauptung formuliert werden könnte.

[16]Es ist wichtig, zwischen dem mentalen (algorithmischen) *Zustand* einer Person, der dadurch charakterisiert ist, daß sie sich in einer bestimmten Relation zum Vorkommnis einer mentalen *Repräsentation* befindet, und der mentalen Repräsentation selbst zu unterscheiden. Bei einer Turing-Maschine würde dies der Unterscheidung zwischen dem Zustand der Maschine, die ein bestimmtes Zeichen liest, und dem Zeichen auf auf dem Rechenband selbst entsprechen. Da die mentale Repräsentation (das, was

repräsentationalen Zustände sind seiner Meinung nach Symbole eines formalen Systems, die nach den Regeln eines realisierten Algorithmus manipuliert werden. Die Symbole des formalen Systems haben eine Bedeutung, insofern kann das innere formale System als formale Sprache bezeichnet werden. Da die Bedeutung der Zeichen der formalen Sprache identisch sein soll mit dem Inhalt der propositionalen Einstellungen, wird das formale System von Fodor als "Sprache des Geistes" bezeichnet.

In diesem Abschnitt soll erklärt werden, was man sich unter Fodors Sprache des Geistes vorzustellen hat. Außerdem möchte ich auf ein Problem hinweisen, das sich aus Fodors Auffassung ergibt, und für das er bisher eine brauchbare Antwort schuldig geblieben ist. Zuerst aber zu der Frage: Was ist die Sprache des Geistes?[17]

Da einerseits nicht klar ist, welche funktionelle Architektur unser Gehirn hat, und man deshalb schwer sagen kann, was die Ausdrücke von LOT (= Language of Thought) sind, Fodor andererseits aber davon ausgeht, daß in unseren Köpfen eine symbolische Informationsverarbeitung stattfindet, soll für die Zwecke dieser Darstellung angenommen werden, unser Gehirn realisiere die gleiche Art von Computern wie man sie heutzutage überall benutzt. Es wird hier also davon ausgegangen, daß unser Gehirn den gleichen funktionalen Aufbau hat wie ein typischer Arbeitsplatz-Rechner. Da die Frage der physikalischen Realisierung im Zusammenhang mit der Sprache des Geistes sowieso keine Relevanz hat, ist es gleichgültig, ob das informationsverarbeitende System durch Kohlenwasserstoff-Moleküle oder durch Silizium-Chips realisiert wird.

Man beachte: Fodor behauptet *nicht*, daß unser Gehirn die gleiche Rechnerarchitektur hat, wie beispielsweise ein ATARI-520 ST oder ein IBM AT-286 – und ich behaupte es auch nicht. Da diese handelsüblichen Computer aber Information durch die Manipulation von Symbolen nach formalen Regeln verarbeiten und Fodor annimmt, daß in unserem Gehirn Information auf die gleiche Weise verarbeitet wird, ist diese Annahme zulässig.

Die Frage lautet daher nun: Angenommen wir hätten einen typischen Computer im Kopf, was wäre dann die Sprache des Geistes? Auf den ersten Blick bieten sich zwei mögliche Antworten an: a) das in der Maschinensprache ausgedrückte Programm, d.h. der Algorithmus, nach dem Symbole im Arbeitsspeicher umgeformt werden, oder b) Datenstrukturen, d.h. Symbole, in denen eine bestimmte Information kodiert ist. Wenn Fodor schreibt, daß die Sprache des Geistes "eine unendliche Menge von 'mentalen Repräsentationen' ist, die sowohl als die unmittelbaren Objekte propositionaler Einstellungen fungieren als auch als die Gegenstände, auf denen mentale Prozesse operieren" (1987; 16), dann scheint klar zu sein, daß er diese Datenstrukturen meint. Sie repräsen-

---

Fodor mit MP bezeichnet), selbst wieder ein Zustand von Teilen des Systems ist (z.B. ein bestimmtes neuronales Erregungsmuster), werden auch sie oft als (innere, bzw. repräsentationale) *Zustände* bezeichnet (cf. z.B. Dennett 1981; 34 oder Fodor 1987; 136f).

Die funktionale Rolle der mentalen Repräsentation im formalen Ableitungsprozeß charakterisiert Fodor oft anschaulich mit der Metapher von der jeweiligen "Einstellungs-Box". Eine bestimmte Repräsentation spielt beispielsweise die Rolle einer Überzeugung (wird im Ableitungsprozeß als Überzeugung ausgewertet), wenn sich ein Vorkommnis der Repräsentation in der "Überzeugungs-Box" befindet. Würde sich ein Vorkommnis der gleichen Repräsentation in der "Wunsch-Box" befinden, hätte die Person den entsprechenden Wunsch. (cf. z.B. Fodor 1987; 17 u. 136).

[17]Es geht mir hier – wie im gesamten Kapitel – in erster Linie um die *syntaktischen* Aspekte der Sprache des Geistes. Die Frage, wie die Ausdrücke der Sprache des Geistes zu ihrer Bedeutung gelangen, wird hier nicht thematisiert (siehe dazu Kap. 1).

tieren einen bestimmten Sachverhalt und sie werden durch die Prozesse des Systems manipuliert.

Andererseits legt seine Redeweise in *Language of Thought* (1975) auch nahe, da er unter der LOT die Maschinensprache des Gehirn-Computers versteht. So schreibt er beispielsweise:

> "Computer benutzen charakteristischerweise mindestens zwei verschiedene Sprachen: eine Input-Output-Sprache, in der sie mit ihrer Umgebung kommunizieren, und eine Maschinensprache, in der sie mit sich selbst sprechen (d.h. in der sie ihre Berechnungen ausführen). 'Compiler' vermitteln zwischen diesen beiden Sprachen..."

> "...obwohl die Maschine einen Compiler haben muß, wenn sie die Input-Output-Sprache benutzen will, braucht sie *keinen* Compiler für die Maschinensprache." (1975; 66)

Die öffentliche Sprache sieht Fodor analog zu dem, was er als Input-Output-Sprache bezeichnet. Wenn eine Person einen Satz versteht, wird dieser Satz – so Fodors Meinung – in die Maschinensprache seines Gehirn-Computers übersetzt:

> "...was geschieht, wenn eine Person einen Satz versteht, muß ein übersetzungsprozeß sein – im Grunde analog zu dem, was geschieht, wenn eine Maschine einen Satz in ihrer Programmiersprache 'versteht' (d.h. compiliert)."

> "...die interne Repräsentation eines Satzes ist einfach seine Übersetzung in die Sprache des Geistes." (1975; 67 bzw. 116)

Im letzten Kapitel habe ich die Aufgabe von Compilern dargestellt: Sie transformieren in einer höheren Programmiersprache geschriebene Programmtexte in einen Maschinencode, den die Maschine direkt ausführen kann. (Nach dieser Transformation haben sowohl der Programmtext als auch der Compiler ihre Funktion erfüllt – man könnte sie theoretisch wegwerfen.) Compiler dienen *nicht* etwa – wie Fodor andeutet – dazu, z.B. den Buchstaben 'S', der über die Tastatur eingegeben wird, in das entsprechende Zeichen der Maschinensprache zu verwandeln (also in eine Folge von Nullen und Einsen).

Wenn Fodor das Bild entwirft, daß beim Verstehen eines Satzes dieser in einen entsprechenden Satz von LOT übersetzt wird, dann kann man ihn so verstehen, als betrachte er die öffentliche Sprache als eine Art höherer Programmiersprache und LOT als die Maschinensprache unseres Gehirn-Computers. Die Ausdrücke von LOT würden dann das Programm darstellen, nach dem dieser Computer arbeitet. Eine derartige Auffassung ist natürlich höchst dubios. Erstens würde dann "einen Satz verstehen" etwa soviel bedeuten wie "eine Anweisung zu einem bestimmten Verhalten erhalten". Und zweitens wäre vollkommen unklar, als was Zuschreibungen propositionaler Einstellungen zu verstehen sind: Eine Aussage über den vom Prozessor gegenwärtig abgearbeiteten Befehl?

Wenn man Fodor zubilligen will, daß er *das* nicht im Sinn hat, muß man wohl – unter Anwendung eines *principle of charity* – davon auszugehen, daß er unter "compilieren" etwas anderes versteht als üblich, nämlich die Übersetzung eines Quellcodes in die Maschinensprache. Fodors Redeweise wird (einigermaßen) verständlich, wenn man ihn so liest, als verstünde er unter einem Compiler eine Input-Output-Einheit, d.h.

den Teil eines Computers, der Signale von Peripheriegeräten (z.B. der Tastatur) in entsprechende Signale in Maschinencode umsetzt, bzw. Maschinencode in Signale für andere Peripheriegeräte (z.B. den Bildschirm) umsetzt. (Streiche bei Fodor also 'Compiler' und setze 'Decoder'.) Bei dieser Leseweise ergibt sich folgendes Bild von der Sprache des Geistes: Die Signale, die wir über die Sinnesorgane (Peripherie) aufnehmen, werden durch spezielle Mechanismen (die Fodor Compiler nennt) in Maschinencode umgeformt und an entsprechenden Speicherplätzen in unserem Gehirn abgelegt.

Unter der Annahme, unser Gehirn sei ein typischer Computer, bestünde der Maschinencode auch bei uns aus beliebig langen 0/1-Folgen. Diese 0/1-Folgen werden an bestimmten Speicherstellen abgelegt und durch das Programm des Computers umgeformt. Die (unendliche) Menge aller 0/1-Folgen-Folgen bilden die Ausdrücke unserer Sprache des Geistes. Sie sind – wie Fodor sagt – "die unmittelbaren Objekte propositionaler Einstellungen", d.h. der repräsentationale Gehalt dieser 0/1-Folgen ist die durch den daß-Satz der Einstellungszuschreibung ausgedrückte Proposition. Diese 0/1-Folgen sind auch die Gegenstände, die nach den Regeln eines Algorithmus umgeformt werden. Die Sprache des Geistes ist damit als ein spezieller Code zu verstehen, den unser Gehirn-Computer benutzt.

So gesehen wird auch Fodors These von der Angeborenheit der Sprache des Geistes verständlich: Genau wie (nahezu alle) typischen Computer so konstruiert sind, daß sie nur zwei verschiedene Speicherzustände unterscheiden können (und ihr Maschinencode deshalb als Folgen von Nullen und Einsen wiedergegeben werden kann), so ist auch unser Gehirn-Computer so konstruiert, daß er nur Zeichen eines bestimmten Codes – eben der Sprache des Geistes – verarbeiten kann (ein anderer Code wäre durchaus denkbar, konnte sich während der Evolution aber vielleicht einfach nicht durchsetzen). Die empirische Hypothese ist plausibel, daß unsere Gehirn-Computer alle denselben Code – dieselbe Sprache des Geistes – benutzen, daß wir aber unterschiedliche Übersetzungssysteme haben (Fodors "Compiler"), die aus verschiedenen öffentlichen Sprachen Ausdrücke im gleichen Maschinencode erzeugen.

Diese Sichtweise hat folgenden Haken: Wenn die Ausdrücke von LOT einfach nur 0/1-Folgen in unserem Arbeitsspeicher sind, die einen bestimmten Inhalt haben, dann bleibt vollkommen offen, was es z.B. heißt, daß wir einen Satz verstehen. Denn durch die Umkodierung eines Satzes der öffentlichen Sprache in eine 0/1-Folge von LOT ist noch nichts gewonnen. Es muß auch Regeln geben, mit deren Hilfe diese Datenstrukturen in geeigneter Weise umgeformt werden. Jede Maschine, die eine symbolische Informationsverarbeitung ausführt, benötigt zwei Arten von Symbolen: Symbole, die Daten repräsentieren, und Symbole, die Regeln repräsentieren – "rules *and* representations".

Ein Computer ist eine universelle Maschine, die bestimmte Datenstrukturen nach bestimmten Regeln umformt. Diese Trennung von (eigentlichen) Daten und Programm ist eine der notwendigen Voraussetzungen um überhaupt von einer symbolischen Informationsverarbeitung sprechen zu können (cf. Newell 1980). Im Arbeitsspeicher des Computers muß es daher Symbole geben, die Daten kodieren, und solche, die Befehle für den Prozessor kodieren. Was entspricht aber Programm-Symbolen in unserem Gehirn-Computer? D.h. Was ist das Programm, nach dem die Ausdrücke der Sprache des Geistes manipuliert werden?

Da ich hier davon ausgehe, daß sich in unserem Kopf ein typischer Computer befindet, muß angenommen werden, daß das Programm in der gleichen Weise kodiert ist wie die eigentlichen Daten, d.h. als Folge von Nullen und Einsen, die den Zustand bestimmter Speicherzellen beschreiben. Die Programm-Symbole sind also ebenfalls in der Sprache des Geistes kodiert. Fodor unterscheidet nicht zwischen Programm- und Daten-Symbolen; daraus resultiert wahrscheinlich seine Vorstellung, mit der Übersetzung der Sätze der öffentlichen Sprache in die Ausdrücke von LOT sei alles erklärt, was zum Verstehen der Sprache notwendig sei: Sätze der öffentlichen Sprache werden in unsere Maschinensprache übersetzt und da die "Maschine so gebaut ist, daß sie ihre Maschinensprache benutzt" nimmt er an, damit sei erklärt, wie diese Ausdrücke der Maschinensprache manipuliert werden. Dieses Mißverständnis Fodors wird durch seinen ungewöhnlichen Gebrauch des Wortes 'Compiler' nachvollziehbar: Compiler dienen normalerweise dazu, die geforderten Programm-Symbole zu erzeugen, und nicht dazu, Meldungen von der Peripherie zu codieren.

Indem Fodor also annimmt, daß die öffentliche Sprache durch Compiler in die Maschinensprache umgewandelt wird, schmuggelt er die Programm-Symbole zusammen mit den Daten-Symbolen in das System. Die Auffassung, daß der "Compiler" nicht doch nur zur Umwandlung der Input-Output-Sprache dient, sondern auch dazu, das notwendige Programm in den Computer einzubringen, wird auch im folgenden Zitat deutlich:

> "Einer der Gründe, warum Vielzweck-Computer Compiler benutzen, ist genau der, daß deren Gebrauch ihnen erlaubt, Vielzweck-Computer zu sein." (1975; 118)

Was einen universellen Computer zu einem, wie Fodor schreibt, Vielzweck-Computer macht, ist seine Programmierbarkeit. Verschiedene Programme erzeugen verschiedene (spezielle) Maschinen. Fodor ist also der Meinung, daß durch die Benutzung verschiedener Compiler die Maschine verschiedene Programme erhält.[18] Wie durch die Übersetzung der öffentlichen Sprache in die Maschinensprache aber sowohl Daten als auch Programmcode erzeugt werden soll, ist nicht zu erkennen.

Faßt man das bisher zur Sprache des Geistes Gesagte zusammen, ergibt sich folgendes: Entweder versteht man unter LOT das Programm des Gehirn-Computers, dann ist unklar, welche Rolle die Ausdrücke von LOT als Objekte propositionaler Einstellungen haben. Außerdem muß man dann annehmen, daß Fodor die öffentliche Sprache als Programmiersprache betrachtet und deren Sätze als Anweisungen an den Prozessor unseres Gehirn-Computers. Nimmt man dagegen an, daß die Sprache des Geistes der Maschinencode unseres Gehirn-Computers ist, in den die Sätze der öffentlichen Sprache übersetzt werden, dann bleibt Fodor die Antwort schuldig, nach welchen Regeln denn die Ausdrücke von LOT umgeformt werden. Nur dadurch, daß man bestimmte Sätze in den Arbeitsspeicher des Computers schreibt (so wie ich jetzt), erzeugt man noch kein Verständnis dieser Sätze.

Fodor könnte auf diesen Einwand entgegnen, daß das Programm angeboren, ja vielleicht sogar fest verdrahtet sei – daß es also gar keine Programm-Symbole im Arbeitsspeicher unseres Gehirn-Computers geben müsse. Unabhängig von der Frage, wie das Programm letztlich in unseren Computer gelangt ist, ergibt sich hier ein theoretisches Problem.

---

[18]Diese Sichtweise ist natürlich auch dubios: Um verschiedene Programme zu erzeugen, braucht man nicht verschiedene Compiler. Ich will aber hier nicht näher darauf eingehen (cf. Kap. 2).

Angenommen, das Programm wäre fest verdrahtet. In diesem Fall gibt es keine (in Maschinensprache) kodierten Regeln, die von irgendwem oder irgendetwas befolgt werden, sei es nun ein Homunkulus oder der Prozessor des Rechners. In diesem Fall kann man nicht mehr davon sprechen, daß hier Symbole nach bestimmten Regeln umgeformt werden, aus dem einfachen Grund, weil es keine Regeln gibt. Natürlich könnte man das Verhalten des Systems weiter so beschreiben, als würde es irgendwelche Regeln befolgen, aber das trifft – wie Fodor selbst schreibt – auch auf Planeten zu; auch ihr Verhalten kann so beschrieben werden, als würden sie die Keplerschen Gesetze befolgen. Aber natürlich folgen sie keinen Regeln: "Was das, was Organismen tun, von dem unterscheidet, was Planeten tun, ist, daß *eine Repräsentation der Regeln, denen sie folgen, eine der kausalen Determinanten in ihrem Verhalten darstellen*" (1975; 74, Hervorhebung durch Fodor *und* G.H., cf. auch Fodor 1987, S. 156). Eine kausale Determinante kann nur sein, was existiert. "Keine Repräsentation, keine Berechnung. Keine Berechnung, kein Modell", wie Fodor richtig schreibt (1975; 31).

Angenommen – andererseits —, die Regeln wären explizit repräsentiert. Im Arbeitsspeicher unseres Gehirn-Computers befänden sich dann zwei Arten von Symbolen (beide in gleicher Weise als 0/1-Folgen kodiert): Daten-Symbole und Programm-Symbole. Wie aber manipulieren Programm-Symbole andere Symbole? Die Symbole selbst sind ja doch vollkommen inaktiv. Man steht also zuerst einmal wieder vor dem Problem, daß es doch Regeln geben müsse, nach denen die Symbole (Daten- und Programm-Symbole) manipuliert werden. Daniel Dennett scheint auch auf diesen Punkt abzuzielen, wenn er schreib:

> "...selbst wenn es eine derartige 'Sprache' oder einen derartigen 'Code' gäbe, ... müßte es doch auch Mechanismen für das 'Lesen' und 'Verstehen' dieser Sprache geben. Ohne diese Mechanismen wäre die Speicherung und Übertragung dieser satzartigen Dinge genauso nutzlos, wie zu einem Auto 'giddyap' zu sagen. Diese Lese-Mechanismen müßten ebenfalls informationsverarbeitende Systeme sein, und was würden wir über deren interne Zustände und Ereignisse sagen? Haben sie syntaktisch analysierbare Teile? *Der Regreß muß schließlich bei irgendwelchen Systemen enden, die Information in nicht-syntaktischer Form speichern, übertragen und verarbeiten.*" (1969; 87, Hervorhebung G.H.)

Fodor (und mit ihm viele Anhänger des Symbolismus) übersehen die Relevanz dieses Einwands. Es wird angenommen, daß der Vorwurf darauf hinausläuft, daß man entweder in einen Regreß gerät, oder einen Homunkulus voraussetzen muß, der die *Bedeutung* der Symbole in gleicher Weise versteht, wie wir die Sätze der natürlichen Sprache. Einem derartigen Einwand wird typischerweise durch den Hinweis auf die Arbeitsweise eines Computer begegnet: dort werden Symbole manipuliert, *ohne* daß ein kleines Männchen darin sitzt und die Arbeit macht.

Aber das ist nicht der Punkt. Auf was es hier ankommt, ist nicht die Bedeutung der Symbole. Es wird – hier zumindest – nicht behauptet, daß die Symbole in irgendeiner Weise verstanden werden müßten – was wieder ein System voraussetzt, daß Symbole versteht usw. Hier geht es um einen rein syntaktischen Gesichtspunkt, bei dem die Bedeutung und damit auch deren Verständnis keine Rolle spielt: Die Symbolmanipulation muß irgendwo enden. Bei typischen Computern ist das der Prozessor (in etwa analog zum Schreib-Lese-Kopf einer Turing-Maschine). Die Programm-Symbole bewirken bei ihm unmittelbar ein bestimmtes Verhalten; ein bestimmtes Symbol kann z.B. bewirken, daß ein anderes Symbol an eine bestimmte Stelle des Speichers geschrieben wird, daß die eine 1 in eine 0 umgewandelt wird, usw. Dadurch, daß der Prozessor seine Grundoperationen ausführt, wendet er die in den Programm-Symbolen kodierten Regeln auf die Daten-Symbole an. Wenn man beschreiben will, wie der Prozessor (oder der Schreib-Lese-Kopf einer TM) das macht, braucht man nicht auf eine Symbolverarbeitung im Inneren des Prozessors zu rekurrieren – und man darf auch nicht, will man nicht in einen Regreß von symbolverarbeitenden Prozessoren gelangen. Dennett hat also recht: "Der Regreß muß schließlich bei irgendwelchen Systemen enden, die Information in nicht-syntaktischer Form speichern, übertragen und verarbeiten."

Was bedeutet dies für unseren Gehirn-Computer? Unter der Annahme, daß die Regeln des Programms explizit repräsentiert sind – man also davon sprechen kann, daß Berechnungen ausgeführt werden –[19] muß es einen Prozessor geben, der diese repräsentierten Regeln auswertet ("interpretiert", wie in der Informatik oft etwas mißverständlich gesagt wird). Dieser Prozessor verarbeitet zwar Repräsentationen (die im Speicher der Maschine enthalten sind, dessen Prozessor er ist), sein Verhalten darf aber nicht – und braucht auch nicht durch die Annahme einer Symbolmanipulation in seinem Inneren erklärt zu werden. Er muß Information in nicht-syntaktischer Form verarbeiten.

Wenn es aber der Prozessor ist, der die Symbole manipuliert, dann ist in erster Linie *sein* Aufbau und *seine* Funktionsweise interessant. Ohne seine Grundoperationen zu kennen, kann man nicht erklären, warum bestimmte Symbole umgewandelt werden und nach welchem Prinzip dies geschieht. Will man z.B. erklären, wie Sprache verstanden wird, oder wie propositionale Einstellungen interagieren, muß man wissen, wie er die (vermeintlich) zugrundeliegenden Symbole der Sprache des Geistes manipuliert. Durch die bloße Annahme, daß es solche Symbole gibt – selbst wenn die Annahme richtig ist – ist nichts gewonnen. Wenn diese Analyse korrekt ist, dann stellt sich weiter die Frage, zu welchem Zweck man überhaupt ein inneres symbolverarbeitendes System angenommen hat, wenn das Kernstück jeder symbolischen Informationsverarbeitung doch eine nicht-syntaktische, nicht symbolische Informationsverarbeitung ist.

Im nächsten Abschnitt werde ich das sog. Frame-Problem der KI-Forschung darstellen. Da dieses Problem seine Ursache in der formalen Manipulation von Satzstrukturen hat, bedroht es alle symbolistischen Positionen und insbesondere natürlich auch Fodors Theorie von der Sprache des Geistes.

---

[19]Das ist natürlich tautologisch: Entweder es ist ein Computer, dann werden Berechnungen ausgeführt, oder es werden keine Berechnungen ausgeführt, dann ist es auch kein Computer.

3.4 Symbolische Informationsverarbeitung und das Frame-Problem

Wie bisher deutlich geworden ist, nimmt Fodor in Übereinstimmung mit der Kognitiven Psychologie an, daß kognitive Prozesse als Prozesse eines informationsverarbeitenden Systems verstanden werden müssen. Da man in den Kognitionswissenschaften die Manipulation von Symbolen nach formalen Regeln lange Zeit für die einzig plausible Form der Informationsverarbeitung hielt, ging Fodor verständlicherweise davon aus, daß etwas ähnliches auch bei der menschlichen Informationsverarbeitung vor sich gehe, und gelangte zu seiner Theorie von der Sprache des Geistes.

Über die bloßen Spekulationen der Philosophie und KI-Forschung daran, auf der Basis symbolischer Informationsverarbeitung intelligente Maschinen zu konstruieren. Ich will auf die Methoden der KI hier nicht näher eingehen; es kommt mir nur darauf an, daß Fodor mit der (klassischen) KI die Annahme teilt, intelligentes Verhalten komme durch die Manipulation von Repräsentationen nach formalen Regeln zustande.[20]

Die klassische KI kann als gescheitert betrachtet werden. Trotz unglaublicher Verbesserung der Präzision und der Rechengeschwindigkeit der verwendeten Bauelemente, trotz verbesserter Programmiertechniken und nicht zuletzt trotz immensem Forschungsaufwand ist es nicht gelungen, eine Maschine zu konstruieren, die auch nur halbwegs als "intelligent" bezeichnet werden könnte. Dieses bisherige Scheitern der KI spricht natürlich nicht prinzipiell gegen die Strategie, kognitive Prozesse durch formale Symbolmanipulation nachzubilden. Es könnte immer noch sein, daß man nur nicht die richtige Programmiertechnik gefunden hat, daß die bisherigen Computer noch nicht leistungsfähig genug sind usw. Insofern kann durch das bisherige Scheitern der KI noch nicht die Annahme als widerlegt gelten, daß kognitive Prozesse auf einer symbolischen Informationsverarbeitung beruhen. Sollte sich aber herausstellen, daß es aus *prinzipiellen* Gründen nicht möglich ist, mittels formaler Symbolmanipulation zu intelligentem Verhalten zu gelangen, ist nicht nur eine der zentralen Grundannahmen der klassischen KI über Bord gegangen, sondern auch Fodors Position jeder Grundlage enthoben. Im folgenden werde ich das sog. Frame-Problem darstellen, das ein derartiges prinzipielles Problem für die klassische KI (und damit für Fodor) darzustellen scheint.

Ein intelligentes Wesen – gleichgültig ob menschlich oder künstlich –, das in irgendeiner Weise auf seine Umgebung einwirkt, muß in der Lage sein, die Auswirkungen seines Handelns vorherzusehen, bzw. zu erschließen, was sich nach einer Handlung in der Umgebung verändert hat. Ohne diese Fähigkeit ist zielgerichtetes Handeln nicht denkbar. Wenn ich einen Topf mit Wasser auf den Herd stelle (und nicht wie üblich vergesse einzuschalten), weiß ich, daß das Wasser nach kurzer Zeit zu kochen beginnt und ich mir damit Tee kochen kann. Ich werde die Wohnung nicht für längere Zeit verlassen, da ich weiß, daß das Wasser nach kurzer Zeit verkocht ist und durch die überhitzte Kochplatte Schaden entstehen kann.[21] Ebenso wichtig wie dieses Wissen

---

[20]Wissenschaftshistorisch ließe sich wahrscheinlich zeigen, daß die Kognitive Psychologie und später die Philosophie diesen Ansatz von der KI übernommen hat.

[21]"...ich weiß, daß" sollte in diesem Zusammenhang umgangssprachlich verstanden werden und etwa soviel bedeuten wie "ich gehe davon aus, daß...". Damit ist selbstverständlich nicht die Wahrheit des ausgedrückten Sachverhalts impliziert.

über die Konsequenzen einer Handlung ist es aber auch wichtig zu wissen, daß sich durch diese Handlung nicht die Position meines Schreibtischs oder die Farbe meiner Haare verändert hat. Allgemein gesagt: es genügt nicht, zu wissen, was sich durch eine meiner Handlungen in der Welt verändert hat, ich muß auch wissen, was *nicht* verändert wurde, da ich sonst keine weiteren Handlungen planen könnte.

Ein Mensch vollzieht diese Schlüsse, ohne daß er davon Kenntnis nimmt, und mit der Geschwindigkeit, die notwendig ist, um in einer komplexen Umgebung sinnvoll zu handeln. Will man allerdings ein künstliches System konstruieren, das handelnd in seine Umgebung eingreift (z.B. ein Roboter), sieht man sich dem Frame-Problem gegenüber. Um sich angemessen verhalten zu können, braucht das System Informationen über den Zustand seiner Umgebung. Dieses Wissen ist in einer sog. Wissensbasis repräsentiert, eine Ansammlung von Daten (Repräsentationen), die Informationen über den Zustand der Umgebung beinhalten. Da durch die Handlung eine Änderung der Umgebung herbeigeführt wird, muß die Wissensbasis nach jeder Handlung entsprechend aktualisiert werden. Geschähe dies nicht, würde die Wissensbasis, die die Umgebung des Systems *vor der Handlung* repräsentiert hat, nicht mehr den Zustand der Umgebung *nach der Handlung* repräsentieren.

Wird beispielsweise ein Tisch, auf dem ein Buch liegt, verschoben, dann muß das System nach der Handlung selbstverständlich wissen, wo sich der Tisch befindet. Aber auch das Buch bleibt nicht an seinem vorherigen Ort in der Luft hängen, sondern verändert seine Position mit dem Tisch – obwohl an ihm selbst keine Handlung ausgeführt wurde. Muß das System nun bei einer seiner nächsten Handlungen z.B. das Buch ergreifen, sollte es nicht an dessen ursprünglicher Position suchen – die neue Position des Buches muß bereits in der Wissensbasis repräsentiert sein. Das Problem ist nun zunächst, daß nicht von vorneherein klar ist, was durch eine Handlung in der Umgebung verändert wird und was nicht.

Eine allgemeine Regel, daß alles, was auf einem Gegenstand liegt, mit diesem fortbewegt wird, kann nicht aufgestellt werden. Was, wenn das Buch mit einem Faden an der Decke befestigt ist? Wenn der Schreibtisch nicht geschoben, sondern gekippt wird? usw. Da es diese allgemeine Regel nicht geben kann, besteht die einzige Möglichkeit, die Wissensbasis zu aktualisieren, offensichtlich darin, nach jeder Handlung jede einzelne Eintragung daraufhin zu überprüfen, ob sie noch zutrifft. Andererseits ist auch klar, daß im allgemeinen sehr wenige Daten der Wissensbasis geändert werden müßten: Durch das Verschieben des Schreibtischs, ändert sich die Farbe des Buches nicht, die Entfernung des Lichtschalters vom Boden bleibt gleich, die Erde dreht sich nicht in die andere Richtung usw. Allgemein gesagt: Jede Handlung bewirkt nur einen kleinen Bruchteil aller Veränderungen, die sie möglicherweise – evtl. unter ganz abstrusen Umständen – auslösen könnte. Trotzdem muß es für jede mögliche Handlung des Systems und jede Eintragung in der Wissensbasis eine Regel geben, die besagt, daß sich durch diese spezielle Handlung in dieser Situation diese bestimmte Eintragung nicht verändert (da sie sich ja doch verändern könnte).

In einigermaßen komplexen Umgebungen kommt man damit schnell zu einer Unzahl von Axiomen (den sog. Frame-Axiomen), die größtenteils nichts anderes besagen, als daß sich ein bestimmter Sachverhalt durch eine bestimmte Handlung nicht ändert. *Das Problem ist dabei nicht so sehr, für jeden in der Datenbasis repräsentierten Sachverhalt zu entscheiden, ob er sich durch die Handlung ändert, sondern vielmehr zu vermeiden, daß jeder einzelne Eintrag in die Datenbasis überprüft werden muß.* Dies ist das Frame-Problem, wie es von McCarty und Hayes erstmals erwähnt wurde. Sie schreiben:

> "Wenn wir eine Anzahl von Handlungen haben, die der Reihe nach ausgeführt werden sollen, bräuchten wir eine sehr große Anzahl von Bedingungen, um festzulegen, daß bestimmte Handlungen die Werte bestimmter veränderlicher Fakten ändern. Mit n Handlungen und m veränderlichen Fakten müßten wir vielleicht tatsächlich mn derartiger Regeln angeben."
> (1969; 487)

An anderer Stelle betont Hayes, daß das Problem nicht darin besteht, genügend Speicherkapazität für diese Regeln zur Verfügung zu stellen, und auch nicht darin, die Regeln zur Aktualisierung der Datenbasis in genügend kurzer Zeit zu durchlaufen (um einen Echtzeit-Betrieb zu ermöglichen). Er ist der Meinung, daß der Begriff "Frame-Problem" sich ausschließlich auf das Problem bezieht, wie man all die irrelevanten Regeln vermeiden könnte, ohne Gefahr zu laufen, wichtige Veränderungen in der Wissensbasis unberücksichtigt zu lassen. Das Frame-Problem ist nach der Meinung von Hayes daher ein Problem der Repräsentation und nicht ein Problem der Berechnung. Es ist also eher ein Problem, das sich aus der Repräsentation von Daten durch Satzstrukturen ergibt, und nicht so sehr ein praktisches Problem, das man durch neue Technologien in den Griff bekommen könnte (Hayes 1987, 127).

Es herrscht Einigkeit darüber, daß es gegenwärtig keine Lösung des Problems gibt (cf. Janlert 1987). Zwar kann man das Problem durch Beschränkung auf "Spielzeugwelten" und durch gleichzeitigen Einsatz "brutaler" Rechengewalt in den Hintergrund drängen – an Systeme, die in einer natürlichen Umgebung handeln, ist aber nicht zu denken. Hier sind die benötigen Wissensbasen mit den dazugehörigen Frame-Axiomen zu groß. Man überlege dazu kurz, was man alles über die Welt weiß und was sich von diesen Dingen alles nicht ändert, wenn man beispielsweise einen Telefonhörer abnimmt.

Während man in der KI hofft, doch noch ein praktikables Verfahren zu finden, um mit dem Frame-Problem leben zu können – siehe dazu den zuletzt erwähnten Artikel von Hayes – zeichnet sich nach Ansicht vieler Philosophen ein grundsätzliches epistemologisches Problem ab.

John Haugeland ist z.B. der Meinung, daß sich das Frame-Problem aus der in diesen Systemen gewählten Repräsentationsform ergibt (cf. Haugeland 1987; 86ff). In der KI wird Information in satzähnlichen Strukturen repräsentiert. Diese quasi-sprachliche oder propositionale Repräsentation erlaubt die Unterscheidung zwischen expliziter und impliziter Repräsentation. Was eine explizite Repräsentation ist, läßt sich am besten negativ charakterisieren: explizit ist ein Sachverhalt dann repräsentiert, wenn er nicht erst aus dem Inhalt des verwendeten Satzes gefolgert werden muß (in Freges Terminologie, wäre dies der durch den Satz ausgedrückte Gedanke – sein Sinn) Implizit ist demzufolge etwas dann repräsentiert, wenn es erst aus einer anderen Repräsentation erschlossen werden muß. Diese Unterscheidung führt zu dem – nach Haugeland – zentralen Dilemma:

> "In einem quasi-sprachlichen System sind nur explizite Repräsentationen unmittelbar verwendbar – implizite Konsequenzen müssen ausdrücklich erschlossen werden, bevor sie irgendetwas beeinflussen können. Wenn aber

eine Konsequenz einmal explizit gezogen wurde, wird sie nicht länger 'automatisch aktualisiert' wenn andere Repräsentationen verändert werden – explizite Repräsentationen sind alle ziemlich unabhängig voneinander."
(1987; 90)

Wie sich daraus das Frame-Problem ergibt, ist unmittelbar ersichtlich: Damit ein System irgendwelche Information verwenden kann, muß sie explizit repräsentiert sein, da Repräsentationen ja nur kraft ihrer syntaktischen Struktur kausal wirksam sein können. Sobald aber ein Sachverhalt explizit in der Wissensbasis repräsentiert ist, besteht die Gefahr, daß der Inhalt dieser Repräsentation falsch ist, nachdem eine Handlung ausgeführt wurde. Sie muß daher nach jeder Handlung überprüft werden. Daraus ergibt sich die unannehmbare Situation, daß nach jeder Handlung jede Eintragung der Wissensbasis überprüft werden muß, obwohl im Grunde nur sehr wenig Änderungen nötig sind.

Das Frame-Problem tritt nach Haugelands Auffassung nicht bei bildlichen bzw. quasi-bildlichen Repräsentationsformen auf, da es bei diesen seiner Meinung nach keine Unterscheidung zwischen expliziter und impliziter Repräsentation gibt (1987; 90ff). Wenn Haugeland mit dieser Analyse Recht hat, dann würde das Frame-Problem bei Systemen, die eher bildliche, analoge bzw. "holistische" Repräsentationsformen benutzen, nicht auftreten. (Es spricht einiges dafür, daß Repräsentationen in konnektionistischen Systemen von dieser Art sind.)

Für den Augenblick ist aber nicht so sehr interessant, daß es evtl. eine Lösung für das Frame-Problem außerhalb der klassischen KI gibt (und das Frame-Problem damit kein prinzipielles Argument z.B. gegen die Möglichkeit einer künstlichen Intelligenz darstellt), sondern daß es nach dem augenblicklichen Forschungsstand so aussieht, als gäbe es innerhalb des symbolverarbeitenden Ansatzes (also innerhalb der klassischen KI) keine Lösung. Liegt das bisherige praktische Scheitern der KI an der prinzipiellen Unmöglichkeit, intelligentes Verhalten durch die formale Manipulation bedeutungstragender Symbole zu erzeugen, dann kann auch Fodors Theorie von der Sprache des Geistes als falsifiziert gelten, da seine Theorie auf diesem Symbolverarbeitungsparadigma beruht.

Man sollte nicht den Fehler begehen, das Frame-Problem als ein technisches Problem der KI anzusehen. Es ist – wie oben bereits festgestellt – ein Problem der Repräsentation und kein Problem der praktischen Berechnung. Insofern hat es auch keinen Zweck, nach einer technischen Lösung zu suchen. Das Frame-Problem in seiner allgemeinsten Form ist, – wie Janlert schreibt – das Problem, "eine Repräsentationsform zu finden, die es erlaubt, eine sich verändernde, komplexe Welt effizient und adäquat zu repräsentieren" (1987; 7f). Es betrifft damit u.a. auch unabhängig von der KI die Kognitive Psychologie, da der Repräsentationsbegriff für sie grundlegend ist, und wir offensichtlich kein Problem haben, uns in unserer Umgebung zurechtzufinden.

Es wäre verwunderlich, wenn Fodor sich die Gelegenheit hätte entgehen lassen, seine Ansichten zu einem so zentralen und heftig diskutierten Problem zu äußern. In seinem Artikel *Modules, Frames, Fridgeons, Sleeping Dogs, and the Music of the Spheres* (1987a) legt er dar, was er als das Frame-Problem betrachtet, und – man beachte – warum es seiner Meinung nach keine Lösung dafür geben kann. Das Problem ist nur, daß er in dem Artikel zwar oft den Ausdruck "Frame problem" verwendet, auf das Frame-Problem selbst aber nicht eingeht, was dann auch Hayes zu der wenig schmeichelhaften

Äußerung veranlaßte, daß Fodor das Frame-Problem nicht von einem Bündel Bananen unterscheiden könne (1987; 132).

Das Frame-Problem mit einem Bündel Bananen zu vergleichen, ist jedoch so unpassend nicht: Das Frame-Problem ist von einem ganzen Bündel weiterer, voneinander abhängiger Probleme umgeben. Viele Arbeiten zum Frame-Problem sind daher auch von dem Bemühen geprägt, diese verschiedenen Probleme gegeneinander und besonders vom Frame-Problem selbst abzugrenzen (cf. Helm unv.).

Ich möchte hier nicht diese verschiedenen Probleme darstellen und ihre gegenseitige Abhängigkeit diskutieren, sondern mich auf dasjenige beschränken, das Fodor (in erster Linie) mit dem Frame-Problem identifiziert: das Problem des induktiven Schließens. Kurz gesagt geht es beim Problem des induktiven Schließens darum, wie ein Schluß von endlich vielen Partialaussagen ("dieser Rabe ist schwarz") auf eine generelle Aussage ("alle Raben sind schwarz") zu rechtfertigen ist. In der Kognitiven Psychologie und der KI tritt dieses Problem in der Form in Erscheinung, daß man sich fragt, wie man zu brauchbaren Schlüssen kommt, obwohl die Information, die diese Schlüsse rechtfertigen würde, unvollständig ist.

Es ist sicher verlockend, ein neu aufgetretenes Problem mit einem längst erkannten (und philosophisch vereinnahmten) zu identifizieren. In diesem Fall sollte man es aber besser unterlassen. Das Frame-Problem ist nicht das Problem der Induktion. Beim Frame-Problem geht es nicht darum, aus unvollständiger Information induktiv Schlüsse zu gewinnen, die sich nicht deduktiv rechtfertigen lassen. Das Frame-Problem ergibt sich vielmehr als ein Problem *deduktiven* Schließens. Selbst wenn die Wissensbasis eines Systems alle Informationen zur Verfügung stellt, die notwendig sind, um eine Handlung (deduktiv) daraus abzuleiten, ist das System nach der Handlung gezwungen, seine Wissensbasis zu aktualisieren (cf. Dennett 1984; 140). Dies muß mit Hilfe der Frame-Axiome geschehen, die für jede Handlung angeben müssen, welche Eintragung der Wissensbasis durch die Handlung betroffen ist. Auch wenn die neue Situation nach der Handlung (repräsentiert durch die aktualisierte Datenbasis) deduktiv aus der alten Situation, der Handlung und den Frame-Axiomen geschlossen werden kann, ergibt sich das Frame-Problem, das darin besteht, daß auch jede Nicht-Konsequenz der Handlung explizit deduziert werden muß.

Andererseits braucht für ein System, das gezwungen ist, trotz unvollständiger Information Schlußfolgerungen zu ziehen, kein Frame-Problem aufzutreten, und sei es aus dem einfachen Grund, daß das System keine Handlungen in einer komplexen Umgebung ausführt. Da damit auch keine Notwendigkeit vorhanden ist, die Auswirkungen der Handlung auf die Wissensbasis zu überprüfen, benötigt man keine Frame-Axiome, und es stellt sich kein Frame-Problem.

Man sollte andererseits aber nicht dem Trugschluß erliegen, das Frame-Problem und das Induktionsproblem seien völlig unabhängig voneinander. Intelligentes Verhalten ergibt sich zum Großteil aus der Fähigkeit, induktive Schlüsse über die Konsequenzen eigener Handlungen zu ziehen. Die deduktiven Methoden der KI ergeben sich aus dem Versuch, gerade dieses intelligente Handeln nachzubilden: es wird versucht, die Fähigkeit zum induktiven Schließen mit Hilfe eines formalen Systems nachzubilden, in dem Handlungen und deren Konsequenzen aus einer Menge von Prämissen (der Datenbasis) deduziert werden sollen. Innerhalb dieses *deduktiven* Systems, das *induk-*

tive Schlüsse simulieren soll, ergibt sich dann das Frame-Problem. Anders gesagt, beim Versuch, induktives Schließen zu formalisieren, entsteht das Frame-Problem.

Es ist also in gewisser Weise berechtigt, das Frame-Problem in Zusammenhang mit dem Problem des induktiven Schließens zu bringen. Man würde es sich allerdings zu einfach machen, wenn man das Frame-Problem ignorieren und sich stattdessen auf eine Diskussion des altehrwürdigen Induktionsproblems beschränken würde. Aus dem Frame-Problem leitet sich ein relativ klar umrissener Forschungsauftrag ab, nämlich eine Repräsentationsform zu finden, die es erlaubt, eine sich verändernde, komplexe Welt effektiv und adäquat zu repräsentieren. Vielleicht hat Fodor recht, daß das Induktionsproblem (das seiner Meinung nach identisch ist mit dem Frame-Problem) nichts anderes als die Frage danach ist, wie der menschliche Geist funktioniert (1987; 148). Bei einem so vage formulierten Induktions-Problem ist es aber sicher besser, sich mit dem klar umrissenen Frame-Problem auseinanderzusetzen.

Interessant ist, daß Fodor die Ansicht vertritt, daß die KI (bisher) deshalb versagt hat, weil die formalen Methoden der KI keine induktiven Schlüsse erlauben und sich damit von der Art und Weise unterscheiden, wie Menschen denken:

> "... wir können sehr gut Wissenschaft betreiben, ohne das Frame-Problem zu lösen. Das liegt daran, daß man keine mechanischen Wissenschaftler braucht, um Wissenschaft zu betreiben; wir haben uns dafür. Aber wir können nicht gut KI betreiben, ohne mechanische Intelligenz zu haben; gute KI zu betreiben, heißt nichts anderes, als mechanische Intelligenz zu haben. Wir können also keine KI betreiben, ohne das Frame-Problem zu lösen. Aber wir wissen nicht, wie wir das Frame-Problem lösen sollen. Das ist, auf den Punkt gebracht, warum die Wissenschaft funktioniert und die KI nicht." (ebd.)

Die Methode der (klassischen) KI ist aber im wesentlichen die Realisierung formaler Systeme, in denen Repräsentationen aufgrund formaler Regeln umgeformt werden. Merkt Fodor nicht, daß er mit der KI auf dem gleichen Ast sitzt?

4 Konnektionistische Informationsverarbeitung

"If you don't know why certain things happen then invent a mechanism (in accordance with the view you take of how the world works) – but it is better still if you find out how nature really works."

Rom Harré

In den bisherigen Kapiteln wurde das Informationsverarbeitungs-Paradigma der Kognitionswissenschaften erläutert und gezeigt, wie Information mit Hilfe von realisierten Algorithmen verarbeitet werden kann. Da die symbolische Informationsverarbeitung lange Zeit die einzig zur Kenntnis genommene Möglichkeit der Informationsverarbeitung darstellte, ging man davon aus, daß die kognitiven Leistungen des Menschen ebenfalls aus dem Wirken einer symbolischen Informationsverarbeitung resultieren müßten. Konsequenterweise wurde – in Analogie zu der Maschinensprache eines Computers – eine "Sprache des Geistes" postuliert, in der das menschliche Gehirn propositionale Einstellungen "berechnet". Diesen Versuch einer Erklärung propositionaler Einstellungen mit Hilfe einer symbolischen Informationsverarbeitung (Symbolismus) habe ich im letzten Kapitel am Beispiel von Jerry Fodor's "Representational Theory of Mind" dargestellt und kritisiert.

Zwei Probleme waren es hauptsächlich, durch die sich vor allem Psychologen veranlaßt sahen, nach Möglichkeiten zu suchen, die starre Regelhaftigkeit der symbolischen Informationsverarbeitung zu vermeiden, ohne dabei gleichzeitig das gesamte Informationsverarbeitungs-Paradigma selbst in Frage stellen zu müssen. Das erste Problem ergibt sich aus der Forderung, daß ein adäquates Modell kognitiver Prozesse nicht nur den gleichen Output bei gleichem Input liefern d.h. Input-Output-äquivalent sein sollte, sondern auch die tatsächlich stattfindenden Prozesse nachbilden muß, soweit sie kognitiv relevant sind (cf. Pylysyhn 1984).

Einen deutlichen Hinweis, daß die kognitiven Prozesse des Menschen nicht auf einer symbolischen Informationsverarbeitung im Stile einer Von-Neumann-Architektur beruhen können, stellt die sog. 100-Schritte-Bedingung dar: Um z.B. ein Gesicht wiederzuerkennen oder eine bekannte Antwort auf eine Frage zu finden, benötigt der Mensch ca. 100 Millisekunden. Die "Schaltfrequenz" der Neuronen des menschlichen Gehirns liegt im Bereich von ca. 1 Millisekunde. Daraus ergibt sich, daß der tatsächlich stattfindende kognitive Prozeß maximal etwa 100 serielle Schritte umfaßt. Ein Computerprogramm mit 100 Programmschritten aber ist extrem klein und sicher völlig inadäquat, wenn es um die Simulation intelligenter Prozesse geht. Einigermaßen anspruchsvolle Programme bringen es leicht auf einige tausend Programmschritte (ohne die Leistung zu erreichen, die das Gehirn in ca. 100 Schritten ausführt).

Etwas kaschiert wird dieser Mangel bei heutigen Computern durch eine Schaltfrequenz der Prozessoren im Nanosekundenbereich und der daraus resultierenden hohen Rechengeschwindigkeit. Doch selbst wenn es gelänge, ein Input-Output äquivalentes

Modell eines kognitiven Prozesses auf der Basis einer Von-Neumann-Maschine zu bilden, könnte man einigermaßen sicher sein, daß die Arbeitsweise des Gehirns nicht mit der des Rechnermodells übereinstimmt.

Dies allein spricht noch nicht gegen symbolische Informationsverarbeitung, sondern erst einmal nur gegen eine *serielle* Symbolverarbeitung, deutet aber darauf hin, daß die Informationsverarbeitung des Gehirns grundsätzlich anderer Art ist, als die zur bisherigen Modellbildung benutzte (serielle) Von-Neumann-Architektur. Dennoch haben sich Symbolisten für die Analyse propositionaler Einstellungen auf eine serielle Verarbeitung festgelegt, da sie annehmen, daß Gedanken wie Ableitungen in einem Beweis sukzessive aufeinanderfolgen.

Symbolisten werden in diesem Zusammenhang darauf verweisen, daß es natürlich der Fall sein kann, daß ein serieller, symbolischer Prozeß in einer parallelen, nicht-symbolischen Hardware implementiert ist, diese Ebene der Implementation aber nicht Gegenstand einer psychologischen Theorie ist. Diesen Einwand möchte ich so lange im Raum stehen lassen, bis die Grundzüge konnektionistischer Informationsverarbeitung deutlich sind und später auf diesen Punkt im Detail eingehen.

Das zweite Problem, das zur Abwendung von der symbolischen Informationsverarbeitung führte, war ihre Unfähigkeit, elementare psychische Prozesse zu modellieren. Mit Hilfe symbolischer Informationsverarbeitung ist man zwar in der Lage, die Kreiszahl π auf die x-tausendste Stelle zu berechnen; wenn es aber darum geht, auf Photographien Bäume von Telefonmasten zu unterscheiden, scheitern auch Großrechner kläglich. Allgemein sind die durch symbolische Informationsverarbeitung charakterisierten klassischen Computer fähig, viele Aufgaben zu lösen, die der Mensch – mangels Rechengeschwindigkeit – nicht lösen kann, andererseits versagen sie bei vielen Aufgaben, die der Mensch (und auch noch viel "niedrigere" Lebewesen) ohne ersichtliche Mühe in Bruchteilen von Sekunden erledigt. Es drängte sich daher der Verdacht auf, daß die Informationsverarbeitung des Menschen prinzipiell von anderer Art ist, als in symbolverarbeitenden Maschinen. Dieser Punkt steht in engem Zusammenhang mit dem in Abschnitt 3.4.3 behandelten Scheitern der (klassischen) KI.

Die Suche nach Alternativen zum vorherrschenden "Rules-and-Representation"-Paradigma führte jedoch nicht zu einer *neuen* Methode der Informationsverarbeitung, sondern zur Wiederentdeckung einer nahezu vergessenen: der Simulation biologischer Nervensysteme durch künstliche neuronale Netze. In den vierziger und fünfziger Jahren versuchten vor allem McCulloch und Pitts sowie Rosenblatt, die neuronale Struktur des Gehirns nachzubilden (cf. z.B. McCulloch & Pitts 1943 oder Rosenblatt 1962).[1] Sie erhofften sich davon, Erkenntnisse über die kybernetischen Vorgänge im menschlichen Gehirn zu gewinnen, sowie Maschinen zu konstruieren, die ähnliche kognitive Leistungen erbringen können wie der Mensch. Rosenblatt schrieb beispielsweise über ein derartiges künstliches neuronales Netz: "Zum ersten Male haben wir eine Maschine, die in der Lage ist, eigene Ideen zu haben" (1959; zit. nach Pollack 1989; 7).

Die Künstliche Intelligenz als Forschungszweig war damals noch nicht geboren. In der von Wiener begründeten Erforschung selbststeuernder Rückkoppelungsmechanismen (Kybernetik) machte man sowohl von symbolischen wie auch neuronalen Methoden der Informationsverarbeitung Gebrauch (cf. Wiener 1948). Zu dieser Zeit war man sich

---

[1] Eine umfassende Anthologie zur Geschichte konnektionistischer Systeme wurde von Anderson & Rosenfeld (1988) zusammengestellt.

auch darüber klar, daß die symbolische Informationsverarbeitung *nicht* geeignet ist, die für kognitive Prozesse relevanten Strukturen des menschlichen Gehirns zu modellieren (cf. v.Neumann 1958; 74ff).

1956 stellten Newell, Simon und Shaw ihren "Logical Theorist" vor, ein Programm, das einfache logische Beweise durchführen konnte. Dieses Programm für eine serielle Von-Neumann-Maschine wurde von ihnen dann weiter entwickelt zum "General Problem Solver". Dieses Programm konnte tatsächlich eine Reihe von Problem lösen (z.B. Tic-Tac-Toe) und man erwartete, daß es so weit verbessert werden konnte, um – wie der Name sagt – ein allgemeines Problemlösungsverhalten zu zeigen. Durch diese Erfolge der symbolischen Informationsverarbeitung konzentrierte sich das Interesse (und die Forschungsgelder) nahezu ausschließlich auf die Weiterentwicklung serieller, symbolverarbeitender Architekturen.

Das (vorläufige) Ende der Simulation neuronaler Netze wird durch Minsky und Paperts Buch *Perceptrons* (1969) markiert, von dem man allgemein annahm, daß darin gezeigt wurde, daß Probleme bestimmter Komplexität nicht mit Hilfe neuronaler Netze zu lösen sind. Die Leistungsfähigkeit neuronaler Netze wurde so negativ beurteilt, daß sie keine weitere Beachtung fanden. Was Minsky und Papert jedoch tatsächlich zeigten, war, daß es Probleme gibt, deren Lösung von neuronenähnlichen Netzwerken einer bestimmten Struktur (eben den Perceptrons) nicht gelernt werden kann. Ein Grund für dieses Urteil war, daß es zu dieser Zeit keine brauchbaren Lernalgorithmen für mehrlagige Netzwerke gab (cf. Arbib 1987).[2]

Neben der allgemeinen Unzufriedenheit mit symbolischen Modellen der Informationsverarbeitung in der Kognitiven Psychologie, dürfte (paradoxerweise) im wesentlichen der immense Fortschritt bei klassischen Computerarchitekturen für den Wiederaufschwung konnektionistischer Systeme gespielt haben. Durch immer größere Rechenleistung bei gleichzeitiger Geschwindigkeitssteigerung ist man heutzutage in der Lage, komplexe und damit leistungsfähige Netzwerke zu simulieren. Dadurch ergibt sich die Möglichkeit, verschiedene Systeme zu vergleichen und deren tatsächliche Leistungsfähigkeit empirisch zu überprüfen. Dabei zeigt sich, daß das Verhalten dieser konnektionistischen Systemen große Ähnlichkeit zu manchen Aspekten der menschlichen Informationsverarbeitung aufweist. In der Literatur werden vor allem folgende Punkte genannt:

a) Konnektionistische Systeme sind in der Lage, mit unvollständiger oder fehlerhafter Information umzugehen (graceful degradation).
b) Sie sind fähig zu Generalisierungen, d.h. sie reagieren auf einen bisher nie aufgetretenen Input in ähnlicher Weise wie sie auf einen bekannten, diesem ähnlichen Input reagiert hätten.
c) Sie "lernen" aus Erfahrung.
d) Informationen werden in inhaltsbezogener Weise gespeichert und wieder abgerufen (im Gegensatz zur ortsbezogenen Speicherung in symbolischen Architekturen).

Im folgenden werde ich den grundsätzlichen Aufbau eines derartigen konnektionistischen Systems darstellen. Anschließend soll erläutert werden, in welcher Art und Weise kon-

---

[2] In der erweiterten Neuauflage von *Perceptrons* (1988; xxiii) weisen Minsky und Papert auf diese Mißinterpretation ihrer Arbeit selbst hin.

nektionistische Systeme Information verarbeiten. Dabei lassen sich zwei verschiedene Betrachtungsweisen einnehmen: Einmal wird das Verhalten der einzelnen Rechenelemente und ihre wechselseitigen Beziehungen betrachte, das andere Mal wird das globale Verhalten des gesamten Netzwerks analysiert. Diese beiden Betrachtungsweisen werden in Abschnitt 4.2.1 und 4.2.2 eingenommen. Im darauffolgenden Abschnitt sollen die grundlegenden Lernalgorithmen betrachtet werden, mit deren Hilfe konnektionistische Systeme in der Lage sind, ihr Verhalten dem Problem entsprechend zu modifizieren. Wie in Kapitel 2 geht es mir bei diesen Punkten weniger um die technischen Details, als um eine Darstellung der grundsätzlichen Prozesse sowie um die Klärung der Begriffe, die in der Konnektionismus-Diskussion einer Rolle spielen.

Von besonderer Brisanz ist eine Analyse der in konnektionistischen Systemen benutzten Repräsentationsformen. Gerade in der Frage der Repräsentation in neuronalen Netzen ergeben sich viele Mißverständnisse. Diese so weit als möglich auszuräumen, ist das Ziel des Abschnitts 4.5. Im letzten Abschnitt dieses Kapitels soll dann der Frage nachgegangen werden, ob es tatsächlich einen wesentlichen Unterschied zwischen konnektionistischer und symbolischer Informationsverarbeitung gibt, und worin dieser evtl. besteht. Durch die Möglichkeit, ein informationsverarbeitendes System auf mehreren (algorithmischen) Ebenen zu betrachten, können sich auch hier Mißverständnisse ergeben, die dann bei der Diskussion um konnektionistische Systeme als kognitive Modelle virulent werden.

4.1 Aufbau eines konnektionistischen Systems

Konnektionistische Systeme werden oft auch als "neuronale Netze" bezeichnet. Obgleich eine derartige Bezeichnung Gefahr läuft, unbeabsichtigte Konnotationen hervorzurufen, ist sie dennoch geeignet, ein anschauliches Bild vom grundsätzlichen Aufbau konnektionistischer Systeme zu geben. Die funktionalen Einheiten im Nervensystem lebender Organismen sind in erster Linie die Nervenzellen (Neuronen). Es wird geschätzt, daß das menschliche Großhirn etwa 20 Milliarden Neuronen besitzt. Jedes dieser Neuronen besteht im wesentlichen aus dem Zellkörper – dem Soma – und weitverzweigten Nervenfortsetzungen – den Dendriten – und einem Axon.

Zwischen dem Zellinneren und der Umgebung des Neurons besteht ein elektrisches Spannungspotential, das den Grad der Aktivierung des Neurons bestimmt. Hat ein Neuron durch die Übertragung von Aktivierung von anderen Neuronen einen spezifischen Aktivierungsgrad erreicht, überträgt es über sein Axon einen Impuls auf durchschnittlich 8.000 andere Neuronen. Umgekehrt erhält jedes Neuron auf diese Art den Aktivierungszustand von ca. 8.000 anderen Neuronen "gemeldet". Jedes Neuron des menschlichen Cortex ist also durchschnittlich mit etwa 16.000 anderen Neuronen verbunden. Die Übertragungsstellen von einem Neuron zum anderen, die Synapsen, bestimmen dabei, welchen Einfluß die von anderen Neuronen eingehenden Impulse auf das jeweilige Neuron haben; exzitatorische Synapsen bewirken, daß ein Impuls eine Erregungssteigerung im Neuron zur Folge hat (und damit eine stärkere Bereitschaft, selbst einen Impuls weiterzugeben), Impulse über inhibitorische Synapsen dämpfen die Erregung des Neurons.

Konnektionistische Systeme simulieren diesen Aufbau (in sehr groben Zügen): sie bestehen aus einer großen Anzahl von Recheneinheiten, die, ähnlich den Neuronen im Cortex, dicht untereinander verknüpft sind. Jede dieser Einheiten befindet sich in einem bestimmten Aktivierungszustand, der durch einen numerischen Wert ausgedrückt wird. Je nach Modell kann dieser Aktivierungszustand entweder eine Reihe diskreter Werte annehmen (im Extremfall nur die Werte 0 = *inaktiv* und 1 = *aktiv*) oder er kann zwischen einer oberen und unteren Grenze kontinuierlich variieren. Die Einheiten berechnen ihren Aktivierungszustand als Funktion der Signale, die sie von anderen Einheiten erhalten. Nach welcher Funktion der Aktivierungszustand einer Einheit berechnet wird, hängt dabei vom jeweiligen Modell ab. Auf die gebräuchlichen Aktivierungsfunktionen komme ich weiter unten im Detail zurück. Der Output einer einzelnen Recheneinheit ist in der Regel identisch mit dem Aktivierungszustand und wird unterschiedslos auf alle nachgeschalteten Einheiten übertragen (Fig. 4.1).

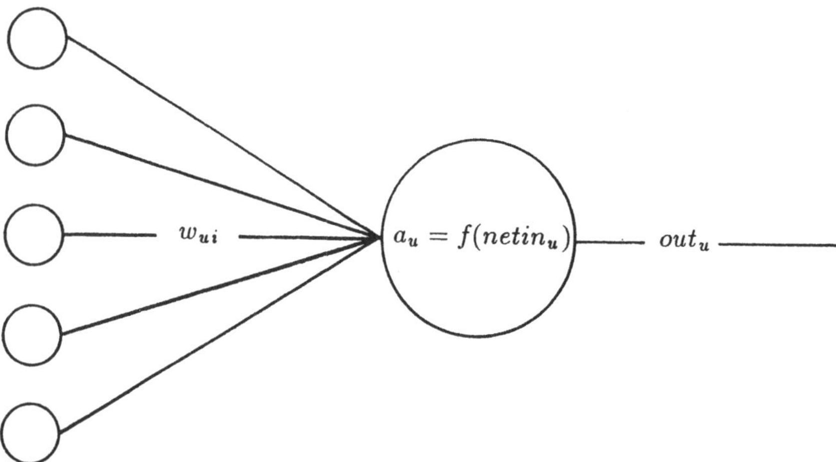

Fig. 4.1. In Abhängigkeit vom gesamten Input $netin_u$, den die Einheit u von anderen Einheiten erhält, berechnet sie ihren Aktivierungszustand a_u, den sie wiederum als Output (out_u) auf alle mit ihr verknüpften Einheiten überträgt.

Die Verbindungen zwischen den Recheneinheiten spielen eine ähnliche Rolle wie die Synapsen im Nervensystem: sie legen fest, welche Auswirkung der Output einer Einheit auf die mit ihr verknüpften Einheiten hat. Dies geschieht formal durch eine Gewichtung der Verbindungen mit Gewichtungsfaktoren zwischen −1 und 1. Je größer der Gewichtungsfaktor ist, desto größer ist der Einfluß des Outputs auf die nachfolgende Einheit. Ein negativer Gewichtungsfaktor bedeutet, daß der Einfluß gegenläufig ist: ein großer Output führt zu einer Herabsetzung der Aktivierung.

Bei einem Output der Einheit I $out_i = 10$ und einem Gewichtungsfaktor $w_{ui} = 0.7$ für die Verbindung zwischen der Einheit i und der Einheit u würde beispielsweise ein Signal von der Stärke $0.7 \times 10 = 7$ auf die Einheit u übertragen. Da jede einzelne Recheneinheit Signale von vielen anderen Einheiten erhält, besteht der gesamte Input $netin_u$ der Einheit u nicht ausschließlich aus dem Signal, das sie von der Einheit i erhält, sondern aus der Summe aller gewichteten Signale, die von n anderen Einheiten übermittelt werden:

$$netin_u = \sum_{i=1}^{n} out_i \times w_{ui} \qquad (1)$$

Die Aufgabe einer Recheneinheit in einem konnektionistischen Netz besteht ausschließlich darin, die eingehenden Signale zu addieren, den eigenen Aktivierungszustand in Abhängigkeit dieses Inputs zu berechnen und diesen Wert (über gewichtete Verbindungen) auf andere Recheneinheiten zu übertragen. Da diese Aufgabe relativ einfach ist – im Vergleich mit den Aufgaben, die ein Prozessor eines konventionellen Computers zu erledigen hat – liest man oft, daß ein konnektionistisches System aus vielen "einfachen" Recheneinheiten bestehe.

Die Recheneinheiten eines typischen konnektionistischen Netzes lassen sich in drei Ebenen anordnen: die Input-Ebene, die Output-Ebene und dazwischen die innere Ebene. Einheiten, die der gleichen Ebene angehören, haben meist keine Verbindungen untereinander, so daß sich also beispielsweise die Einheiten der Input-Ebene nicht gegenseitig beeinflussen können. Dagegen ist meist jede Einheit einer Schicht mit allen Einheiten der folgenden Schicht verbunden (Fig. 4.2).

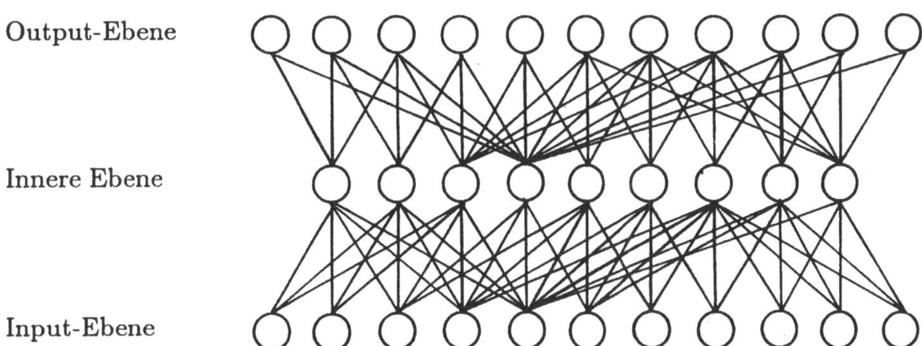

Fig. 4.2. Ein typisches 3-lagiges Netzwerk. Jede Einheit der Input-Ebene ist mit allen Einheiten der inneren Ebene und jede Einheit der inneren Ebene mit allen Einheiten der Output-Ebene verknüpft (nur wenige dieser Verbindungen sind eingezeichnet). Einheiten, die zur gleichen Ebene gehören, haben in diesem Netzwerk keine Verbindungen untereinander.

Die erste Schicht wird von den Einheiten gebildet, deren Aktivierungszustände nicht vom Aktivierungszustand anderer Einheiten abhängen, sondern von Faktoren außerhalb des Systems festgelegt werden. Da die Signale, die diese Einheiten als Input erhalten, aus der Umgebung des Systems stammen und somit den Input des Systems darstellen, werden die Einheiten dieser Ebene als "Input-Einheiten" und die Schicht, die sie bilden, als "Input-Ebene" bezeichnet. Sieht man konnektionistische Systeme in Analogie zu den Nervensystemen natürlicher Organismen, könnte man sagen, daß die Input-Ebene einen Rezeptor darstellt – mit den einzelnen Einheiten als Rezeptor-Zellen.

Entsprechend gibt es Einheiten, deren Output nicht auf andere Einheiten übertragen wird, sondern Dinge außerhalb des Systems beeinflußt. Die Signale dieser Einheiten stellen den Output des Systems dar. Diese Output-Einheiten werden ebenfalls zu einer eigenen Gruppe, der Output-Ebene, zusammengefaßt. Im Nervensystem natürlicher Organismen würde dieser Ebene ein aus mehreren Nervenzellen bestehender Effektor entsprechen.

Neben den Input-Einheiten und den Output-Einheiten gibt es noch eine dritte Gruppe von Recheneinheiten: ihr Aktivierungszustand wird nicht (direkt) von Faktoren außerhalb des Systems beeinflußt, sondern verändert sich ausschließlich in Abhängigkeit anderer Einheiten. Ebenso dient ihr Output ausschließlich dazu, den Aktivierungszustand anderer Einheiten zu beeinflussen und ist nicht Teil des (globalen) Outputs des Systems. Da der Zustand dieser Einheiten "von außen" weder manipuliert werden kann, noch irgendwie als Output in Erscheinung tritt, werden diese Einheiten als "innere" oder "versteckte" Einheiten bezeichnet und bilden die innere Ebene des Systems. (Hauptsächlich werden konnektionistische Systeme untersucht, deren innere Einheiten in einer einzigen Ebene zwischen der Input- und der Output-Ebene angeordnet sind; es sind aber auch mehrere Ebenen möglich.)

Wichtig ist hier, zwischen dem *globalen* Input (Output) des gesamten Systems und dem *lokalen* Input (Output) der einzelnen Recheneinheiten zu unterscheiden: *jede* Recheneinheit eines konnektionistischen Netzes erhält einen lokalen Input. Bei den inneren Einheiten und den Output-Einheiten ist das ein Wert, der sich aus der Addition aller Signale ergibt, die bei dieser Einheit eingehen. Nur der lokale Input der Input-Einheiten ist eine Komponente des globalen Inputs des gesamten Systems. Der globale Input wird an das System von außen herangetragen und setzt sich aus den verschiedenen lokalen Inputs der einzelnen Input-Einheiten zusammen. Der globale Input ist eine geordnete Menge von Aktivierungswerten; der lokale Input einer Recheneinheit ist ein einzelner numerischer Wert. Entsprechendes gilt für die Unterscheidung von lokalem und globalem Output.

Wird dem System ein bestimmter Input eingespeist (d.h. die Aktivierungszustände der Input-Einheiten werden festgelegt), so breitet sich die Aktivierung über die gewichteten Verbindungen zuerst auf die inneren Einheiten aus, die aus den eingehenden Signalen entsprechend ihrer Aktivierungsfunktion ihren eigenen Zustand berechnen. Von hier wird die Aktivierung auf die Output-Einheiten übertragen und legt deren Aktivierungszustand fest. Der Aktivierungswert aller Output-Einheiten (der Output-Vektor) stellt dann den (globalen) Output des Systems dar. Auf diese Weise wird jedem Input des Systems eindeutig ein bestimmter Output zugeordnet. Ein Modell, bei dem die Aktivität das Netzwerk auf diese Weise von "vorne nach hinten" durchläuft, wird als "Feed-forward-Netzwerk" bezeichnet.[3]

Bevor ich im nächsten Abschnitt auf die Details konnektionistischer Informationsverarbeitung eingehe, möchte ich noch auf drei wichtige Punkte hinweisen. Zum einen sollte deutlich geworden sein, daß von den Recheneinheiten prima facie keine Symbole umgeformt oder übertragen werden, sondern daß sowohl der In- als auch Output einer Rechen-

---

[3] Im Gegensatz dazu ist es bei "Feed-back"- oder "interaktiven" Netzwerken möglich, daß eine Einheit einer bestimmten Ebene ein Signal auf eine Einheit der gleichen oder einer untergeordneten Ebene überträgt, daß also z.B. der Aktivierungszustand einer inneren Einheit den Zustand einer Input-Einheit beeinflußt.

einheit eine numerische Größe ist.[4] Entsprechend sind Definitions- und Wertebereich der Aktivierungsfunktion Ausschnitte aus dem Bereich der natürlichen oder reellen Zahlen und keine Ausdrücke über dem Alphabet eines Algorithmus. Auf diesen Punkt, sowie auf die Frage, ob die Aktivierungs*vektoren* der einzelnen Ebenen als Symbole betrachtet werden können, komme ich in Abschnitt 4.5 zurück.

Zum zweiten sollte man erkennen, daß die "Bausteine" eines konnektionistischen Systems – genau wie bei einer Turing-Maschine – *funktional* charakterisiert wurden. Aus welchem materiellen Substrat die Recheneinheiten und die Verbindungen bestehen, wie die Aktivierungsfunktion tatsächlich berechnet wird und welche physikalischen Größen durch die Aktivierungswerte bezeichnet werden, bleibt vollkommen unbestimmt. Es wäre z.B. denkbar (wenn auch nicht praktikabel), ein derartiges System durch eine Anzahl untereinander vernetzter Wasserschläuche zu realisieren. Anders gesagt: Ein konnektionistisches System, wie es bisher beschrieben wurde, ist eine Beschreibung eines informationsverarbeitenden Systems in einer Dimension (der funktionalen oder algorithmischen), die unabhängig von der physikalischen Realisierung ist.

Erst ein realisiertes konnektionistisches System könnte auch in einer physikalischen Dimension beschrieben werden. Genau wie bei konventionellen, symbolischen Systemen der Informationsverarbeitung ist auch bei konnektionistischen Systemen eine Beschreibung in einer physikalischen, einer funktionalen und – wie sich weiter unten zeigen wird – einer semantischen Dimension möglich. Es dürfte nicht überraschen, daß auch bei konnektionistischen Systemen innerhalb dieser verschiedenen Dimensionen nochmals einzelne Beschreibungsebenen unterschieden werden können. So kann beispielsweise die Wirkungsweise eines Netzwerks auf der Ebene der einzelnen Schichten beschrieben und die Informationsverarbeitung als Vektortransformation betrachtet werden, oder man beschreibt die Informationsverarbeitung auf der Ebene der einzelnen Einheiten als Berechnung einer numerischen Aktivierungsfunktion.

Der dritte Punkt betrifft das Verhältnis von konnektionistischen Systemen und den Nervensystemen eines natürlichen Organismus. Der erste – und wichtigste – Unterschied ergibt sich aus der eben genannten Unterscheidung zwischen funktionaler und physikalischer Dimension. Während konnektionistische Systeme ausschließlich als abstrakte Systeme, d.h. funktional charakterisiert sind (ähnlich einer abstrakten Turing-Maschine), werden Nervensysteme in erster Linie in Hinsicht auf die tatsächlich ablaufenden physischen Prozesse, d.h. in der physikalischen Dimension – beschrieben.

Ausgehend vom Gehirn als einem konkreten Untersuchungsgegenstand wird untersucht, aus welchen Zellen es besteht, wie diese Zellen verknüpft sind, wie die Erregungsübertragung zwischen einzelnen Zellen vor sich geht, wie größere Zellgruppen angeordnet sind usw.[5] Ein Neuron wird beispielsweise (morphologisch) als eine besondere Form einer Körperzelle beschrieben, bestehend aus Zellkörper, Zellkern, Membranen, Dentriten und einem Axon. Auch die Beschreibung der "Arbeitsweise" eines Neurons orientiert sich in erster Linie an den tatsächlich vorhandenen physiologischen Gegebenheiten: Das Spannungspotential zwischen Zellinnerem und Umgebung wird durch be-

---

[4] Genau wie der Wert, den ein Thermometer anzeigt, eine durch Ziffern darstellbare numerische Größe ist, ohne daß das Thermometer Symbole manipuliert.

[5] Von der Beantwortung dieser Fragen erhofft man sich natürlich auch, Aufschluß über die funktionale Organisation des Gehirns zu gewinnen. Dabei wird oft stillschweigend davon ausgegangen, daß die morphologische Organisation des Gehirns seine funktionale Organisation widerspiegelt.

stimmte chemische Vorgänge an den Synapsen umgekehrt. Durch diese Depolarisation wird ein Aktionspotential am Axon entlang auf eine weitere Zelle übertragen usw. Im Gegensatz dazu werden die Recheneinheiten eines konnektionistischen Systems – wie oben festgestellt – funktional charakterisiert; woraus die Recheneinheiten bestehen und auf welche Weise sie ihren Aktivierungszustand auf andere Einheiten übertragen, wird zunächst nicht thematisiert.

Aber auch innerhalb der funktionalen Dimension besteht ein beachtlicher Unterschied zwischen konnektionistischen Systemen und natürlichen Nervensystemen. Dies beginnt beim einfachen Aufbau des Netzwerks: In der Regel werden konnektionistische Systeme mit einer inneren Ebene betrachtet. Die meisten Recheneinheiten sind In- bzw. Output-Einheiten. Im Gegensatz dazu weiß man, daß die überwiegende Anzahl der Neuronen des menschlichen Cortex sog. Interneuronen sind, die ausschließlich der Signalübertragung innerhalb des Cortex (und des Zentralnervensystems) dienen. Welche Anzahl von (funktionalen!) "Schichten" dabei angenommen werden muß, ist unbekannt. Weiterhin ist die Verknüpfung der Einheiten in typischen konnektionistischen Systemen unabhängig von einer räumlichen Beziehung zueinander; meist wird jede Einheit einer Schicht mit allen Einheiten der nachfolgenden Schicht verknüpft. Die Verknüpfung der Neuronen im Cortex hängt dagegen stark von ihrer räumlichen Lage zueinander ab.

Neben diesen (und weiteren) Unterschieden im Aufbau der Netzwerke unterscheidet sich die Signalübertragung zwischen Recheneinheiten bzw. Neuronen in vielen Punkten: während in konnektionistischen Systemen z.B. von einer stetigen Weitergabe der Aktivierungswerte ausgegangen wird, übertragen Neuronen ihre Erregung in diskreten Impulsen, d.h., die Signale werden in Axonen frequenzmoduliert, die Signale in konnektionistischen Netzen dagegen amplitudenmoduliert übertragen. Ein weiterer Punkt betrifft die Integration der auf eine Recheneinheit bzw. Nervenzelle einwirkenden Signale: In konnektionistischen Systemen werden die eingehenden Signale meist einfach addiert (selten wird eine multiplikative Verknüpfung benutzt). Die Integration der auf eine Nervenzelle einwirkenden Signale ist dagegen weit komplizierter und es ist vollkommen unklar, mit welcher mathematischen Funktion sich diese beschreiben läßt.

Das Problem beim Vergleich des funktionalen Aufbaus von konnektionistischen Systemen mit biologischen Nervensystemen besteht im Grunde darin, daß der *funktionale* Aufbau z.B. des menschlichen Cortex weitgehend unbekannt ist. Völlig unklar ist beispielsweise die funktionale Rolle der sog. Gliazellen im Cortex sowie der Einfluß des endokrinen Systems.

So anschaulich die Analogie von konnektionistischen Systemen und Nervensystemen ist, muß man sich doch davor hüten, einen allzu großen Zusammenhang zwischen diesen künstlichen Systemen und natürlichen Nervensystemen herzustellen. Konnektionistische Systeme sind zwar aus dem Versuch heraus entstanden, die wesentlichen Elemente der neuronalen Informationsverarbeitung zu simulieren (und werden auch – mit den genannten Einschränkungen – für eine derartige Simulation benutzt), andererseits ist je nach Interpretation des Netzwerks die Simulation völlig verschiedener dynamischer Systeme möglich.[6]

---

[6] Thagart (1989) versucht beispielsweise mit Hilfe von konnektionistischen Systemen, die Auswahl verschiedener konkurrierender Hypothesen in wissenschaftlichen Gemeinschaften zu simulieren.

4.2 Informationsverarbeitung in konnektionistischen Systemen

Im folgenden werde ich die Prinzipien der konnektionistischen Informationsverarbeitung näher darstellen. In einem ersten Unterabschnitt werde ich mich dabei auf die *lokale* Sichtweise, also auf die Aktivierungsübertragung zwischen einzelnen Recheneinheiten konzentrieren. Im nächsten Unterabschnitt soll der Schwerpunkt dann auf der *globalen* Betrachtungsweise liegen, bei der die Informationsverarbeitung als Vektortransformation verstanden wird. Im Hinblick auf Leser, die noch keine Erfahrung mit konnektionistischen Systemen haben, werde ich in diesem Abschnitt versuchen, die Methoden konnektionistischer Informationsverarbeitung so elementar wie möglich darzustellen, da mir ein Verständnis der grundlegenden Mechanismen für die anschließende Diskussion wichtig erscheint. Leser, denen konnektionistische Systeme bereits vertraut sind, sollten diesen Abschnitt zumindest überfliegen, damit eine gemeinsame Terminologie sichergestellt ist.

4.2.1 Lokale Informationsverarbeitung

Die Betrachtung der lokalen Informationsverarbeitung eines konnektionistischen System beschäftigt sich mit der Veränderung des Aktivierungszustands der einzelnen Recheneinheiten während eines bestimmten Zeitraums. Die Funktion, nach der sich der Zustand der Einheiten berechnet – die Aktivierungsfunktion –, ist daher eins der zentralen Charakteristika eines konnektionistischen Systems. Eine untergeordnete Rolle spielen daneben die In- bzw. Output-Funktion.[7] Ich werde daher zuerst die Aktivierungsfunktion betrachten. Ihre allgemeine Form läßt sich wie folgt angeben:

$$a_{u/t+1} = (1 - d_u)a_{u/t} + \Delta a_{u/t}, \qquad 0 \leq d_u \leq 1. \tag{2}$$

Die Gleichung besagt, daß sich der Aktivierungszustand der Einheit u zum Zeitpunkt $t + 1$ errechnet als das Produkt des Aktivierungswertes a_u der Einheit u zur Zeit t und einem sog. Delay-Faktor $(1 - d_u)$ plus einem Unterschiedsbetrag $\Delta a_{x/t}$, der den Zuwachs der Aktivierung angibt.

Der Delay-Faktor gibt an, welcher Teil der Aktivierung einer Einheit von einem Zeittakt zum nächsten erhalten bleibt. Bei einem Delay-Faktor von $1 - d_u = 1$ würde beispielsweise die gesamte Aktivierung von einem Zeitpunkt zum nächsten erhalten bleiben, und ein Input immer nur zu einem Zuwachs dieser Aktivierung führen. Umgekehrt besagt ein Delay-Faktor von $1 - d_u = 0$, daß keine Aktivierung zwischen zwei Zeitpunkten erhalten bleibt, also der Aktivierungswert zu einem bestimmten Zeitpunkt also ausschließlich vom augenblicklich empfangenen Input abhängt.

Da in erster Linie mit solchen konnektionistischen Systemen gearbeitet wird, bei denen gilt $1 - d_u = 0$ (bei denen also keine Aktivierung zwischen zwei Zeitpunkten erhalten bleibt), soll der erste Summand der Formel im folgenden unberücksichtigt bleiben. Ich werde – wie in der Literatur üblich – nur die Funktion $a_{u/t+1} = \Delta a_{u/t}$ betrachten

---

[7] Wenn in diesem Abschnitt von In- bzw. Output die Rede ist, geht es immer um den *lokalen* In- bzw. Output, also um den Input, den die einzelne Recheneinheit von anderen Einheiten (bzw. als Teil des globalen Inputs) erhält, und den Output, den sie auf andere Recheneinheiten überträgt (oder einen Teil des globalen Outputs darstellt).

(wo es ohne Mißverständnisse möglich ist, verzichte ich auch auf die Zeit-Indizes). Der eigentlich interessante Teil der Aktivierungsfunktionen ist also der Ausdruck Δa_u.

Konnektionistische Systeme unterscheiden sich u.a. in der Berechnung des Ausdrucks, der angibt, wie sich die Aktivierung einer Einheit in Abhängigkeit von ihrem Input ändert. Im folgenden soll dargestellt werden, welche Funktion sich in der Regel hinter diesem Ausdruck verbirgt.

Die erste wesentliche Unterscheidung der verschiedenen Aktivierungsfunktionen betrifft die Frage, ob der Aktivierungszustand der Recheneinheit durch den Input determiniert wird oder ob durch den Input nur die Wahrscheinlichkeit für einen bestimmten Zustand verändert wird. Entsprechend unterscheidet man zwischen *deterministischen* und *stochastischen* Aktivierungsfunktionen. Zuerst zu den deterministischen Aktivierungsfunktionen: Innerhalb dieser Gruppe lassen sich die *linearen* und die *quasi-linearen* Funktionen unterscheiden. Lineare Aktivierungsfunktionen haben die allgemeine Form:

$$a_u = k\, netin_u + l. \tag{3}$$

wobei $netin_u$ der gesamte Input der Einheit u ist, und k und l beliebig festgelegte Konstanten sind. Der Aktivierungszustand einer Einheit errechnet sich also in diesem Fall als eine Lineartransformation des Inputs. Im einfachsten Fall gilt $k = 1$ und $l = 0$, so daß gilt:

$$a_u = netin_u. \tag{4}$$

Der Aktivierungszustand ist in diesem Falle identisch mit dem Input, den die Einheit von den mit ihr verknüpften Recheneinheiten erhält. Fig. 4.3 zeigt eine graphische Darstellung dieser Funktion.

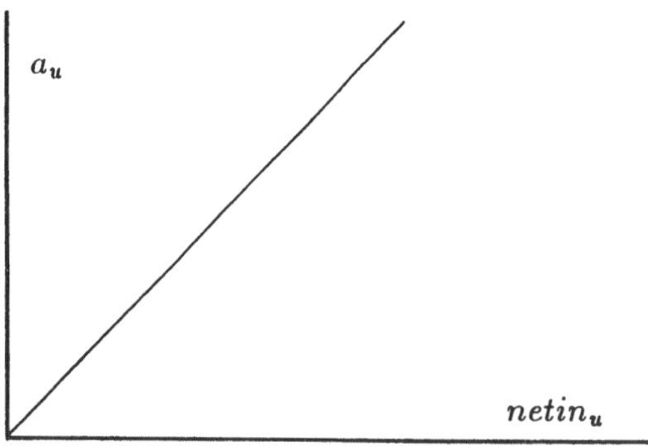

Fig. 4.3. Lineare Aktivierungsfunktion. Der Aktivierungswert der Einheit u ist gleich ihrem Input $netin_u$.

Konnektionistische Systeme, die eine lineare Aktivierungsfunktion benutzen, haben keine praktische Bedeutung, da sie nur sehr einfache Aufgaben zu lösen imstande sind. Dies ergibt sich aus dem Umstand, daß in derartigen Netzwerken die innere Ebene bedeutungslos ist (cf. Arbib 1987).

Anders dagegen bei Netzwerken, in denen sich der Aktivierungswert einer Einheit nach einer (quasi-linearen) Schwellenwert-Funktion errechnet.[8] Diese Einheiten können in der Regel nur zwei verschiedene Zustände einnehmen (0 und 1). Der Aktivierungszustand dieser Schwellenwert-Einheiten (threshold units) berechnet sich nach einer Funktion der folgenden Form:

$$a_u = \begin{cases} 1, & \text{wenn } netin_u \geq \theta; \\ 0, & \text{sonst.} \end{cases} \tag{5}$$

Die Recheneinheit ist also solange inaktiv als der Input unterhalb eines bestimmten Schwellenwertes θ liegt. Erst wenn dieser Schwellenwert überschritten wird, ist die Recheneinheit aktiv (Fig. 4.4).

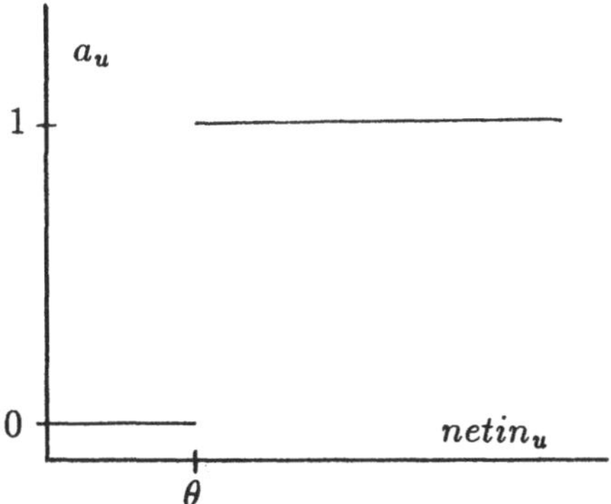

Fig. 4.4. Schwellenwertfunktion. Solange der Input $netin_u$ der Einheit u kleiner ist als ein festgelegter Schwellenwert θ, ist deren Aktivierungswert $a_u = 1$, andernfalls 0.

Bevor ich zu den beiden anderen gebräuchlichen quasi-linearen Aktivierungsfunktionen komme, möchte ich noch kurz auf den Schwellenwert θ selbst eingehen. Dieser Schwellenwert ist nicht für das gesamte Netzwerk, also für alle Recheneinheiten, einheitlich festgelegt, sondern für jede Einheit individuell verschieden. Für jede Recheneinheit des Netzwerkes muß also ein Schwellenwert θ definiert sein, so daß sich für jede Recheneinheit eine individuelle Aktivierungsfunktion ergibt. Da man aber aus Gründen der mathematischen Einfachheit (die bei der Simulation des Netzwerks durchaus eine praktische Rolle spielen kann) meist mit nur einer einzigen Aktivierungsfunktion für das gesamte Netzwerk rechnen möchte, entscheidet man sich in der Regel für ein anderes, aber äquivalentes Vorgehen. Als erstes normiert man die Aktivierungsfunktion auf einen bestimmten Schwellenwert, der für alle Einheiten gleich ist, z. B.:

$$a_u = \begin{cases} 1, & \text{wenn } netin_u \geq 0; \\ 0, & \text{sonst.} \end{cases} \tag{6}$$

---

[8] Als "Quasi-linear" wird eine Schwellenwertfunktion (und alle folgenden deterministischen Funktionen) deshalb bezeichnet, weil – obwohl nicht mehr linear – dennoch gilt, daß ein größerer Input doch zu einem größeren Aktivierungswert führt.

Die Recheneinheiten sind in diesem Fall dann aktiv, wenn ihr Input den Wert 0 übersteigt. Ist der Input kleiner oder gleich 0, ist die Einheit inaktiv. Den Effekt, den vorher der individuelle Schwellenwert der Einheit hatte, nämlich sie erst aktiv werden zu lassen, wenn der Input einen gewissen Wert übersteigt, erreicht man jetzt dadurch, daß man für jede Einheit einen zusätzlichen, inhibitorischen Input festlegt, der aber unabhängig vom Output anderer Recheneinheiten ist. Je nachdem, wie groß dieser (negative) Wert dieser "Voreinstellung" (bias) ist, desto größer muß der reguläre Input der Recheneinheit sein, um den fixierten Schwellenwert (in der Regel 0) zu überschreiten und die Einheit in einen aktiven Zustand zu überführen.

Angenommen die Voreinstellung (inhibitorischer Input) beträgt -5, dann muß die Summe der Signale von anderen Recheneinheiten den Wert $+5$ übersteigen, damit der Gesamtinput der Recheneinheit den Schwellenwert 0 übersteigt. Mit diesem Vorgehen erreicht man den gleichen Effekt wie durch eine individuelle Aktivierungsfunktion mit Schwellenwert 5. Ein individueller Schwellenwert θ für eine Recheneinheit läßt sich also durch einen zusätzlichen Input (bias) von $-\theta$ für diese Einheit ersetzen. Dazu schafft man eine zusätzliche Einheit im Netzwerk, deren Aktivierungswert unabhängig vom Zustand anderer Einheiten immer den Wert 1 hat (und deshalb meist als "true unit" bezeichnet wird) und verknüpft sie mit allen anderen Einheiten. Die Gewichtungen dieser Verbindungen (s.o.) werden dann entsprechend dem negativen Wert des erwünschten Schwellenwertes festgelegt.

Dieses Vorgehen bietet neben dem Vorteil der einfacheren Simulation noch einen anderen Vorteil: Indem die Schwellenwerte der einzelnen Recheneinheiten wie Gewichtungsfaktoren zur "true-unit" behandelt werden, lassen sie sich mit diesen zusammen während des Lernvorgangs (siehe Abschn. 4.4) verändern. Andernfalls müßten die Schwellenwerte für die einzelnen Recheneinheiten zusätzlich zu den Verbindungsgewichten verändert werden.

Die nächste quasi-lineare Aktivierungsfunktion, die ich vorstellen möchte, bewirkt, daß der Aktivierungszustand der Recheneinheit in einem beschränkten Bereich linear vom Input abhängt. Durch Angabe eines minimalen und eines maximalen Wertes wird (anders als bei der zuerst beschriebenen linearen Aktivierungsfunktion) der Bereich in dem der Aktivierungswert variieren kann, eingeschränkt. Eine derartige Funktion hat z.B. folgende Form: Graphisch ist diese Funktion in Fig. 4.5 veranschaulicht.

$$a_u = \begin{cases} 0, & \text{wenn } netin_u \leq m; \\ 1, & \text{wenn } netin_u \geq M; \\ netin_u, & \text{sonst.} \end{cases} \tag{7}$$

Die im folgenden zu beschreibende Sigmoid-Funktion spielt in der Praxis die größte Rolle. Sie stellt in gewisser Weise eine Vereinigung aller bisher betrachteten Aktivierungsfunktionen dar. Mit ihr ließen sich bislang auch die besten Ergebnisse erzielen.

$$a_u = \frac{1}{1 + e^{-netin_u/T}} \tag{8}$$

Der Input $netin_u$ geht in dieser Formel als negativer Exponent der natürlichen Zahl e ein. Der Parameter T (≥ 0), der im Nenner dieses Exponenten auftritt, ist für die Steigung der Sigmoid-Kurve verantwortlich, durch die diese Funktion repräsentiert wird. Je steiler die Kurve, desto kleiner ist der Übergangsbereich zwischen niedrigen und hohen

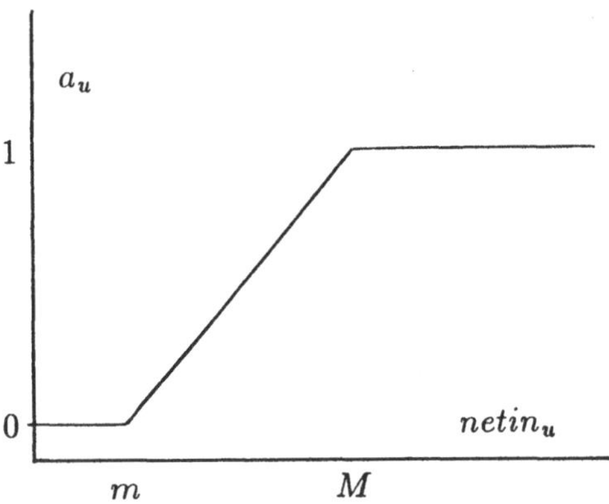

Fig. 4.5. Schwellenwertfunktion mit linearem Übergangsbereich. Der Aktivierungswert a_u bleibt bei einem Input $netin_u$ unter- bzw. überhalb der festgelegten Schranken M bzw. m konstant (hier 0 oder 1). Zwischen diesen Schranken ändert sich der Aktivierungswert a_u der Einheit linear zu ihrem Input $netin_u$.

Aktivierungswerten und desto mehr nähert sich die Kurve der einfachen Schwellenwertfunktion von Fig. 4.4. Je flacher die Kurve ausfällt, desto ähnlicher wird sie der linearen Funktion von Fig.4.3. Unabhängig von T liegen die mögliche Aktivierungswerte jedoch zwischen den Extremwerten 0 und 1 (Fig. 4.6).

Diese Funktion kann daher als Schwellenwertfunktion mit einem kontinuierlichen Übergangsbereich betrachtet werden. Wie "hart" dieser Übergangsbereich ausfällt ist vom Wert des Parameters T abhängig. Ein individueller Schwellenwert für jede Einheit wird hier in gleicher Weise wie bei der oben beschriebenen Schwellenwertfunktion mit diskretem Übergang realisiert, nämlich durch einen entsprechenden negativen Input von einer "True-Unit".

Wie man sich vorstellen kann, gibt es unzählige Variationen dieser bisher vorgestellten Aktivierungsfunktionen. Gemeinsam ist ihnen, daß der der Aktivierungszustand der Einheit vollständig durch ihren Input determiniert ist.

Im Gegensatz zu diesen *deterministischen* Aktivierungsfunktionen bestimmt der Input bei der Verwendung *stochastischer* Aktivierungsfunktionen nur die *Wahrscheinlichkeit*, mit der sich eine Einheit in einem bestimmten Aktivierungszustand befindet. Kann eine Recheneinheit nur die Zustände "aktiv" und "inaktiv" bzw. 1 und 0 einnehmen, dann würde ein Input, aus dem sich beispielsweise eine Wahrscheinlichkeit für "aktiv" von $0,9$ errechnet, dafür sorgen, daß die Einheit in 90 Prozent aller Fälle tatsächlich aktiv ist.

Die gebräuchlichste stochastische Aktivierungsfunktion – und auf diese möchte ich mich hier beschränken – ergibt sich aus folgender Gleichung:

$$p(a_u = 1) = \frac{1}{1 + e^{-netin_u/T}} \tag{9}$$

Wie man leicht erkennt, hat sie große Ähnlichkeit zur vorher beschriebenen Sigmoid-Funktion. Der Unterschied besteht darin, daß ihr Wert nicht den Aktivierungszustand der Einheit angibt, sondern die Wahrscheinlichkeit dafür, daß die Einheit den Zustand

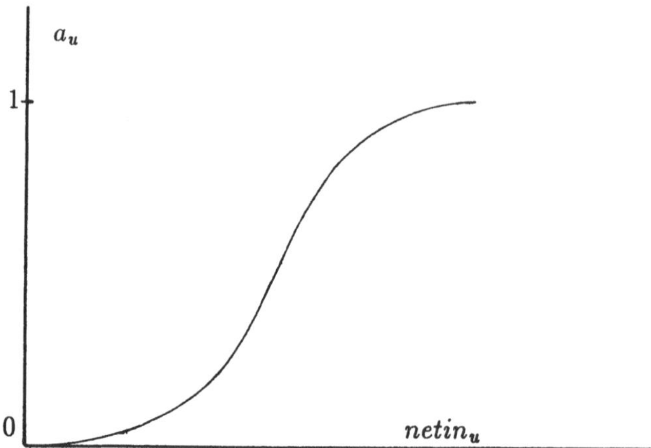

Fig. 4.6. Sigmoid-Funktion. Der Aktivierungswert a_u der Einheit u steigt nicht-linear mit ihrem Input $netin_u$. Für sehr kleine oder sehr große Werte von $netin_u$ nähert sich die Kurve asymptotisch den Grenzwerten 0 und 1. Die Größe des Parameters T legt fest, wie steil der Aktivierungswert im Übergangsbereich ansteigt.

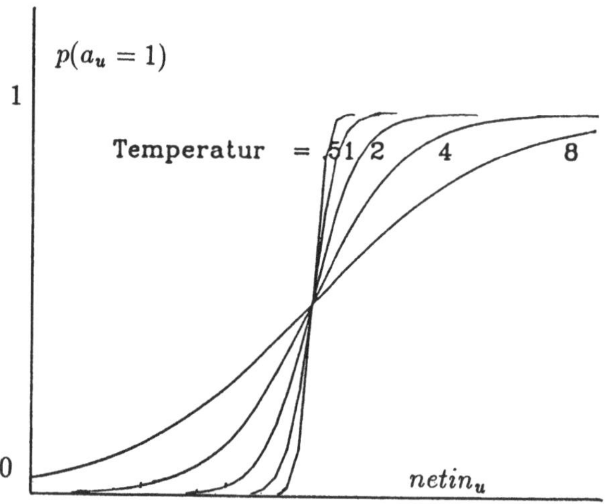

Fig. 4.7. Stochastische Sigmoid-Funktion für unterschiedliche T. Anders als bei der deterministischen Sigmoid-Funktion ist auf der Ordinate die *Wahrscheinlichkeit* abgetragen, mit der der Aktivierungswert der Einheit u den Wert 1 erhält. Je größer der Parameter T wird, desto flacher ist die Kurve, d.h. desto größer ist der Einfluß des Zufalls bei der Bestimmung des Aktivierungswertes.

1 hat (Siehe Fig. 4.7; man beachte, daß die Ordinate nicht den Aktivierungswert der Einheit angibt, sondern die Wahrscheinlichkeit, mit der die Einheit aktiv ist).

Ein besondere Bedeutung gewinnt in diesem Fall der Parameter T. Bei großem T ist die Kurve sehr flach. Dies bedeutet, daß der Zufall eine große Rolle dabei spielt, welchen Aktivierungszustand die Einheit annehmen wird. Je mehr T gegen 0 geht, d.h. je steiler die Kurve ist, desto kleiner wird der Übergangsbereich, in dem sich der Zufall auswirkt. Je kleiner T wird, desto "deterministischer" wird also die Funktion. In diesem Fall gilt: Ist der Input der Einheit kleiner als 0, ist es extrem unwahrscheinlich, daß die

Einheit aktiv ist; hat der Input aber den Wert 0 überschritten, ist sie mit an Sicherheit grenzender Wahrscheinlichkeit aktiv.

Indem man T während eines Input-Output-Zyklus von einem hohen Wert langsam gegen 0 gehen läßt, kann man eine stark stochastische Aktivierungsfunktion langsam in eine stark deterministische überführen. Dadurch läßt sich vermeiden, daß das System in einem Zustand verharrt, der nicht der stabilste Zustand ist. Durch den stochastischen Charakter der Aktivierungsfunktion gelangt das System wieder aus derartigen "lokalen" Minima heraus. Andererseits soll es natürlich – wenn es das absolute Minimum gefunden hat – möglichst in diesem bleiben. Deshalb macht man die Aktivierungsfunktion während eines Input-Output-Zyklus immer deterministischer. Da die obige Gleichung aus der Thermodynamik stammt, und T dort die Temperatur repräsentiert, wird T oft auch in Zusammenhang mit konnektionistischen Netzwerken als "Temperatur" des Systems bezeichnet. Der Vorgang, T während des Rechenprozesses langsam gegen 0 gehen zu lassen, wird entsprechend "simulierte Abkühlung" (simulated annealing) genannt.

Bevor ich dazu übergehe, die Informationsverarbeitung in konnektionistischen Systemen auf einer globalen Ebene zu beschreiben noch kurz zu der In- bzw. der Output-Funktion. Die gebräuchlichste Input-Funktion habe ich bereits im letzten Abschnitt dargestellt: Der Input der Recheneinheit $netin_u$ ist die Summe der Aktivierung, die von anderen Einheiten des Netzes (einschließlich der "True-Unit") auf diese Recheneinheit übertragen wird. Der Wert, der von den einzelnen Einheiten übertragen wird, ist deren jeweiliger Output out_i, gewichtet durch die Verbindungsstärken w_{ui} zwischen den beiden Einheiten (Siehe Formel (1)).

Obwohl dies die bei weiten gebräuchlichste Input-Funktion ist, sollte man sich darüber im klaren sein, daß viel kompliziertere Verknüpfungen der einzelnen Verbindungen möglich sind. Gerade im Hinblick auf die Frage der biologischen Adäquatheit künstlicher neuronaler Netze ist anzunehmen, daß die einfache Summation der einzelnen Signale nicht hinreicht, um biologische Netzwerke zu simulieren, da die Synapsen der Nervenzellen in weit komplizierter – und zum Teil noch unbekannter – Weise die Aktivität des postsynaptischen Neurons beeinflussen.

Die Output-Funktion ist in der Regel einfach eine Identitätsrelation: Der Output der Recheneinheit ist mit ihrem Aktivierungszustand identisch. Da, wo der Output nicht identisch mit dem Aktivierungswert ist, spielt meist ein Schwellenwert eine Rolle. Da es aber einfacher ist, diesen durch eine negative Voreinstellung (bias) zu erzielen, verzichtet man in der Regel darauf, einen Schwellenwert durch eine spezielle Output-Funktion einzuführen. Allerdings könnte man durch einen *zusätzlichen* Output-Schwellenwert evtl. einen zweistufigen Schwellenwert erreichen, wie er in biologischen Nervensystemen manchmal vorzukommen scheint.

Zum Schluß dieses Abschnitts möchte ich die wichtigsten Punkte zur lokalen Informationsverarbeitung in konnektionistischen Systemen noch einmal zusammenfassen. Eine Recheneinheit überträgt ihren Output gleichermaßen auf viele andere Einheiten. Für jede Verbindung zwischen zwei Einheiten ist ein Gewichtungsfaktor festgelegt, der angibt, in welcher Stärke der Output einer Einheit auf die nächste Einheit einwirkt. Jede Einheit addiert alle Signale, die sie von anderen Einheiten erhält, und errechnet daraus nach einer bestimmten Aktivierungsfunktion ihren Aktivierungszustand. Diese Aktivierungsfunktion ist in der Regel eine – deterministische oder stochastische – nichtlineare Funktion. Bei einer deterministischen Aktivierungsfunktion wird der Aktivierungszustand der Recheneinheit durch den Input in eindeutiger Weise festgelegt, während bei Verwendung einer stochastischen Aktivierungsfunktion der Input nur die Wahrscheinlichkeit für einen bestimmten Aktivierungszustand festlegt. Der Output einer Recheneinheit ist meist identisch mit ihrem Aktivierungswert. In den Worten von Rumelhart, Hinton und McClelland:

> "Die Aufgabe einer Einheit besteht einfach darin, den Input ihrer Nachbarn zu empfangen, und, als eine Funktion der empfangenen Inputs, einen Output-Wert zu berechnen, den sie zu ihren Nachbarn sendet." (1986; 47)

4.2.2 Globale Informationsverarbeitung

Interessiert man sich weniger für das Verhalten der einzelnen Recheneinheiten, sondern möchte man das Verhalten des gesamten Netzwerks bzw. größerer Teile davon betrachten, muß man die Informationsverarbeitung des Netzwerks auf einer *globalen* Ebene beschreiben.

Wie oben bereits dargestellt, sind die Einheiten des Netzwerks zu einzelnen Schichten oder Ebenen zusammengefaßt. Die Einheiten, deren Input durch den Benutzer des Systems bzw. durch die Umgebung bestimmt wird, bilden die Input-Ebene. Einheiten, deren Output als Teil des (globalen) Outputs gelten, bilden die Output-Ebene. Die Einheiten der inneren oder versteckten Ebene sind dadurch charakterisiert, daß sich ihr Input ausschließlich aus der Aktivität anderer Einheiten ergibt und daß ihr Output ausschließlich auf andere Einheiten übertragen wird.

Der Aktivierungszustand mehrerer Recheneinheiten läßt sich als Vektor darstellen. Ein Vektor ist – mathematisch gesehen – ein Objekt, auf das eine Reihe bestimmter Merkmale zutrifft. Dazu gehört beispielsweise, daß für diese Objekte eine (assoziative und kommutative) Addition sowie die Multiplikation mit einer reellen Zahl definiert ist, daß es zu jedem dieser Objekte ein inverses Element und innerhalb einer Menge dieser Gegenstände (dem Vektorraum) ein neutrales Element gibt. Die exakte Definition ist hier nicht wichtig. Allerdings sollte klar sein, daß etwas nicht aufgrund seines Aussehens zum Vektor wird, sondern dadurch, daß es bestimmte mathematische Eigenschaften hat.[9]

Im Augenblick genügt es, einen Vektor als ein n-Tupel von Zahlen zu betrachten.

In diesem Sinn ist es unmittelbar einsichtig, warum sich der Aktivierungszustand mehrerer Recheneinheiten als Aktivierungsvektor darstellen läßt. Spricht man allgemein von *dem* "Aktivierungsvektor" des Netzwerks, so meint man in der Regel einen Vektor, dessen Komponenten die Aktivierungswerte *aller* Recheneinheiten angeben. Analog dazu geben Input-Vektor, Output-Vektor und innerer Vektor die Aktivierungszustände der Einheiten in der jeweiligen Ebene wieder.

Das globale Verhalten des Netzwerks kann nun mit Hilfe dieser Vektoren beschrieben werden. Der (globale) Input des Netzes wird als Vektor betrachtet, dessen Komponenten die Aktivierungswerte der einzelnen Input-Einheiten angeben. Das System erhält einen bestimmten Input, indem der Aktivierungswert der einzelnen Input-Einheiten festgelegt wird. (Wie dies im Detail geschieht, soll hier nicht interessieren.) Die einzelnen Einheiten

---

[9] Dieser Punkt wird beim Vergleich symbolischer und konnektionistischer Informationsverarbeitung eine wichtige Rolle spielen.

geben ihren Aktivierungswert an alle nachfolgenden Einheiten der inneren Ebene weiter. Die Folge dieser Aktivierungsübertragung ist ein bestimmter Aktivierungszustand der zur inneren Ebene gehörenden Einheiten.

Da sich auch der Aktivierungszustand aller inneren Einheiten als Vektor darstellen läßt, kann man diesen Vorgang als Weitergabe eines Aktivierungsvektors von der Input-Ebene zur inneren Ebene betrachten. Analoges gilt für alle aufeinanderfolgenden Ebene bis hin zur Output-Ebene. In einem "feed forward"-Netzwerk, in dem die Aktivierung ausschließlich in eine Richtung von der Input-Ebene durch die inneren Ebene(n) bis zur Output-Ebene übertragen wird, ist der Verarbeitungsvorgang abgeschlossen, wenn die Aktivierung in den Output-Einheiten angekommen ist.

Für "feed back"-Netzwerke, bei denen die Aktivierung "späterer" (d.h. näher zur Output-Ebene hin liegende Einheiten) wieder zurück auf "frühere" Einheiten übertragen wird, bietet sich ein etwas anderes Bild an: Hier betrachtet man zweckmäßigerweise den gesamten Aktivierungsvektor des Systems (also die Aktivierungswerte aller Recheneinheiten). Durch die Veränderung bestimmter Komponenten in diesem Aktivierungsvektor (Input) ändert sich automatisch der Wert anderer Komponenten (von denen manche den Wert der Output-Einheiten darstellen).

Im Gegensatz zu "feed forward"-Netzwerken (die man natürlich ebenfalls in dieser Weise betrachten kann) ist die Veränderung in "feed back"-Netzwerken innerhalb eines bestimmten Zeittakts nicht auf Einheiten einer Ebene beschränkt. Die Veränderung der Aktivität der Input-Einheiten zu t_0 mag zu t_1 ausschließlich eine Veränderung der inneren Einheiten zur Folge haben, aber bereits zu t_2 kann die veränderte Aktivität der inneren Einheiten eine Veränderung nicht nur der Output-Einheiten, sondern auch eine Veränderung der Input-Einheiten bewirken usw. Ein derartiges Netzwerk ist ein dynamisches System, in dem Sinn, daß sich die Aktivierungswerte von Einheiten aus verschiedenen Ebenen in einer ganzen Serie von Schritten immer wieder gegenseitig beeinflussen. Erst wenn keine Veränderungen mehr stattfinden – das System sich also stabilisiert hat – wird der Wert der Output-Einheiten als der globale Output gewertet. Das Bild von der Umwandlung des Input- in einen Output-Vektor gerät in diesem Fall etwas schief. Besser ist es, *einen* Vektor (den gesamten Aktivierungsvektor) zu betrachten, der sich während eines Input-Output-Zyklus immer wieder verändert, bis er sich auf einen stabilen Zustand eingependelt hat.

Als nächstes ist der Begriff des "Zustandsraums" und einer "Trajektorie" durch diesen Zustandsraum zu klären. Ein n-dimensionaler Vektor (ein Vektor mit n Komponenten) ist ein Element eines n-dimensionalen Vektorraums, wobei der Vektorraum aus der Menge aller n-dimensionalen Vektoren besteht (für ein bestimmtes n).[10] Vektoren und Vektorräume werden im allgemeinen geometrisch interpretiert. Für $n = 2$ bzw. $n = 3$ läßt sich meist eine anschauliche Interpretation in der Ebene bzw. des Raums geben. Zum Beispiel repräsentiert der Vektor $A = \langle 2, 3 \rangle$ den Punkt des zweidimensionalen Raums (der Ebene), der vom Ursprung zwei Einheiten in Richtung einer Dimension und drei Einheiten der anderen Dimension entfernt ist.

---

[10]In der Mathematik ist es üblich, zuerst den Vektorraum als eine Menge von Elementen zu definieren, die u.a. die oben genannten Bedingungen erfüllen, und Vektoren dann als Elemente dieses Vektorraums einzuführen. Ich bin hier den umgekehrten Weg gegangen, was aber nicht weiter stören sollte. Auch im folgenden werde ich keinen Wert auf mathematische Vollständigkeit und Strenge legen, sondern der Anschaulichkeit den Vorzug geben.

Obwohl der Zustandsvektor eines konnektionistischen Systems diesen Bereich anschaulicher Darstellung weit übersteigt, behält man doch die allgemeine Redeweise bei und betrachtet einen n-dimensionalen Zustandsvektor (wobei n = Anzahl der Recheneinheiten) als "Punkt" in einem n-dimensionalen Zustandsraum. Der Zustandsraum eines konnektionistischen Systems entspricht also dem Vektorraum der Aktivierungsvektoren und ist die Menge der möglichen Aktivierungszustände der Einheiten eines Netzwerks.[11] Jeder mögliche Zustand des Netzwerks zu einem bestimmten Zeitpunkt stellt einen Punkt in diesem abstrakten Zustandsraum der Aktivierungsvektoren dar.

Betrachtet man nun alle aufeinanderfolgenden Punkte in diesem Zustandsraum, die den Zustand des Netzwerks zu einem bestimmten Zeitpunkt darstellen, dann ergibt sich eine Trajektorie (eine Bahn) durch diesen Zustandsraum. Je nachdem, ob man diskrete Zeitpunkte oder ein Zeitkontinuum annimmt, ergibt sich eine diskrete oder eine kontinuierliche Trajektorie. Sie stellt den Weg dar, den der Aktivierungsvektor des Netzwerks während eines Input-Output-Zyklus, d.h. vom Anfangszustand zum Endzustand durch seinen Zustandsraum nimmt. In Fig. 4.8 ist ein 3-dimensionaler Zustandsraum mit einer möglichen Trajektorie abgebildet.

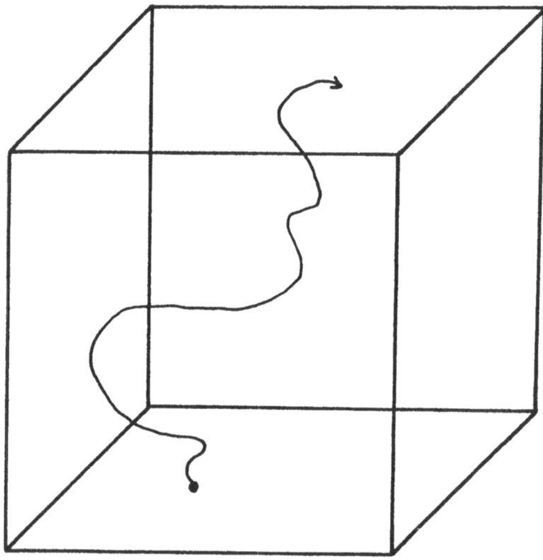

Fig. 4.8. Trajektorie durch einen 3-dimensionalen Zustandsraum. Der Pfeil stellt den Weg dar, den der Aktivierungsvektor während eines Input-Output-Intervalls im Zustandsraum evtl. einschlagen kann.

Kehrt man einen Moment zu der Vorstellung von der Übertragung eines Aktivierungsvektors von einer Ebene zur nächsten zurück und fragt sich, wie es sein kann, daß die einzelnen Input-Vektoren zu unterschiedlichen Output-Vektoren führen können, erkennt man, daß es allein die Verbindungsgewichte sind, die bestimmen, welcher der

---

[11]Um eine Vorstellung von den in der Forschung tatsächlich verwendeten Zustandsräume zu geben: Ritter (1989) verwendete bei der Simulation der somatotopischen Repräsentation der Handoberfläche ein Gitternetzwerk (Kohonen-Netz) mit 128 × 128 Recheneinheiten. Daraus ergibt sich ein 16.384-dimensionaler Zustandsraum.

möglichen Output-Vektoren sich aus einem bestimmten Input-Vektor ergibt – die Aktivierungsfunktionen der einzelnen Recheneinheiten gelten ja für beliebige Inputs.

Im folgenden soll gezeigt werden, wie die Aktivierungsübertragung von einer Ebene zur nächsten auf einer globalen Ebene beschrieben werden kann. Dazu werde ich der Einfachheit halber nur Netzwerke betrachten, die nur aus einer Input- und einer Output-Ebene bestehen, also über keine innere Ebene verfügen. Weiter soll angenommen werden, daß der Aktivierungswert einer Einheit gleich ihrem (lokalen) Input ist.

Im vorherigen Abschnitt wurde gezeigt, wie die Aktivität einer Recheneinheit die einer anderen beeinflußt. Dabei wurde klar, daß sich der (lokale) Input einer Recheneinheit aus all den Signalen zusammensetzt, die es aus benachbarten Einheiten erhält. Die Stärke der einzelnen Signale ergibt sich aus dem gewichteten Output der entsprechenden Einheit. Möchte man den (lokalen) Input – und im betrachteten Fall damit den Aktivierungszustand – einer Einheit in Abhängigkeit des Aktivierungszustands der gesamten Input-Ebene (also des Input-Vektors) berechnen, so multipliziert man jede Komponente des Input-Vektors mit dem entsprechenden Gewichtungsfaktor für diese Verbindung.

Die Gewichtungsfaktoren für die Verbindungen aller Input-Einheiten mit *einer* Recheneinheit der Output-Ebene bilden ein n-Tupel reeller Zahlen und können ebenfalls als Vektor, dem *Gewichtungsvektor*, betrachtet werden. Der Aktivierungszustand *einer* bestimmten Output-Einheit ergibt sich damit aus der Multiplikation des Input-Vektors für diese Einheit.

Ein Beispiel: Angenommen die Input-Ebene besteht aus vier Recheneinheiten, die alle mit einer bestimmten Einheit u der Output-Ebene verknüpft sind. Der Gewichtungsfaktor der Verbindung der ersten Input-Einheit mit der betrachteten Output-Einheit sei 2, die zweite Verbindung habe den Gewichtungsfaktor -3, die dritte 4 und die vierte 3. Der Vektor der Verbindungsgewichte ist dann $W = \langle 2, -3, 4, 3 \rangle$. Bei einem angenommenen Input-Vektor $I = \langle 1, 4, 3, 5 \rangle$ ergibt sich der (lokale) Input $netin_u$ der betrachteten Output-Einheit u als das (innere) Produkt aus diesen beiden Vektoren. Um das Produkt beider Vektoren zu erhalten, multipliziert man die entsprechenden Komponenten miteinander und addiert die einzelnen Teilergebnisse. Im Beispiel: $(2 \times -1) + (-3 \times 4) + (4 \times 3) + (3 \times 5) = 13$. Die betrachtete Output-Einheit erhält also den Input (und damit den Aktivierungswert) $netin_u = a_u = 13$.

Dieses Vorgehen läßt sich für die simultane Berechnung der Aktivierungszustände *aller* Output-Einheiten verallgemeinern. Die Gewichtungs*vektoren* der Input-Ebene mit den einzelnen Einheiten der Output-Ebene werden zu einer Gewichtungs*matrix* $\overline{W}$ zusammengefaßt. Es genügt hier, ein Matrix als eine Aneinanderreihung einzelner Vektoren zu betrachten. Die Komponenten der Gewichtungsmatrix geben damit für je zwei Einheiten deren Verbindungsgewicht an.

Der Output-Vektor O eines Netzwerks ergibt sich dann einfach aus der Multiplikation des Input-Vektors I mit der Gewichtungsmatrix $\overline{W}$. Das Ergebnis einer Multiplikation eines Vektors mit einer Matrix ist wieder ein Vektor, in diesem Fall eben der gesuchte Output-Vektor:[12]

---

[12]Die Multiplikation eines Vektors mit einer Matrix möchte ich hier nicht ausführen. Für Interessierte verweise ich auf Jordan (1986). Dort werden die Begriffe und Operationen der linearen Algebra im Hinblick auf die Anwendung bei konnektionistischen Systemen in nicht-technischer Weise dargestellt.

$$O = I \times \overline{W}. \tag{10}$$

Die Arbeitsweise eines Netzwerks besteht also – formal gesehen – im Grunde darin, einen Vektor in einen anderen Vektor zu transformieren. Bei dieser Darstellung wird deutlich, daß es dabei im wesentlichen auf die Gewichtungsmatrix ankommt. Deren Werte entscheiden, welcher Output-Vektor sich aus einem gegebenen Input-Vektor ergibt. In der konnektionistischen Literatur findet sich daher oft die Aussage, daß das gesamte "Wissen" des Systems in der Gewichtungsmatrix enthalten ist. Die Suche nach einer geeigneten Gewichtungsmatrix für ein bestimmtes System zur Lösung einer Aufgabe ist daher von zentralem Interesse für die konnektionistische Informationsverarbeitung. Was konnektionistische Systeme so interessant und den Umgang mit größeren Netzwerken überhaupt praktikabel macht, ist ihre Fähigkeit, diese Gewichtungsmatrix für eine bestimmte Aufgabe selbst zu finden. Diesen Vorgang werde ich in Abschnitt 4.3 darstellen, wo es darum gehen soll, wie konnektionistische Netze ihre Gewichtungsmatrix "lernen".

Doch vorher noch einmal zurück zum Zustandsraum des Netzwerks und zur Trajektorie, die den zeitlichen Verlauf des Zustandsvektors in diesem Raum darstellt. Wie eben dargestellt wurde, wird dieser Verlauf ausschließlich von der Gewichtungsmatrix bestimmt. Die einzelnen Gewichtungen zwischen zwei Einheiten werden oft als Bedingungen (constraints) zwischen den Aktivierungszuständen der Einheiten betrachtet (und damit als Bedingungen zwischen den repräsentierten Entitäten). Ein großer positiver Gewichtungsfaktor der Verbindung von A nach B legt fest, daß B dann aktiv sein sollte, wenn A aktiv ist; ein großer negativer Gewichtungsfaktor fordert, daß B nicht gleichzeitig mit A aktiv sein sollte.[13] Ein Verbindungsgewicht um den Nullpunkt läßt sich dann so interpretieren, daß B weitgehend unabhängig von A ist.

Ein großer Vorteil der Kodierung der Bedingungsverhältnisse zwischen zwei Einheiten durch die Verbindungsgewichte ist, daß diese Bedingungen sehr flexibel gehandhabt werden können. Im Gegensatz dazu müssen die Regeln eines deduktiven Systems strikt befolgt werden. Ausnahmen sind zwar möglich, müssen aber wieder in Form strikter Regeln angegeben werden.

Ein hohes Verbindungsgewicht zwischen zwei Einheiten drückt dagegen keine unumgehbare Bedingung aus, sondern nur eine mehr oder weniger starke Abhängigkeit der jeweiligen Aktivierungszustände, die jederzeit durch die Aktivität an anderer Stelle des Netzwerks unterdrückt werden kann. Aufgrund dieser Eigenschaft wird in der Konnektionismus-Literatur oft von "soft constraints" gesprochen, die das System berücksichtigt. Da praktisch alle Verbindungsgewichte eine dieser "weichen" Bedingungen kodieren, kann die Arbeitsweise eines konnektionistischen Systems als der Versuch verstanden werden, *gleichzeitig* eine möglichst große Anzahl dieser flexiblen Bedingungen möglichst gut zu erfüllen.[14]

Im Normalfall wird es nicht möglich sein, allen diesen Bedingungen vollständig gerecht zu werden, d.h. es gibt keinen Zustand des Netzwerks, bei dem nicht an irgend-

---

[13]Entsprechendes gilt für Einheiten mit mehreren Aktivierungszuständen oder einem Aktivierungskontinuum: Ein hohes positives Verbindungsgewicht von A nach B besagt, daß bei hohem Aktivierungszustand von A der Aktivierungszustand von B auch hoch sein sollte.

[14]Das oben erwähnte Netzwerk von Ritter (1989) ist – so gesehen – ein System, das versucht, gleichzeitig mehr als 13 Millionen (flexibler) Bedingungen Rechnung zu tragen. Das von Ritter benutzte Netzwerk dürfte zwar zu den größten gegenwärtig untersuchbaren Netzwerken zählen, man stelle sich daneben aber – wenn möglich – das entsprechende deduktive Regelsystem vor.

einer Stelle der tatsächliche Aktivierungszustand zweier Einheiten nicht dem Verhältnis entspricht, das die Verbindungsgewichte eigentlich "vorschreiben". Dennoch tendiert das Netzwerk dazu, in einen Zustand zu gelangen, der allen Verbindungsgewichten soweit wie möglich Rechnung trägt und damit die durch sie kodierten Bedingungen so wenig wie möglich verletzt. Dieser Zustand ist stabil bzw. "harmonisch", in dem Sinn, als in diesem Zustand die Gewichtungsmatrix optimal berücksichtigt wird. Jeder andere Aktivierungsvektor würde zu einer stärkeren Verletzung der flexiblen Bedingungen führen.[15]

Damit ergibt sich folgendes Bild konnektionistischer Informationsverarbeitung:[16] Wird der Aktivierungsvektor, der den Gesamtzustand eines stabilen Netzwerks beschreibt, an einer Stelle geändert (Input), sind die Abhängigkeiten zwischen den einzelnen Komponenten nicht mehr optimal erfüllt: das System ist in einem instabilen, disharmonischen Zustand. Das System stellt einen neuen harmonischen Zustand her, indem es die Aktivierungswerte der Einheiten ändert, bis es diesen wieder Zustand erreicht hat.[17] Dieser Vorgang, bei dem sich das Netzwerk den stabilsten (oder harmonischsten oder energieärmsten) Zustand sucht, wird durch eine Trajektorie im Zustandsraum beschrieben. (Die Punkte im Vektorraum, die stabile Zustände darstellen, werden als "Attraktoren" bezeichnet.) Ist ein stabiler Zustand erreicht, gilt ein Teilvektor des gesamten Aktivierungsvektors als der Output des Systems (der Output-Vektor). Smolensky bezeichnet dies als das "Best Fit Principle":

> "Zur Hervorbringung des Outputs berechnet das Netzwerk den Aktivierungszustand, der die gesamte Menge der flexiblen Bedingungen maximal erfüllt: Es findet die Aktivierungen, die hinsichtlich der statistischen Bedingungen, die in den Verbindungen kodiert sind, *am besten* zum Input *passen*." (unv.; ch. 3, cf. auch Smolensky 1987; 103f.)

Der prinzipielle Mechanismus, nach dem konnektionistische Systeme arbeiten, ist damit weniger der einer Berechnung, bei der Symbole sukzessive manipuliert werden, als vielmehr eine *Relaxion*: Das Netzwerk "sucht" den jeweils stabilsten Zustand als Gleichgewicht zwischen Input (der Umgebung) und der Gesamtheit der Verbindungsgewichte (innerer Zustand) einzunehmen. In den Worten der Thermodynamik: Das System bewegt sich hin zum Zustand der größtmöglichen Entropie.[18]

---

[15] Dieser hier intuitiv eingeführte Begriff des stabilsten oder harmonischsten Zustands eines Netzwerks kann auf relativ einfache Weise mathematisch präzisiert werden: man vergleicht (für alle Einheiten) die tatsächlichen Aktivierungswerte zweier Einheiten mit den Werten, die durch die Verbindungsgewichte eigentlich verlangt werden. Daraus ergibt sich ein Maß für die Harmonie des Netzwerks (cf. Smolensky 1986).

[16] Das folgende gilt im Prinzip für alle konnektionistischen Systeme, allerdings wird nur es im Zusammenhang mit dynamischen Systemen, also Systemen, bei denen sich der Verarbeitungsvorgang über eine ganze Serie von Zeitpunkten erstreckt, besonders deutlich. Für einfache Systeme schrumpft diese Serie oft auf die zwei Endpunkte: den Zeitpunkt des Inputs und den des Outputs.

[17] Zu jedem möglichen Input gibt es genau einen stabilen Zustand des gesamten Netzwerks. Natürlich muß es unterschiedliche stabile Zustände geben (und damit verschiedene Outputs), sonst wäre das ganze Netzwerk witzlos.

[18] Es ist überhaupt eine interessante Tatsache, daß die mathematischen Formalismen zur Beschreibung konnektionistischer Systeme im wesentlichen denen der Thermodynamik entsprechen. Sollten sich konnektionistische System als geeignete Erklärungsmodelle der menschlichen Informationsverarbeitung herausstellen, hieße das, daß die menschliche Informationsverarbeitung mit den formalen Mitteln der Thermodynamik beschreibbar wäre, bzw. auf diese reduziert werden könnte.

Nachdem die Mechanismen der Informationsverarbeitung auf der lokalen und globalen Ebene eines Netzwerks jetzt klar sein dürften, fällt es vielleicht doch schwer einzusehen, wie ein Netzwerk mit einigen einfachen, untereinander verbundenen Rechenheiten interessante Aufgaben lösen kann. Ich werde dazu im folgenden als Beispiel ein Netzwerk darstellen, das in der Lage ist, eine nicht-triviale Aufgabe zu lösen (NETtalk). Man sollte sich aber darüber im klaren sein, daß dieses Beispiel sich nur auf eine *spezielle Netzwerkarchitektur* bezieht. Der Ausdruck 'konnektionistisches System' steht – ähnlich wie 'von-Neumann-Maschine' – für eine Vielzahl verschiedener Systeme. Allen gemeinsam ist jedoch die große Anzahl einfacher, dicht untereinander verknüpfter Rechenheiten und das "Bestreben", einen möglichst stabilen Zustand einzunehmen.

4.2.3 Ein Beispiel: NETtalk

Ich werde die Verarbeitungsprozesse auf den verschiedenen Ebenen kurz anhand des Beispiels von NETtalk verdeutlichen. NETtalk ist ein von Sejnowski und Rosenberg (1987) konstruiertes konnektionistisches System, dessen Aufgabe es ist, englischen Text in Lautsprache umzuwandeln. Dabei werde ich an manchen Stellen auf das Lernen in konnektionistischen Systemen und auf Aspekte der Repräsentation eingehen müssen, die ich aber hier nicht detailliert ausführen werde. Diese Punkte werden im nächsten bzw. übernächsten Abschnitt diskutiert. Vorauszuschicken ist, daß es bei der Entwicklung von NETtalk nicht darum ging zu zeigen, daß ein konnektionistisches System eine Aufgabe lösen kann, die von einem konventionellen System nicht gelöst werden könnte. Es sollte damit nur gezeigt werden, mit welchen einfachen Mitteln ein konnektionistisches System dies kann und – ein zentraler Gesichtspunkt – daß das System selbst lernt, wie die Buchstaben auszusprechen sind.

Das Problem bei der Umwandlung geschriebener Sprache in Lautschrift besteht in erster Linie darin, daß es keine eindeutige Zuordnung von Buchstaben zu Lauten gibt (vergl. z.B. die unterschiedliche Aussprache des a's in 'have' und 'brave' oder die der beiden c's in 'conceptual'). Ein System, das dieses Problem meistert, muß den Wort-Kontext berücksichtigen, in dem die Buchstaben auftreten.

Die Input-Ebene von NETtalk besteht aus insgesamt 203 Einheiten, die auf sieben Gruppen zu je 29 Einheiten aufgeteilt sind. Jeder dieser 29 Einheiten repräsentiert einen Buchstaben des Alphabets (plus Leerzeichen, Komma und Punkt). In jeder der sieben Gruppen ist jeweils genau eine Einheit aktiv, die 203 Einheiten repräsentieren damit eine Folge von sieben Buchstaben, wobei der vierte Buchstabe der Zielbuchstabe ist, dessen Aussprachemerkmale gefunden werden sollen.Die restlichen sechs Buchstaben bilden den Kontext des Zielbuchstabens.

Jede Einheit der Input-Ebene ist mit allen Einheiten der inneren Ebene verknüpft. Die innere Ebene besteht aus 80 Einheiten, so daß sich insgesamt 16.240 Verknüpfungen zwischen Input-Ebene und innerer Ebene ergeben. Die Output-Ebene besteht aus 26 Einheiten, die die Aussprachemerkmale der englischen Sprache repräsentieren (z.B. labial, glottal, frikativ, betont usw.). Jeder dieser Ausgabeeinheiten ist mit allen 80 Einheiten der inneren Ebene verbunden (= 2.080 Verbindungen).

Der Input besteht aus jeweils einer Folge von sieben Buchstaben, die durch die Aktivität von genau sieben Input-Einheiten der Input-Ebene repräsentiert ist (eine aus jeder Gruppe). Die Input-Einheiten können bei NETtalk nur die Aktivierungswerte 0

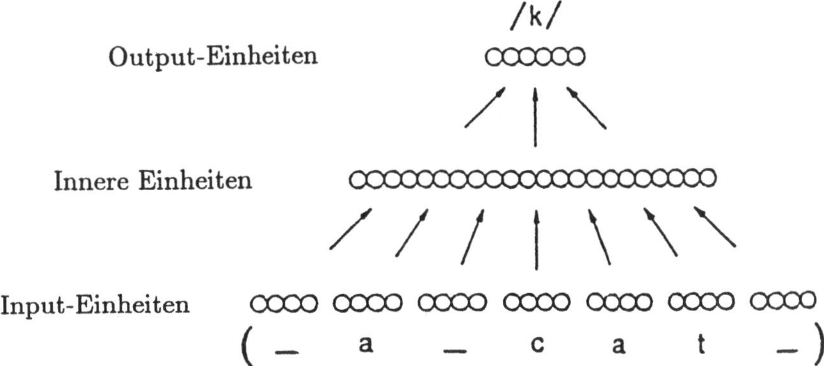

Fig. 4.9. Schematische Darstellung von NETtalk nach Sejnowski und Rosenberg 1987. Die Input-Ebene besteht aus 7 Gruppen von Input-Einheiten. Jede dieser Gruppen repräsentiert einen Buchstaben des augenblicklich zu bearbeitenden Textausschnitts (hier: "a cat"). Die Output-Ebene wird von 26 Einheiten gebildet, die jeweils verschiedene Aussprachemerkmale des Englischen repräsentieren.

und 1 annehmen, je nachdem, ob der Buchstabe, den die Einheit repräsentiert, sich an der entsprechenden Stelle der Buchstabenfolge befindet. Die Aktivierungswerte dieser Einheiten werden über die Verbindungen auf alle achtzig Einheiten der inneren Ebene übertragen. (Zu Beginn waren die Gewichtungen aller Verbindungen zufällig auf Werte zwischen $+0,3$ und $-0,3$ gesetzt.)

Jede Einheit der Input-Ebene überträgt ihren Aktivierungswert auf alle achtzig Einheiten der inneren Ebene. Der Input der inneren Einheiten $netin_u$ ergibt sich nach der oben dargestellten Formel als Summe der gewichteten Aktivierungen der Input-Einheiten. Aufgrund dieses (lokalen) Inputs berechnet jede innere Einheit ihren Aktivierungswert und gibt diesen Wert über die gewichteten Verbindungen an alle Einheiten der Output-Ebene weiter. Analog zu den inneren Einheiten berechnet jede der Output-Einheiten aus der Summe der bei ihr ankommenden Signale ihren Aktivierungswert. Die Aktivierungsfunktion ist bei NETtalk die in Abschnitt 4.2.1 dargestellte (quasi-lineare) Sigmoid-Funktion.

Der globale Output des Systems wird durch den Vektor der Output-Ebene dargestellt. Als Output gilt das Phonem, dessen Aussprachemerkmale dem jeweiligen Output-Vektor am ähnlichsten sind.[19] Die verschiedenen Phoneme werden also nicht durch eine einzelne Einheiten repräsentiert, sondern alle Einheiten der Output-Ebene sind an der Repräsentation eines Phonems beteiligt. Man spricht daher davon, daß die Phoneme in der Output-Ebene *distribuiert* repräsentiert sind (s.u.). Die von NETtalk gelieferten Phoneme wurden von einem Sprachsynthesizer in hörbare Laute umgewandelt. Diese Umwandlung diente aber nur Demonstrationszwecken – der Sprachsynthesizer ist kein Teil von NETtalk.

Als Versuchstext dienten Sejnowski und Rosenberg u.a. ein 1024 Wörter langer Text, der dem Geplauder eines siebenjährigen Kindes entsprach. Dabei wurde dem Netzwerk jeder Buchstabe einzeln dargeboten (jeweils umgeben von den drei vorangehen-

---

[19]Verschiedene Vektoren eines Vektorraums bilden einen Winkel untereinander (wie man sich im zweidimensionalen Raum leicht klarmachen kann). Zwei Vektoren sind ähnlich (relativ zu einem dritten), wenn der Winkel zwischen den beiden Vektoren kleiner ist als zum dritten. Damit ist eine exakte Definition der Ähnlichkeit von Vektoren möglich.

den und den drei folgenden Buchstaben). Anfangs produzierte das Netzwerk natürlich nur eine sinnlose Folge von Tönen, da die Verbindungsstärken zufällige Werte hatten. Nach jedem Buchstaben wurde der vom Netzwerk gelieferte Output-Vektor mit dem Vektor verglichen, den es als Output hätte liefern sollen, und daraus eine bestimmte Fehlergröße berechnet. Mit Hilfe eines bestimmten Lernalgorithmus wurden die Verbindungsgewichte so geändert, daß diese Fehlergröße möglichst minimiert wurde (s.u.). Nach fünf Durchgängen des Textes wurden bereits die Vokale richtig betont und nach zehn Durchgängen war der Text verständlich. Nach fünfzig Durchgängen wurden 95% des Textes korrekt ausgesprochen. Das Netzwerk war auch zu Verallgemeinerungen fähig: Die Aussprache der Buchstaben eines neuen Textes (439 Wörter) war zu 78% korrekt.

Der Unterschied zu einem klassischen System zeigt sich nicht nur im unterschiedlichen Aufbau, sondern auch in verschiedenen anderen Eigenschaften: Erstens hatte das System zu Beginn keine Information über die Ausspracheregeln des Englischen. Für alle Sprachen mit der gleichen Menge von Buchstaben und Phonemen hätte das Netzwerk die Umwandlung von Schrift in Sprache erlernen können. Zweitens wurde das Verhalten durch einen Lernprozeß hervorgerufen, indem das richtige Ergebnis mit dem tatsächlichen Ergebnis verglichen wurde: das System "lernte" damit quasi aus seinen Fehlern. Drittens gab es auch nach dem Lernvorgang keine Ausspracheregeln, die in irgendeiner Weise im System repräsentiert sind und die auf die dargebotenen Inputs angewendet werden. Das gesamte "Wissen" des Systems war in den Verbindungsgewichten repräsentiert (cf. Sejnowsky & Rosenberg 1987; 158f).

Trotz dieser erstaunlichen Leistungen bleibt natürlich eine gewisse Skepsis angemessen. Das Netzwerk bildet Repräsentationen von Buchstaben auf Repräsentationen von Phonemen ab, sonst nichts. Davon zu sprechen, daß dieses Netzwerk englischen Text "versteht", wie manchmal gesagt wird, oder daß "NETtalk lesen gelernt hat" (Kinzel 1988; 42), trägt kaum zum Verständnis konnektionistischer Modelle der menschlichen Informationsverarbeitung bei.

4.3 Lernen in konnektionistischen Systemen

In diesem Abschnitt geht es um eine der wichtigsten Eigenschaften konnektionistischer Systeme: Ihre Fähigkeit, aus Erfahrung zu lernen. In traditionellen KI-Systemen muß das gesamte Fakten- und Regelwissen dem System durch einen Benutzer zugeführt werden. Bei der Entwicklung derartiger "Expertensysteme" geht man davon aus, daß ein menschlicher Experte über einen bestimmten Regelvorrat – und entsprechendes Faktenwissen – verfügt, den er im Rahmen seiner Ausbildung erlernt hat und der ihm oft nicht mehr bewußt zugänglich ist. Dennoch, so die Annahme, operiert der Experte unbewußt mit genau diesen Regeln.

"Wissensakquisiteure" versuchen daher hartnäckig herauszufinden, welches die Regeln sind, die menschliche Experten bei ihrer Tätigkeit vermeintlich befolgen, um sie dann auf Computer-Programme zu übertragen (cf. Becker 1987). Die KI steht damit vollständig in der Tradition des Symbolisten, der annimmt, daß unsere Gedanken untereinander durch deduktive Ableitungsprozesse verknüpft sind – auch wenn uns die einzelnen Schritte dieses Deduktionsprozesses vielleicht nicht bewußt sind.

Konnektionistische System bieten in dieser Hinsicht einen anderen Weg an – einen Weg, der in mancher Hinsicht auch als der natürlichere erscheint: Sie lernen durch Versuch und Irrtum. Dabei lernt das System aber keine Regeln, sondern vielmehr, in welchen Abhängigkeitsbeziehungen die Aktivierungswerte der einzelnen Einheiten stehen. Wie ein konnektionistisches System lernt, und welche Mechanismen dabei angewandt werden, soll in den folgenden beiden Unterabschnitten dargestellt werden.

4.3.1 Lernparadigmen

In- und Output eines Netzwerks werden durch Vektoren dargestellt, deren Komponenten die die Aktivierungswerte der einzelnen In- bzw. Output Einheiten repräsentieren. Wie jedes informationsverarbeitende System hat auch ein konnektionistisches System die Aufgabe, zu jedem zulässigen Input den geforderten Output zu finden. Im letzten Abschnitt wurde dargestellt, wie ein Netzwerk einen Input-Vektor in einen Output-Vektor transformiert. Dabei wurde deutlich, daß es die Gewichtungsfaktoren sind, die bestimmen, welcher Output sich als Folge eines bestimmten Inputs ergibt. Ziel eines Lernvorgangs ist es daher, die richtigen Gewichtungsfaktoren für die einzelnen Verbindungen zu finden. Bei der Arbeit mit konnektionistischen Systemen ergeben sich zwei verschiedene Lernsituationen: das *kontrollierte* und das *unkontrollierte* Lernen (supervised/ unsupervised learning).

Im ersten Fall beginnt man meist mit zufällig gesetzten Verbindungsgewichten. Liefert das Netzwerk auf einen Input einen falschen Output (was anfangs natürlich der Fall sein wird), wird dem Netzwerk angegeben, wie stark der gelieferte Output vom korrekten Output abweicht. Aufgrund dieser Abweichung wird eine Fehlergröße berechnet. Die Verbindungsgewichte werden anschließend so verändert, daß diese Fehlergröße verringert wird. (Auf die Details dieses Vorgangs komme ich im nächsten Unterabschnitt). Dieser Vorgang wiederholt sich so oft, bis das Netzwerk befriedigende Ergebnisse zeigt: Das Netzwerk hat die richtigen Verbindungsgewichte gelernt.

Oft werden die Werte aller Verbindungsgewichte eines Netzwerks als Vektor betrachtet. Der Vorgang des Lernens läßt sich dann analog zum Verlauf des Zustandsvektors im Zustandsraum als Trajektorie im Gewichtungsraum darstellen. Man beachte aber folgenden Unterschied: Die Trajektorie im Zustandsraum beschreibt den zeitlichen Verlauf des Zustandsvektors während *eines* Arbeitszyklus vom Input zum Output. Die Trajektorie im Gewichtungsraum dagegen ändert sich während eines derartigen Arbeitszyklus nur minimal (nach jedem Durchgang werden die Verbindungsgewichte nur sehr wenig verändert). Die Trajektorie im Gewichtungsraum beschreibt den Zustand der Gewichtungsfaktoren während des gesamten Lernprozesses, und dieser kann mehrere Tausend einzelne Arbeitszyklen umfassen.

Das Ziel eines kontrollierten Lernprozesses ist immer die eine oder andere Form der Musterassoziation. Der Input-Vektor bildet ein bestimmtes (Aktivierungs-)Muster, das ein bestimmtes Muster bei den Output-Einheiten hervorrufen soll. Innerhalb dieses Assoziationslernens lassen sich drei unterschiedliche Paradigmen unterscheiden: Musterklassifikation, Musterassoziation und Autoassoziation.

Bei der *Musterklassifikation* geht es darum, eine Menge von Input-Mustern bestimmten, vorgegebenen Klassen zuzuordnen. Im einfachsten Fall soll das Netzwerk lernen, den verschiedenen Input-Mustern zwei unterschiedliche Output-Muster zuzuordnen, d.h., die

Menge der Input-Muster soll in zwei verschiedene Klassen zerlegt werden. Die Lernsituation ist ähnlich derjenigen, in der man einer Person eine Reihe von Gegenständen zeigt, die man selbst in zwei Klassen eingeteilt hat (z.B. blau/ nicht-blau) und die Person erkennen soll, welches die gewünschte Klassifikation ist. Anfänglich wird die Person raten, aber nach einer gewissen Zeit wird sie – wenn die Aufgabe nicht allzu schwer ist – die richtige Klassifikation gefunden haben.[20]

Während es bei der Musterklassifikation darum geht, untereinander ähnliche Input-Muster entsprechend einem vorgegebenen Klassifikationsschema zu gruppieren, geht es bei der *Musterassoziation* in erster Linie darum, willkürlich ausgewählte Input-Output-Paare zu lernen. Das Netzwerk soll zu jedem Input einen bestimmten Output liefern, wobei ähnliche Inputs nicht unbedingt auch zu ähnlichen Outputs führen müssen. Das Netzwerk muß hier in einer Weise lernen, wie ein Schüler etwa lateinische Vokabeln lernt: zu bestimmten Input-Mustern müssen willkürlich zugeordnete Output-Muster hervorgebracht werden. Diese Aufgabe ist für Netzwerke meist schwieriger als eine Musterklassifikation, da ein Netzwerk dazu neigt, auf ähnliche Inputs mit ähnlichen Outputs zu reagieren, und es daher – ähnlich wie bei Schülern – zu Inferenzen kommen kann.

Bei der *Autoassoziation* lernt das Netzwerk, einzelne Muster zu ergänzen. Aufgabe des Netzwerks ist es hier, unvollständig dargebotene Muster zu vervollständigen oder (in Grenzen) nicht-kontingente Muster zu korrigieren. Dies ist der allgemeinste Fall des assoziativen Lernens, und wenn man Input- und Output-Vektor zusammen als ein einziges Muster auffaßt, können auch die beiden anderen beiden Paradigmen diesem Fall subsumiert werden. Der Unterschied besteht eigentlich nur darin, daß in den vorherigen beiden Fällen eine strikte Trennung zwischen In- und Output-Einheiten vorgenommen wurde, so daß der Input immer an ganz bestimmte Einheiten angelegt wurde und der Output von bestimmten Einheiten geliefert wurde. Bei autoassoziativen Netzen unterscheidet man in der Regel nicht zwischen In- und Output-Einheiten. Ein Teil der *äußeren* Einheiten erhält ein Teil-Muster als Input, das von den restlichen äußeren Einheiten ergänzt wird. Welche Einheiten einen Input erhalten und welche als Output-Einheiten fungieren, kann sich dabei von Fall zu Fall ändern.

Hatte man bei der Musterklassifikation, Musterassoziation und Autoassoziation eine kontrollierte Lernsituation, handelt es sich bei der *Mustererkennung* um eine Form des unkontrolliertes Lernen. Das Netzwerk soll hier in einer Menge von Input-Mustern selbständig ein interessantes Klassifikationsschema entdecken. Die Situation ist also ähnlich der der Musterklassifikation, insofern als daß sich die Menge der Input-Muster tatsächlich in mehrere (meist zwei) Klassen zerlegen läßt, deren Elemente untereinander ähnlich sind. Der wesentliche Unterschied besteht aber darin, daß es keinen "Lehrer" gibt, der irgendwelche Hinweise bereitstellt, nach welchen Kriterien diese Klassifikation der Input-Vektoren vorzunehmen ist. Das Netzwerk muß selbständig zu plausiblen Klassifikationen der dargebotenen Muster gelangen.

Dies wird durch sog. konkurrierendes Lernen im Netzwerk erreicht: In jeder Schicht eines mehrlagigen Netzwerks gibt es Gruppen von Einheiten, die sich gegenseitig hemmen, so daß nur eine Einheit pro Gruppe gewinnen kann. Die Menge der Input-Muster wird durch die Einheiten jeder Gruppe in weitgehend gleich große Gruppen aufgeteilt. Dieser Prozeß setzt sich über mehrere Ebenen fort, bis in der letzten Ebene z.B. nur

---

[20]Damit soll nicht impliziert werden, daß der Prozeß, mit dem die Person zu der geforderten Klassifizierung gelangt, identisch ist mit dem Prozeß, der im konnektionistischen System abläuft.

noch zwei Einheiten übrigbleiben. Das Netzwerk wird auf diese Weise gezwungen, den Input in zwei Gruppen aufzuteilen. Da das Netzwerk dazu neigt, Gruppen untereinander ähnlicher Input-Muster zu bilden, kommt es auf diese Weise dazu, Strukturen in der Menge der Input-Muster zu entdecken.[21]

Bevor ich im nächsten Abschnitt etwas näher auf die Mechanismen eingehe, nach denen ein Netzwerk lernt, sind einige einschränkende Bemerkungen angebracht: Erstens ist zweifelhaft, ob man in all diesen Fällen zu Recht von "Lernen" sprechen darf. Nur weil ein Gegenstand soweit verändert wird, daß er schließlich das erwartete Verhalten zeigt, berechtigt das noch nicht, davon zu sprechen, das Gerät habe etwas gelernt. Wenn ich aus einen hölzernen Würfel eine Kugel schnitze, die umso besser rollt, je mehr sich ihre Form einer idealen Kugel annähert, werde ich nicht davon sprechen wollen, daß der Würfel Rollen gelernt hat. Andererseits ist es klar, daß in unserem Gehirn, das ja auch eine Art neuronales Netz ist, etwas *ähnliches* stattfinden muß wie bei künstlichen Netzwerken. Genau wie ein zu weiter Begriff des Lernens wäre auch ein zu enger Begriff schädlich, da dadurch Gemeinsamkeiten zwischen künstlichen und biologischen Netzwerken verdeckt werden könnten.

Die zweite Einschränkung betrifft ebenfalls das menschliche Lernen: Es mag zwar sein, daß Menschen manche Dinge ebenso lernen wie konnektionistische Systeme – viele Eigenschaften menschlichen Lernens kann man auch bei künstlichen Netzwerken beobachten – aber diese Systeme zeigen nicht alle Arten des menschlichen Lernens. So lernen Menschen z.B. nicht immer durch unzähliges Wiederholen. Manchmal lernen wir Dinge "auf einen Schlag": Wir hören etwas und erinnern uns dessen unser ganzes Leben (oder wenigstens sehr lange Zeit). Diese Art des Lernen ist beispielsweise mit konnektionistischen Modellen nicht zu erklären.

Zum Schluß muß noch gesagt werden, daß sich natürlich nicht alle Netzwerktypen gleich gut für die verschiedenen Lernparadigmen eignen. Ein Netzwerk für konkurrierendes Lernen muß beispielsweise einen vollständig anderen Aufbau haben als ein autoassoziatives Netzwerk. Sehr einfache lineare Netzwerke sind auch prinzipiell nicht in der Lage, bestimmte Klassifikationsaufgaben zu erlernen.[22]

4.3.2 Ein Lernalgorithmus: "back propagation"

Da es etwa soviele verschiedene Lernalgorithmen gibt wie Netzwerke – vielleicht sogar mehr – möchte ich mich hier auf die Darstellung desjenigen Lernalgorithmus beschränken, der die größte Verwendung findet: den "back propagation"-Algorithmus. Ich halte dies auch deshalb für sinnvoll, da "back propagation" oft erwähnt, aber selten erklärt wird. Der "back propagation"- Algorithmus findet seine Verwendung in mehrlagigen "feed forward"-Netzwerken mit der quasi-linearen Sigmoidfunktion als Aktivierungsfunktion. Oft wird dabei einfach nur von "back propagation"-Netzwerken gesprochen.

---

[21]Obwohl das Verhalten dieser Netzwerke äußerst interessant ist, möchte ich hier nicht näher darauf eingehen. Für eine gute Darstellung der Mechanismen des konkurrierenden Lernens und einiger interessanter Anwendungen siehe z.B. Rumelhart & Zipser 1986.

[22]Das wohl am häufigsten angeführte Beispiel ist das XOR-Problem, bei dem es darum geht, die Wahrheitstafel des "ausschließenden oder" zu erlernen (cf. Rumelhart, Hinton & McClelland 1986; 63).

Nahezu alle Lernalgorithmen beruhen auf der Idee von Donald Hebb, der bereits 1949 postulierte, daß sich die Verbindungsstärke zwischen zwei Neuronen erhöht, wenn beide Einheiten gleichzeitig aktiv sind:

> "Wenn ein Axon der Zelle A nahe genug ist, um eine Zelle B zu erregen, und wiederholt oder anhaltend dazu beiträgt, diese anzufeuern, findet ein Wachstumsprozeß oder eine metabolische Veränderung in einer oder in beiden Zellen statt, so daß A's Effizienz als eine der Zellen, die B anfeuern, erhöht wird." (1949; 62)

Nach dieser Hypothese findet ein Lernen (eine Veränderung der Verbindungsgewichte) nur statt, wenn beide Einheiten aktiv sind, andernfalls werden die Verbindungsgewichte nicht beeinflußt. Dieser Idee wird durch folgender Lernregel Rechnung getragen (τ ist dabei eine willkürlich festgelegte Lernrate) :

$$\Delta w_{ui} = \tau a_u a_i. \tag{11}$$

Diese Hebb'sche Lernregel ist nicht besonders leistungsfähig (nur zueinander orthogonale Vektoren können gelernt werden). Eine grundlegende Verbesserung ergibt sich, wenn man die Veränderung der Gewichtungsfaktoren davon abhängig macht, wie groß der Unterschied zwischen tatsächlichem und gewünschtem Output ist. Die verschiedenen Lernalgorithmen unterscheiden sich in erster Linie in der Art und Weise wie die Fehlergröße berechnet wird. Das grundlegende Vorgehen dabei ist allerdings immer, eine Fehlergöße e_u zu berechnen, die von der Abweichung zwischen dem gewünschten Output und dem tatsächlichen Output abhängig ist. So gelangt man zu folgender allgemeinen Lernregel:

$$\Delta w_{ui} = \tau\, e_u\, a_i. \tag{12}$$

Bei der sog. Delta-Regel wird e_u einfach als Differenz zwischen dem tatsächlichen Output a_u der Einheit u und ihrem gewünschten Output d_u gebildet. In die obige Gleichung eingesetzt ergibt dies:

$$\Delta w_{ui} = \tau(d_u - a_u)a_i. \tag{13}$$

Sie besagt, daß der Betrag Δw_{ui}, um den das Verbindungsgewicht w_{ui} geändert werden soll, sich als Produkt aus der Lernrate τ ($0 \leq \tau \leq 1$), der Fehlergröße $e_u = d_u - a_u$ und dem Aktivierungswert a_i der Einheit i berechnet.

Für mehrlagige Netzwerke kommt man mit dieser Delta-Regel allerdings auch nicht weiter, da mit ihrer Hilfe nur die Gewichtungsfaktoren zwischen der Output-Ebene und der vorherigen Ebene verändert werden können, nicht aber die Verbindungen zwischen einer inneren Ebene und der darunterliegenden. Das Problem hierbei ist, daß für die Einheiten der inneren Ebene(n) nicht ohne weiteres eine Fehlergröße bestimmt werden kann, da für diese ja kein gewünschter Output definiert ist.

Eine verallgemeinerte Delta-Regel für mehrlagige Netzwerke stellt die "back-propagation" Regel dar. Die Fehlergröße für eine Output-Einheit berechnet sich hier als Differenz zwischen dem gewünschten Output d_u und dem tatsächlichen Output a_u

multipliziert mit der ersten Ableitung der quasi-linearen Sigmoidfunktion, die den Aktivierungswert für die Einheit u in Abhängigkeit vom ihrem (lokalen) Input $netin_u$ errechnet (siehe Gleichung (8):

$$e_u = a_u(1 - a_u)(d_u - a_u) \tag{14}$$

Da die erste Ableitung angibt, wie groß die Steigung einer Funktion an einer bestimmten Stelle ist, wird durch dieses Vorgehen die Fehlergröße davon abhängig gemacht, ob der Input nahe dem (kontinuierlichen) Schwellenbereich der Aktivierungsfunktion liegt, oder mehr in den Randbereichen. Der Fehler fällt daher umso stärker ins Gewicht, je "unsicherer" die Zuordnung des Aktivierungswertes war. Nachdem die Fehlergröße berechnet ist, läßt sich diese in die Formel (12) einsetzen und daraus errechnen, wie das Verbindungsgewicht w_{uh} zwischen der Einheit h der inneren Ebene und der Output-Einheit u zu ändern ist (und analog für alle anderen Verbindungen der inneren Ebene zur Output-Ebene).

Da aber nicht nur die Gewichte der Verbindungen zwischen der inneren und der Output-Ebene verändert werden sollen, sondern auch die Verbindungen zur vorhergehenden Ebene (evtl. über mehrere inneren Ebenen hinab bis zur Input-Ebene), muß auch für die Einheiten dieser inneren Ebenen eine Fehlergröße berechnet werden. Wie festgestellt, gibt es für diese Einheiten aber keinen gewünschten Output, den man mit ihrem tatsächlichen Output vergleichen könnte. Der "back-propagation"-Algorithmus berechnet daher den Fehler der letzten inneren Ebene vor der Output-Ebene in Abhängigkeit vom Fehler der Output-Ebene (und sollte das nicht die einzige innere Ebene sein, wird der Fehler der davorliegenden Ebene wieder in gleicher Weise berechnet). Die Idee dabei ist, die Fehler, die an den Output-Einheiten aufgetreten sind, durch das Netz zurück zu den Einheiten der inneren Ebene zu schicken. Die Fehlergröße für eine Einheit der inneren Ebene e_h errechnet sich damit wie folgt (vergl. Gleichung (14)):

$$e_h = a_h(1 - a_h) \sum_{u=1}^{k} e_u w_{uh} \tag{15}$$

Der Fehler für die Einheit h (die in der inneren Ebene vor der Output-Ebene liegt) berechnet sich damit als die gewichtete Summe der Fehler aller k Output-Einheiten $(e_1, \ldots, e_k)$, die mit der Einheit h verbunden sind. Eingesetzt in die allgemeine Lernregel (12) erhält man den Wert Δw_{ih}, der angibt, wie das Verbindungsgewicht zwischen der Einheit i der Input-Ebene und der Einheit h der inneren Ebene zu ändern ist. Sollte das Netzwerk über mehrere innere Ebenen verfügen, wiederholt sich dieser Vorgang entsprechend oft.

Intuitiv gesagt, geschieht hier folgendes: Das Netzwerk liefert auf einen bestimmten Input hin einen (inkorrekten) Output. Dieser Ist-Output wird mit dem Soll-Output verglichen und für jede Einheit der Output-Ebene eine Fehlergröße bestimmt. Mit Hilfe dieser Fehlergröße wird berechnet, um welchen Betrag die Verbindungsgewichte zwischen der vorletzten Ebene und der Output-Ebene verändert werden müssen. *Bevor* diese Verbindungsgewichte aber geändert werden, wird die Fehlergröße der Output-Einheiten über diese alten Verbindungsgewichte "zurückgeschickt" und eine neue Fehlergröße für die darunterliegende Ebene berechnet. Der Aktivitätsfluß wird damit praktisch umgekehrt: Die Fehlergrößen werden den Output-Einheiten quasi als Input gegeben und über die Verbindungsgewichte zur letzten inneren Ebene übertragen. Die auf diese Weise berechnete Fehlergröße *für diese Ebene* kann jetzt benutzt werden, um zu berechnen, um welchen Betrag sich die Gewichte der Verbindungen mit der nächsttieferen Ebene ändern müssen. Dieser Vorgang wird bis zur Input-Ebene fortgesetzt und die Verbindungsgewichte anschließend verändert.

Auch wenn jetzt klar sein dürfte, wie die Fehler und Veränderungen der Verbindungsgewichte berechnet werden, könnte doch die Frage auftauchen: Aber wie macht das Netzwerk das? Es sollen doch einfache Recheneinheiten sein, die nur ihre Aktivierungsfunktionen berechnen, und doch vergleichen sie plötzlich verschiedene Aktivierungswerte, führen die tollsten Berechnungen aus, kehren die Richtung des Aktivitätsflusses um usw. Als Antwort auf diese Frage muß – wie schon mehrmals – betont werden, daß es sich bei der Beschreibung des Netzwerks *und auch des Lernvorgangs* um eine Beschreibung in einer *funktionalen* Dimension handelt. Für diese ist nur interessant, *daß* das Netzwerk diese Funktionen realisiert, und nicht, *wie* diese Berechnung im Detail vor sich geht (ähnlich wie man bei einer Turing-Maschine annimmt, daß sie die Zeichen auf dem Rechenband lesen kann, ohne sich den Kopf zu zerbrechen, wie sie das macht). Wenn man von konnektionistischen Systemen redet, muß man – wie bei Turing-Maschinen auch – sorgfältig unterscheiden, ob man das abstrakte System meint, das (vielleicht) irgendwie realisiert wird, oder einen physikalischen Gegenstand, auf den diese funktionale Beschreibung zutrifft (der also das abstrakte System realisiert).

In der Tat werden heutzutage nahezu alle konnektionistischen Systeme (virtuell) durch klassische Von-Neumann-Architekturen realisiert. Eine der Hauptschwierigkeiten, konnektionistische Systeme tatsächlich als Hardware zu realisieren, liegt augenblicklich genau darin, daß es (technisch) keine Möglichkeit gibt, Prozessoren und Verbindungen zu konstruieren, die genau diese funktionalen Eigenschaften haben (abgesehen von dem Platzproblem, das man bekommt, wenn man Prozessoren so dicht verdrahten will, wie dies die funktionale Beschreibung fordert). Die Natur ist der heutigen Technik weit voraus: Das Gehirn verfügt über viel kompliziertere Prozessoren (die Neuronen) und auch die verwendeten Lernalgorithmen sind weit komplizierter, als die in konnektionistischen Modellen benutzten.

4.4 Repräsentation in konnektionistischen Systemen

Bisher habe ich so gut wie möglich vermieden, etwas darüber zu sagen, *wie* Information in konnektionistischen Systemen repräsentiert wird und welche Teile oder Zustände des Systems als Repräsentationen in Frage kommen. In erster Linie bemüht man sich mit Hilfe konnektionistischer Systeme um die Simulation kognitiver Prozesse im weitesten Sinn. Oft sind die sich daraus entwickelten Netzwerke aber eher von der Frage geprägt, was denn von einer bestimmten Netzwerkarchitektur geleistet werden kann, als daß man sich explizit ein kognitives Phänomen herausgreift und versucht, dieses in einem konnektionistischen Netz zu simulieren.[23] Entsprechend darf man nicht erwarten, daß die in den verschiedenen Netzwerken repräsentierten Entitäten allzu große Bedeutung für kognitive Prozesse haben.

---

[23]Diese methodengeleitete Foschungsstrategie wird mitunter scharf kritisiert (cf. z.B. Lehnert 1988; 40).

Es wird mir daher im folgenden nicht so sehr darum gehen darzustellen, *was* in konnektionistischen Systemen repräsentiert wird, sondern es geht mir vor allem darum, *die Art und Weise* konnektionistischer Repräsentation darzustellen. Dabei sollen einige Begriffe geklärt werden, die in der Diskussion um die psychologische Adäquatheit konnektionistischer Systeme eine zentrale Rolle spielen. Vorher allerdings noch einige allgemeine Bemerkungen:

Um einen kognitiven Prozeß mit Hilfe eines informationsverarbeitenden Systems zu simulieren, muß man festlegen, was das System als Input erhält und welchen Output man vom System dazu erwartet. Man wird sich daher fragen, welchen Input unser Gehirn für einen bestimmten kognitiven Prozeß erhält, und was der Output ist, den es liefert. Eine notwendige Bedingung an ein adäquates Modell kognitiver Prozesse ist, daß es auf einen entsprechenden Input den gleichen Output liefert, wie ein menschliches Gehirn. Allerdings ist eine derartige Input-Output-Äquivalenz nicht hinreichend für ein adäquates Modell kognitiver Prozesse.

Ein Problem ergibt sich aus dem Umstand, daß man nicht davon ausgehen kann, daß ein künstliches System genau den gleichen Input erhält wie ein Gehirn, da dieses künstliche System über keine Sinnesorgane verfügt. Man ist daher gezwungen, vorab zu entscheiden, welche Information man dem System zur Verfügung stellen will, und in welcher Form diese Information kodiert werden soll. Dabei ist man natürlich davon abhängig, welche Repräsentationsformen das System auswerten kann.

In welcher Form die Information repräsentiert werden muß, hängt von der Architektur der verwendeten Maschine ab. Klassische Architekturen verlangen Symbolketten als Input, konnektionistische Systeme erfordern dagegen vektorielle Repräsentationen. In beiden Fällen hat der Forscher jedoch große Freiheit, mit welchen Symbolketten bzw. durch welche Vektoren er dem System die Information zur Verfügung stellen will, die er für die Lösung einer bestimmten Aufgabe für notwendig hält. Für den Augenblick sind dabei zwei Punkte bemerkenswert (und sie gelten unterschiedslos für symbolische und konnektionistische Systeme): Erstens ist es immer der Benutzer des Systems, der auswählt, welche Strukturen (Zeichenketten oder Vektoren) welche Information repräsentieren sollen. Dies entspricht dem altbekannten Punkt, daß die Bedeutung der Repräsentationen eines künstlichen Systems immer vom Betrachter abhängig ist, die formalen Strukturen also nicht aus sich heraus irgendetwas repräsentieren.

Für konnektionistische Systeme muß man hier eine gewisse Einschränkung machen: Derjenige, der das System konstruiert, wählt zwar aus, was In- und Output-Vektoren repräsentieren sollen, er hat aber keinen Einfluß darauf, was die inneren Vektoren (nach dem Lernvorgang) repräsentieren: Wie der innere Vektor aussieht, der zu einem bestimmten Input vom System gebildet wird, unterliegt – abgesehen vom allgemeinen Aufbau des Netzwerks – nicht seiner Kontrolle. Aus diesem Grund hofft man auch, durch die Analyse der inneren Vektoren konnektionistischer System Aufschluß darüber zu gewinnen, welche inneren Repräsentationen biologische Nervensysteme bilden.[24] Da die inneren Repräsentationen aber von der Wahl der Input-Vektoren selbst abhängig sind – und damit wieder von der Interpretation eines Benutzers – wird man vom Konnektionismus selbst daher keine Lösung des Intentionalitätsproblems erwarten können.

---

[24]Die inneren Vektoren sind Punkte in einem Vektorraum (der eine Hyperebene im Vektorraum des gesamten Zustandsraums darstellt). Meist untersucht man mit Hilfe einer Clusteranalyse, welche hierarchisch geordneten Gruppen von den Input-Vektoren gebildet werden.

Zweitens sind zwei Repräsentationen auch dann nicht gleichwertig, wenn dieselbe Information in ihnen kodiert ist. Die Art der Repräsentation (d.h. ihre "syntaktische" Form) kann sich stark darauf auswirken, ob ein bestimmtes Problem leicht oder schwer zu lösen ist. So sind z.B. bei der Darstellung einer natürlichen Zahl in Dezimalschreibweise die Summe ihrer Zehnerpotenzen unmittelbar zu ersehen, eine Aufgabe, die bei einer römischen Ziffer alles andere als leicht ist. Da sich aber der Konstrukteur des Systems für die eine oder andere Form der Repräsentation entscheidet, trifft er eine gewisse Vorentscheidung darüber, ob das System die Aufgabe leicht bewältigen kann (ob die Aufgabe vielleicht sogar trivial ist), oder ob das System daran scheitert.

Ein großer Teil der Modellierung eines kognitiven Prozesses durch ein künstliches System wird damit bereits *vor* dem eigentlichen Verarbeitungsvorgang der Maschine geleistet, solange das System nicht mittels "Sinnesorganen" in eine natürliche Umgebung eingebettet ist und – da analoges auch für die Outputseite gesagt werden kann – in die es handelnd eingreifen kann.

Nach diesen einleitenden Bemerkungen nun zu konnektionistischen Repräsentation. Das erste, was sich in konnektionistischen Systemen zur Interpretation anbietet, sind die einzelnen Recheneinheiten. Stehen einzelne Recheneinheiten (bzw. deren Aktivierungswert) für Elemente des Problembereichs, so spricht man davon, daß diese Elemente *lokal* repräsentiert sind.[25] Es hat sich die Überzeugung durchgesetzt, daß Netzwerke, in denen die Elemente des Problembereichs lokal repräsentiert sind, weniger zur Modellierung kognitiver Fähigkeiten geeignet sind. Statt dessen konzentriert man sich auf Netzwerke, in denen die Elemente des Problembereichs durch sehr viele Recheneinheiten repräsentiert werden und in denen jede einzelne Recheneinheit an der Repräsentation vieler Elemente beteiligt ist. Diese Form der Repräsentation wird als *distribuierte* Repräsentation bezeichnet. Bei der distribuierten Repräsentation wird ein bestimmtes Element des Problembereichs durch mehrere Aktivierungswerte, also durch einen Aktivierungsvektor, repräsentiert.

Man beachte, daß distribuierte Repräsentation nicht nur die Repräsentation eines Elements durch mehrere Recheneinheiten erfordert, sondern auch, daß diese Einheiten an der Repräsentation mehrerer Elemente beteiligt sind. Ist nur die erste der beiden Bedingungen erfüllt, wird ein Element also durch eine bestimmte Gruppe von Einheiten repräsentiert, die alle nur der Repräsentation dieses einen Elements dienen, liegt keine distribuierte Repräsentation vor, sondern eine sog. *semi-lokale* Repräsentation.

Strenggenommen ist es sinnlos, zwischen lokal und distribuiert repräsentierenden Netzwerken zu unterscheiden: In interpretierten konnektionistischen Systemen treten immer beide Formen der Repräsentation auf (je nachdem, was man als Entitäten des Problembereichs ansieht). Um das zu verdeutlichen, möchte ich noch einmal das Beispiel von NETtalk ins Gedächtnis rufen. Das Netzwerk hatte die Aufgabe, englischen Text in Lautschrift umzuwandeln. Die Input-Ebene bestand aus sechs Gruppen à 29 Einheiten. Für jede Buchstabenfolge wurde eine dieser Einheiten aus jeder Gruppe aktiviert, so daß bei jedem Input genau sechs Einheiten in der Input-Ebene aktiviert waren. Die Output-Ebene bestand aus 26 Einheiten, die die Aussprachemerkmale der englischen Sprache repräsentierten. In NETtalk kommen alle drei angesprochenen Repräsentationsformen vor: Das dem Zielbuchstaben zugeordnete Phonem ist durch den gesamten

---

[25]Was als Element des Problembereichs gilt, hängt davon ab, welche Aufgabe das Netzwerk leisten soll. Bei NETtalk waren die Elemente des Problembereichs beispielsweise Buchstaben und Phoneme.

Output-Vektor repräsentiert. Da alle Einheiten an der Repräsentation verschiedener Phoneme beteiligt sind, sind Phoneme daher bei NETtalk distribuiert repräsentiert. Jede dieser Einheiten repräsentiert aber für sich selbst etwas, nämlich die einzelnen Aussprachemerkmale der englischen Sprache (labial, glottal, frikativ usw.) Diese Merkmale sind lokal repräsentiert; für die Repräsentation jedes Merkmals ist genau eine Einheit zuständig.

Ähnliches gilt auch für die Input-Ebene: Betrachtet man die Repräsentation eines Buchstabens an einer bestimmten Position, stellt man fest, daß diese lokal repräsentiert sind (Für jeden Buchstaben an einer bestimmten Stelle ist genau eine der 203 Input-Einheiten zuständig). Interessiert man sich aber nur für die Buchstaben ohne Berücksichtigung der Position, gelangt man zu einer semi-lokalen Repräsentation: Es sind mehrere Einheiten beteiligt, die aber alle nur diesen Buchstaben repräsentieren. Geht man zu den Buchstabenfolgen (die sieben Buchstaben) über, und fragt, wie diese repräsentiert sind, stellt man fest, daß bei jeder Buchstabenfolge immer mehrere Einheiten aktiv sind, die auch an der Repräsentation anderer Folgen beteiligt sind; Buchstabenfolgen sind daher in der Input-Ebene von NETtalk distribuiert repräsentiert.

Von lokaler oder distribuierter Repräsentation zu sprechen, ist daher im Grunde genommen nur sinnvoll, wenn dazu gesagt wird, *was* es ist, das lokal bzw. distribuiert repräsentiert wird. Allerdings wird oft vorausgesetzt, daß man, wenn man allgemein z.B. von distribuiert repräsentierenden Netzwerken spricht, damit meint, daß die Elemente des Problembereichs – *so wie man sie mit den üblichen Begriffen kennzeichnen würde* – in distribuierter Form repräsentiert werden.

Das ist natürlich äußerst schwammig, bringt mich aber geradewegs zu einer anderen Unterscheidung, die in der konnektionistischen Literatur eine große Rolle spielt: Die Unterscheidung zwischen der *begrifflichen* und der *subbegrifflichen* Ebene.[26] Smolensky charakterisiert diese Begriffe wie folgt:

> "... the *conceptual level* [is] the level of the consciously-accessible concepts in terms of which the problem domain is conceptualized by agents operating in the domain (as opposed to scientists studying the domain)."

> "It is often necessary or desirable, in connectionist modeling and in other attempts to uncover the internal regularities of cognitive processes, to operate at levels lower than the conceptual level: to break concepts up into their parts, and work at the level of the parts. Such lower levels will be called *subconceptual* levels." (unv., ch. 2).[27]

Auf den ersten Blick scheint diese Unterscheidung höchst dubios. Was sind die bewußt zugänglichen Begriffe, mit denen ein Problembereich erschlossen wird? Warum sind wissenschaftliche Begriffe ausgeschlossen? Und was soll es schließlich heißen, daß ein Begriff in seine Teile aufgebrochen wird?

---

[26]Das Begriffspaar lautet im Englischen *conceptual/ subconceptual*. Smolensky, von dem diese Unterscheidung stammt, ist mit den beiden Begriffen selbst nicht glücklich (cf. Smolensky 1988; 3). Am besten ist wohl, sie als termini technici zu verwenden.

[27]Angesichts des Umstands, daß die verwendete Quelle (noch) nicht allgemein zugänglich ist, und angesichts der vagen Charakterisierung dieser Begriffe, habe ich hier ausnahmsweise darauf verzichtet, das Orginal zu übersetzen.

Smolensky gibt ein Beispiel: Linguisten benutzen bei der Sprachanalyse Begriffe, die ein normaler kompetenter Sprecher nicht kennt: Sie beziehen sich auf Aussprachemerkmale, auf Phoneme, oder semantische Merkmale wie z.B. "belebt". Obwohl niemand diese theoretischen Entitäten kennen muß, um z.B. eine Sprache zu verstehen, sind sie vielleicht doch hilfreich, um den Prozeß des Verstehens von Sprache zu erklären.

Es bleibt eine gewisse Schwierigkeit mit dieser Unterscheidung: Für den Psychologen, der beispielsweise über mentale Prozesse nachdenkt, werden die Gegenstände der subbegrifflichen Ebene zu Gegenständen der begrifflichen Ebene. Fachtermini finden auch oft Einzug in die normale Umgangssprache. Wo ist hier die Grenze zu ziehen? Das beste ist wohl, die jeweiligen "Ebenen" aufeinander zu relativieren: Relativ zu einer bestimmten Begriffsmenge (mit deren Hilfe ein bestimmter Problembereich erschlossen wird, sei er alltagstheoretisch oder wissenschaftlich bestimmt), lassen sich verschiedene Ebenen von Subbegriffen ausmachen, die dazu dienen, die Phänomene dieses Problembereichs zu beschreiben und zu erklären. Wie diese Subbegriffe zu verstehen sind, hoffe ich in Kürze verständlich machen zu können.

Während die Unterscheidung zwischen distribuierter und lokaler Repräsentation die "syntaktische" Seite der Repräsentation betrifft – das Repräsentans – wird mit dem Begriffspaar begrifflich/ subbegrifflich ein Unterschied in der semantischen Dimension ausgedrückt. Spricht man allgemein von distribuiert repräsentierenden Netzwerken, meint man daher Netzwerke, bei denen die Begriffe des Problembereichs in distribuierter Form repräsentiert werden. Anders gesagt: Die Begriffe, die wir zur Beschreibung eines Problembereichs durch Worte unserer natürlichen Sprache repräsentieren, werden in diesen Systemen durch Vektoren, also durch das "komplexe Aktivitätsmuster vieler Einheiten" repräsentiert (cf. Smolensky 1988; 6).[28]

Nun wurde oben gesagt, daß in einem Netzwerk eigentlich immer sowohl distribuierte als auch lokale Repräsentationen vorkommen. Was wird in derartigen Netzen, in denen die Begriffe des Problembereichs distribuiert repräsentiert werden, durch die einzelnen Recheneinheiten, also lokal, repräsentiert? Welche Begriffe es auch immer sind, die hier lokal repräsentiert werden, sie gehören nicht zum Problembereich. Es sind diese von einzelnen Recheneinheiten repräsentierten Begriffe, die von Smolensky als Subbegriffe bezeichnet werden. Der Unterschied zwischen der begrifflichen und der subbegrifflichen Ebene kann daher – erst einmal – ziemlich problemlos als der Unterschied zwischen der semantischen Interpretation von Aktivierungsvektoren und von einzelnen Recheneinheiten verstanden werden.

Natürlich drängt sich sofort die Frage auf, was denn die Subbegriffe sind, die zu den Begriffen der Alltagspsychologie gehören. Anders gefragt: was muß lokal, d.h. durch einzelne Recheneinheiten repräsentiert sein, damit Aktivierungsvektoren Gegenstände der Alltagspsychologie repräsentieren? Konkret: Wie sieht z.B. die vektorielle Repräsentation der Proposition "Alle Männer denken nur an das Eine" aus. Jeder Konnektionist wäre glücklich, wenn er darauf eine Antwort wüßte.[29] Allerdings sollte man auch nicht blindlings davon ausgehen, daß die inneren Repräsentationen das gleiche repräsentieren

---

[28] Man beachte, daß es von der jeweiligen Beschreibung eines Problembereichs abhängt, welche Begriffe man verwendet.

[29] Auf alle Fälle ist es eine Frage, die der Forscher lösen muß, *bevor* er irgendwelche konnektionistischen Systeme arbeiten läßt. Dies ist nicht nur ein Problem des Konnektionismus: Auch im klassischen Symbolverarbeitungsparadigma muß man sich dafür entschieden, welche Zeichen was repräsentieren sollen

müssen wie die Sätze der öffentlichen Sprache, mit deren Hilfe wir mentale Zustände zuschreiben. Diese Annahme des Symbolismus braucht man keineswegs zu teilen. Es ist vielleicht fruchtbarer zuzugeben – wie es die meisten Konnektionisten tun –, daß wir nicht wissen, was die inneren Repräsentationen genau repräsentieren.

NETtalk gibt einen Hinweis, wie man sich die distribuierte Repräsentation einzelner Begriffe vorstellt: Die Elemente des Problembereichs waren hier (u.a.) Phoneme, die durch einen Aktivierungsvektor der Output-Einheiten repräsentiert wurden; die Einheiten selbst repräsentierten dabei verschiedene Aussprachemerkmale. Jedes Phonem wurde also durch eine Menge von Merkmalen oder "Features" repräsentiert. Analog dazu versucht man, auch für die Begriffe der Umgangssprache eine derartige Zerlegung in einzelne Merkmale zu finden. Den Umstand, daß für die adäquate vektorielle Repräsentation von Begriffen evtl. sehr viele einzelne Merkmale nötig sind, die auch nicht unbedingt mit Begriffen unserer natürlichen Sprache übereinstimmen müssen, versucht Smolensky dadurch auszudrücken, daß er diese Merkmale als "microfeatures" bezeichnet. Wie oben bereits festgestellt, ist es eine der Hauptaufgaben konnektionistischer Modellbildung, eine adäquate Mikrofaktoren-Zerlegung für die Begriffe der Umgangssprache zu finden.[30]

Was ist das besondere an distribuierten Repräsentationen? Ich werde im folgenden kurz einige der Eigenschaften darstellen, die distribuierte Repräsentationen so interessant für die Modellierung kognitiver Fähigkeiten erscheinen läßt. Alle diese Eigenschaften beruhen im Grunde genommen auf einem Punkt: Die Repräsentationen können als *Vektoren* betrachtet werden, für die es – wie oben bereits erwähnt – ein mathematisch exaktes Ähnlichkeitsmaß gibt.[31] Daraus ergibt sich, daß die intuitive semantische Ähnlichkeit von Begriffen, die sich in der Anzahl der gemeinsamen "features" niederschlägt, mathematisch exakt dargestellt (und ausgewertet) werden kann. Die semantische Ähnlichkeit zweier Begriffe spiegelt sich daher direkt in der repräsentierenden Struktur (in der "Syntax") wider. Betrachtet man einen Vektor einmal als eine Art von "Symbol" (in dem Sinn, daß ein Symbol etwas ist, was eine Bedeutung trägt; s.u.) so ist leicht einzusehen, wie bei konnektionistischen Systemen "die kausale Rolle mit dem Inhalt zur Deckung gebracht wird, indem man die Parallelen zwischen der Syntax eines Symbols und seiner Semantik ausnutzt" (Fodor 1987; 19).[32] Semantisch ähnliche Begriffe werden durch ähnliche Vektoren repräsentiert und ähnliche Vektoren spielen auch eine ähnliche kausale Rolle im System.

Aus den vielen interessanten Eigenschaften distribuierter Repräsentationen möchte ich nur zwei herausgreifen. Die inhaltsbezogene Speicherung und die Kontextsensitivität der Repräsentationen. Allgemein läßt sich jedoch feststellen, daß viele Eigenschaften

---

(und es genügt natürlich nicht, die entsprechenden Zeichen der Alltagssprache mit einem Texteditor in den Speicher zu schreiben).

[30]Insbesondere J. Katz ist als Verfechter dieser Art semantischer Analyse hervorgetreten (cf. Katz 1967), die heute kaum noch verfolgt wird. Man beachte, daß es dabei in erster Linie um eine semantische Analyse der natürlichen *Sprache* ging. Ob sich deren Ergebnisse – und ihr Scheitern – auf *mentale Prozesse* übertragen lassen, ist fraglich.

[31]Neben dem oben erwähnten Winkel zwischen zwei Vektoren im Vektorraum, wird oft auch die Distanz zwischen den Punkten betrachtet, die die (normierten) Vektoren im Vektorraum repräsentieren. Beide Ähnlichkeitsmaße sind äquivalent, d.h., sie führen nicht zu unterschiedlichen Ähnlichkeitsbeziehungen zwischen verschiedenen Vektoren.

[32]Fodor selbst bezieht sich mit dieser Äußerung natürlich auf klassische Architekturen.

distribuiert repräsentierender Netzwerke in ähnlicher Weise auch bei der menschlichen Informationsverarbeitung zu finden sind. Die Übereinstimmung geht hin bis zur Modellierung klinischer Befunde (cf. z.B. Clark 1989; 101f). Aus einer distribuierten Repräsentation ergibt sich als erstes die Möglichkeit eines *inhaltsbezogenen* Speichers: Die verschiedenen Aktivierungsmuster sind in distribuierten Netzwerken nicht an bestimmten "Speicherstellen" abgelegt, deren Adresse man kennen muß, um die Information zu erhalten: "Muster, die nicht aktiv sind, existieren nirgends" (Hinton, McClelland & Rumelhart 1986; 80). Ein bestimmtes Aktivitätsmuster wird gefunden, indem das Netzwerk einen Teil des gesuchten Vektors als Input erhält, und das Netzwerk diesen Vektor dann zum gesuchten Aktivierungsvektor ergänzt. Ein durch ein Aktivierungsmuster repräsentierter Inhalt wird also dadurch gefunden (eigentlich neu gebildet), daß ein Teil dieses Musters aktiviert wird. Dabei wirken alle Verbindungsgewichte gleichzeitig zusammen, um den Zustand des Netzwerks zu finden, der am besten zum gegebenen Input paßt. Ein inhaltsbezogener Speicher hat den Vorteil, daß man nur wissen muß, wonach man sucht, und nicht, wo die gesuchte Information gelagert ist. Außerdem erlaubt es das Auffinden von Informationen trotz unvollständiger oder inkonsistenter Ausgangsinformation. Außerdem gibt es viele psychologische Hinweise darauf, daß das menschliche Gedächtnis ein inhaltsbezogener Speicher ist.[33]

Der zweite Punkt betrifft die Kontextsensitivität der benutzten Repräsentationen. Man achte auf die verschiedenen Assoziationen, die das Wort 'Kaffee' in den folgenden Sätzen hervorruft:

- Nach dem Essen tut eine Tasse Kaffee jetzt gut.
- Dein Kaffee ist kalt geworden.
- Eine Packung Kaffee bitte!
- Kaffee wird in Brasilien angebaut.

In jedem der Sätze hat das Wort 'Kaffee' eine etwas unterschiedliche Bedeutung, wird etwas anderes damit verbunden. Während 'Kaffee' im ersten Satz als etwas Heißes verstanden wird, hat man beim zweiten Satz die Vorstellung von einer kalten, bitteren Flüssigkeit. 'Kaffee' im dritten Satz repräsentiert Kaffee als braunes Pulver (oder als Bohnen), im vierten Satz denkt man mehr an Sträucher in einer Plantage.

Was durch das Wort 'Kaffee' jeweils repräsentiert ist, wird in der natürlichen Sprache durch den Kontext festgelegt, in dem das Wort steht. Durch eine vektorielle Repräsentation (d.h. durch eine Menge von Features) können die vielen Nuancen dessen, was das Wort 'Kaffee' in den verschiedenen Sätzen bedeuten kann, als untereinander ähnliche Vektoren dargestellt werden (cf. Smolensky; 145ff).[34]

Dies führt zu einer großen Flexibilität der Repräsentationen: Es brauchen nicht – wie bei symbolischen Modellen – verschiedene Regeln angegeben zu werden, die festle-

---

[33]Hinton, McClelland und Rumelhart (1986; 79) geben ein gutes Beispiel dafür, wie Menschen mit unvollständigen und möglicherweise inkonsistenten Inputs einen bestimmten Gedächtnisinhalt finden: Die meisten wissen sofort, auf wen die Beschreibung "...ist ein Schauspieler, ist intelligent und ist ein Politiker" zutrifft.

[34]Wenn hier von Bedeutung die Rede ist, so ist ein assoziationstheoretischer Bedeutungsbegriff zugrundegelegt und nicht – wie in der traditionellen Logik üblich – ein wahrheitstheoretischer. Hätte der Ausdruck "Idee" nicht so viele unerwünschte Nebenbedeutungen, könnte man sagen, daß Aktivierungsvektoren Ideen repräsentieren (sollen), während Symbole Begriffe repräsentieren. Entsprechend ist die repräsentationale Form von Aktivierungsvektoren eher holistischer bzw. "piktorialer" Natur.

gen, welche möglichen Bedeutungsnuancen sich aus einer bestimmten Repräsentation ergeben können. In jeder Situation wird Kaffee durch einen dem Kontext angemessenen Vektor repräsentiert. Wollte ein symbolisches Modell dies leisten, müßte für jede dieser unterschiedlichen Bedeutungsnuancen ein unterschiedliches Symbol eingeführt werden. Allerdings hätte man dann das Problem, daß die verschiedenen Symbole nicht automatisch im richtigen Kontext Verwendung finden, d.h. man bräuchte für jedes dieser unterschiedlichen Symbole auch unterschiedliche Regeln. In distribuiert repräsentierenden Systemen geschieht das automatisch.

Die Eigenschaft, in Abhängigkeit vom Kontext "Begriffe" mit den verschiedensten Bedeutungsschattierungen zu bilden, bezeichnet Clark als "Informations-Holismus". Seiner Meinung nach ist unser tägliches Sprechen und Verstehen geprägt von derartigen kontextuellen Bedeutungsschattierungen. Er schreibt dazu:

> "Von allen interessanten Eigenschaften dieser Modelle, ist es dieser, der, so glaube ich, am stärksten irgendwelche begrifflichen oder qualitativen Vorteile festlegt, die der konnektionistische Ansatz gegenüber anderen Ansätzen haben könnte." (1989; 109)

4.5 Symbolverarbeitende Systeme und konnektionistische Netze: Wo liegt der Unterschied?

Manchen wird diese Frage schon lange auf der Zunge liegen. Andere wird sie überraschen, da der Unterschied doch offensichtlich erscheint. Für letztere sollen zuerst einmal die Zweifel deutlich gemacht werden, die erstere plagen. Dazu muß ein weiteres Begriffspaar eingeführt werden, das in der konnektionistischen Literatur eine große Rolle spielt, das ich aber bisher vermieden habe: die Unterscheidung zwischen *symbolischer* und *subsymbolischer* Informationsverarbeitung.

Smolensky hat diese Begriffe eingeführt, um den traditionellen Ansatz der Kognitionswissenschaft, demzufolge mentale Repräsentationen Symbole eines inneren formalen Systems sind, von einem konnektionistischen Ansatz zu unterscheiden. Den traditionellen Ansatz bezeichnet er als "symbolisches Paradigma", den konnektionistischen dagegen als "subsymbolisches Paradigma":

> "Wenn ich den traditionellen Ansatz der kognitiven Modellierung das 'symbolische Paradigma' nenne, möchte ich damit betonen, daß in diesem Ansatz kognitive Beschreibungen aus Entitäten aufgebaut sind, die *Symbole* sind, sowohl im semantischen Sinn, als sie sich auf externe Objekte beziehen, als auch im syntaktischen Sinn, als sie durch eine 'Symbolmanipulation' verarbeitet werden."

> "Der Name 'subsymbolisches Paradigma' soll kognitive Beschreibungen vorschlagen, die aus *Konstituenten* der Symbole aufgebaut sind, wie sie im symbolischen Paradigma benutzt werden; diese feinkörnigen Konstituenten könnten *Subsymbole* genannt werden, und sie sind Aktivitäten der einzelnen Recheneinheiten in konnektionistischen Netzwerken."
> (1988; 3)

An späterer Stelle betont er nochmals, daß er sich mit den beiden Begriffen "symbolisch" und "subsymbolisch" auf verschiedene Paradigmen der Informationsverarbeitung und nicht auf unterschiedliche Betrachtungsweisen eines konnektionistischen Systems bezieht (1988; 63).

Würden die beiden Begriffe nur zur Kennzeichnung verschiedener Rechnerarchitekturen zur Erklärung kognitiver Prozesse verwendet, gäbe es keine Probleme. Aber Smolensky selbst legt noch eine andere Verwendungsweise nahe. Im letzten Zitat spricht er davon, daß die Aktivitäten der einzelnen Recheneinheiten die *Konstituenten* von Symbolen seien. Und im Anschluß an dieses Zitat betont er, daß es "oft wichtig [ist], konnektionistische Modelle auf einer *höheren Ebene* zu betrachten; die Subsymbole sozusagen zu Symbolen zu verschmelzen" (Hervorhebung G.H.). Es scheint daher naheliegen, Aktivierungsvektoren (z.B. den Input-Vektor) als Symbole zu betrachten, die aus vielen einzelnen Subsymbolen (die Aktivierungswerte einzelner Einheiten) bestehen. Auch wenn Smolensky diese Verwendung nicht intendierte, ist sie in der Literatur doch weit verbreitet.[35]

Die Sichtweise, Aktivierungsvektoren als Symbole und deren Komponenten als Subsymbole zu betrachten, scheint auch gut zu der semantischen Unterscheidung einer begrifflichen und einer subbegrifflichen Ebene in distribuiert repräsentierenden Systemen zu passen: Einzelne Einheiten (bzw. ihr Aktivierungswert) sind Subsymbole und diese repräsentieren Begriffe der subbegrifflichen Ebenen (oder "microfeatures"). Aktivierungsvektoren dagegen sind Symbole und repräsentieren Begriffe der begrifflichen Ebene (d.h. des Problembereichs). Das Begriffspaar begrifflich/ subbegrifflich würde damit eine semantische Unterscheidung bezeichnen, während es bei den Begriffen symbolisch/ subsymbolisch um eine syntaktische Unterscheidung ging (was allerdings die Unterscheidung lokal/ distribuierte Repräsentation obsolet machte).

Diese Leseweise wäre unproblematisch, würde sie nicht dazu führen, Aktivierungsvektoren im gleichen Sinn als Symbole zu verstehen wie in der symbolischen Informationsverarbeitung. Da die Arbeitsweise konnektionistischer Systeme formal als die Transformation von Vektoren verstanden werden kann, gelangt man dann – unter der Annahme, daß Vektoren Symbole sind – zu dem Schluß, daß auch in konnektionistischen Systemen Symbole manipuliert werden.

Bevor ich etwas dazu sage, warum Vektoren nicht als Symbole betrachtet werden sollten, möchte ich noch auf einen weiteren Gedankengang hinweisen, der diese Betrachtungsweise nahelegt: Aktivierungsvektoren sollen Begriffe des Problembereichs repräsentieren. "Aber Repräsentation setzt ein Medium der Repräsentation voraus, und es gibt keine Symbolisierung ohne Symbole" (Fodor 1975; 55).[36] Also sind Aktivierungsvektoren Symbole. Dieses Argument beruht auf der Gleichsetzung von Repräsentation und Symbol. Ihr liegt die (durch den Symbolismus geprägte?) Intuition zugrunde, daß alles, was repräsentiert, auch ein Symbol sein muß. Diese Gleichsetzung von Repräsentation und Symbol ist häufig anzutreffen und führt z.B. auch zu einem Unverständnis gegenüber den "Subbegriffen", die eine einzelne Recheneinheit repräsentieren soll. So schreibt beispielsweise Lycan:

---

[35] cf. z.B. Goschke & Koppelberg 1988: "... bei distribuierten Repräsentationen ist es zweckmäßig, komplexe Symbole als Aktivierungsmuster über eine große Anzahl von Recheneinheiten zu betrachten, von denen jede evtl. einen Mikrofaktor repräsentiert."

[36] Fodor bezieht sich mit dieser Aussage *nicht* auf konnektionistische Systeme.

"Smolensky gibt zu, daß auf der "subbegrifflichen" Ebene *repräsentiert* wird... Die offensichtliche Frage ist: Warum zählt dies [...] nicht als vollständige begriffliche, vollständig symbolische Aktivität?" (1988; 11)

Auch hier der gleiche Gedankengang: Wenn von den Einheiten etwas repräsentiert wird, dann müssen die Repräsentationen Symbole sein. Und da Symbole Begriffe repräsentieren, repräsentieren einzelne Einheiten auch Begriffe. Wo also ist der Unterschied zwischen der begrifflichen und der subbegrifflichen Ebene? Die gleiche Äquivokation von 'Repräsentation' und 'Symbol' findet sich auch in der im nächsten Kapitel ausführlich zu diskutierenden Kritik von Fodor und Pylyshyn am Konnektionismus: "Was eine interessante und tendenziöse Behauptung *wäre*, ist, daß es keinen Unterschied zwischen regelfolgendem und regel-verletzendem Denken *auf der kognitiven oder repräsentationalen oder symbolischen Ebene* gibt" (1988; 11).[37]

Eingefleischten Symbolisten dürfte es schwerfallen, den Unterschied zwischen einer Repräsentation durch Symbole und einer Repräsentation durch eine Menge von Subsymbolen einzusehen. Sie neigen dazu, den Aktivierungsvektor (= Menge von Subsymbolen) einfach als Symbol (in einer anderen Notation) zu betrachten. Sieht man z.B. den gesamten Zustand eines Netzwerks (den Aktivierungsvektor aller Einheiten) als *ein* Symbol an, das durch die Tendenz des Netzwerks, einen möglichst stabilen Zustand zu erreichen, in eine anderes Symbol umgewandelt wird, könnte man versucht sein, diesen Vorgang als Symbolmanipulation zu betrachten, denn alle Komponenten eines formalen Systems können hier gefunden werden: diskrete Zeichen (die Aktivierungsvektoren) werden in andere diskrete Zeichen umgeformt.[38] Die Regeln, nach denen dies geschieht, sind sind zwar nicht explizit, könnten aber angegeben werden: Für jeden Aktivierungsvektor gibt es eine Regel, aus der sich der Aktivierungsvektor ableiten läßt, in dem das Netzwerk sich befindet, wenn es sich stabilisiert hat. Und schließlich ist dieses formale System auch endlich: es gibt zwar sehr viele, aber doch nur endlich viele Aktivierungsvektoren und entsprechend nur endlich viele Regeln.[39]

Dagegen kann folgendes eingewendet werden: nur weil das Verhalten eines Systems durch Regeln beschrieben wird, folgt das System noch keinen Regeln. Das Verhalten vieler komplexer Systeme (z.B. der Blutkreislauf) kann als regelhaft beschrieben werden, trotzdem möchte man nicht sagen, das System befolge irgendwelche Regeln. Aber nur wenn es Regeln zur Manipulation von Symbolen gibt, die das System befolgt – Regeln *für* das System – macht es Sinn, bestimmte Zustände des Systems als Symbole (im syntaktischen Sinn) aufzufassen. Auf die Aktivierungsvektoren werden *vom System*

---

[37]Durch dieses Zitat wird auch deutlich, warum kognitive Prozesse für sie symbolische Prozesse sein müssen.

[38]Können die einzelnen Recheneinheiten nur zwei diskrete Werte annehmen, läßt sich der Aktivierungsvektor als Folge von Nullen und Einsen darstellen. Etwas problematischer ist es, wenn als Aktivierungswerte alle reellen Zahlen in einem bestimmten Intervall zugelassen sind. Hier könnte davon ausgegangen werden, daß dieses Kontinuum durch eine genügend große Anzahl diskreter Werte hinreichend approximiert werden kann.

[39]Endliche Manipulation diskreter Zeichen ist das Kriterium, das Haugeland (1985) für formale Systeme angibt.

selbst keine Regeln angewandt, es gibt daher keinen Grund, diese Vektoren als Symbole anzusehen.[40]

Man muß sich darüber klar werden, daß hier zwei Symbolbegriffe im Spiel sind: Der erste, dem gemäß die beiden Ausdrücke 'Symbol' und 'Repräsentation' äquivalent verwendet werden, ein Symbol also einfach etwas ist, was einen Inhalt hat (im obigen Zitat hat Smolensky das den "semantischen Sinn" von Symbol genannt). Ein anderer Sinn von Symbol (Symbol im "syntaktischen Sinn") findet sich im Kontext der symbolischen Informationsverarbeitung: zwar haben auch dort Symbole eine Bedeutung – sind also Repräsentationen – aber es kommt noch eine weitere Bedingung hinzu. Ein Symbol in Symbolsystemen ist etwas, das etwas bedeutet *und* das nach formalen Regeln umgeformt wird. Eine notwendige Voraussetzung für ein Symbolsystem ist, daß es neben den Symbolen, die Dinge in der Welt repräsentieren, auch noch Symbole gibt, die Regeln zur Manipulation von Symbolen repräsentieren. Ohne diese Unterscheidung von eigentlichen Daten und Regeln hat es keinen Sinn, von einer symbolischen Informationsverarbeitung zu sprechen.[41] Allan Newell schreibt beispielsweise:

> "Absolut wichtig ist, daß die grundlegende Zerlegung in zwei Teile [Anm: in Daten und Regeln] weitreichende Konsequenzen hat – *sie garantiert die Existenz von Symbolen.*" (1980; 149, Hervorhebung G.H.)[42]

Und er ist sich auch bewußt, daß der Begriff eines Symbols im Zusammenhang mit symbolischer Informationsverarbeitung "*a priori* verschieden ist vom Begriff eines Symbols, wie er aus der Beschreibung sprachlicher, künstlerischer und sozialer Aktivitäten des Menschen entstanden ist" (1980; 141).

Wenn Smolensky von Symbolen spricht, meint er (nahezu) immer die repräsentierenden Elemente eines symbolverarbeitenden Systems. Aufschlußreich ist hier folgendes Zitat:

> "Entitäten, die im symbolischen Paradigma typischerweise durch Symbole repräsentiert werden, werden im subsymbolischen Paradigma typischerweise durch eine große Anzahl von Subsymbolen repräsentiert." (1988; 3)

Würde er den Begriff 'Symbol' in der ersten Lesart verwenden (könnte man also 'eine große Anzahl von Subsymbolen' durch 'Symbole' ersetzen), gäbe diese Aussage keinen Sinn.

Will man den Ausdruck 'Symbol' in der gleichen, klar umrissenen Weise gebrauchen, wie es in der Theorie symbolischer Informationsverarbeitung (meistens) geschieht, sollte

---

[40]Es hat keinen Zweck, hier auf den Unterschied von deklarativem und prozeduralem Wissen zu verweisen. Auch prozedurales Wissen muß in Form expliziter Regeln repräsentiert sein (cf. Cummins 1986).

[41]Aus diesem Grund erfolgt weder in (nicht-programmierbaren) Taschenrechnern, noch in mechanischen Registrierkassen, noch in einem Abacus eine symbolische Informationsverarbeitung. Daß bestimmte Teile oder Zustände etwas repräsentieren (Symbole im normalen, semantischen Sinn sind), bleibt davon unbenommen.

[42]Newell definiert ein Symbolsystem als universelle Maschine (S. 154). Damit etwas eine universelle Maschine sein kann, muß es das Verhalten jeder anderen Maschine simulieren können. Eine notwendige Bedingung dafür ist, daß es Regeln gibt, durch deren Befolgung die universelle Maschine die spezielle Maschine simuliert. Eine Konsequenz daraus ist, daß konnektionistische Systeme keine universellen Maschinen sind.

man daher Aktivierungsvektoren nicht als Symbole betrachten (und auch nicht die Aktivierungswerte der einzelnen Recheneinheiten).

In (nahezu) jeder Diskussion über konnektionistische Systeme wird folgendes Argument vorgebracht, das darauf abzielt, daß eigentlich kein Unterschied zwischen einem Symbolsystem und einem konnektionistischen Netzwerk besteht: "konnektionistische Systeme werden in der Regel in normalen Computern, d.h. in einer (symbolverarbeitenden) Von-Neumann-Maschine implementiert. Umgekehrt kann man auch eine Von-Neumann-Maschine in einem konnektionistischen System implementieren: beides sind universelle Maschinen. Wo also ist der Unterschied?"

Dazu ist zuerst einmal folgendes zu sagen: Universelle Maschinen haben zwar gemeinsam, daß sie die gleiche Klasse von Funktionen berechnen können, ihr Verhalten kann aber ansonsten sehr unterschiedlich sein (Das ist der Grund, warum man in bestimmten Kreisen lieber mit einer CRAY-2 als mit einer realisierten Turing-Maschine arbeitet). Für theoretische Zwecke, bei denen es nur auf eine Input-Output-Äquivalenz ankommt, mögen diese Unterschiede irrelevant sein. Für die Zwecke der Kognitionswissenschaften genügt eine derartig "schwache" Äquivalenz nicht (cf. Pylyshyn 1984; 55).

Ein adäquates Modell kognitiver Prozesse sollte erstens das gleiche zeitliche Verhalten zeigen wie das Gehirn (Echtzeit!) und auch das gleiche Fehlerverhalten. Zweitens sollte das Modell Aufschluß über die tatsächlich dem menschlichen Geist zugrundeliegenden Prozesse geben können und muß deshalb über die gleiche Menge von Grundoperationen verfügen. Wie ich bereits im zweiten Kapitel gesagt habe: Daß das menschliche Gehirn von einer Turing-Maschine (oder jeder anderen universellen Maschine) simuliert werden kann, ist – bei Gültigkeit der Churchschen These – trivial. Ob das Programm "Menschliches Denken" aber in unserem Kopf auf einer Turing-Maschine, einer Von-Neumann Maschine, einer Lisp-Maschine abläuft oder eine vollkommen andere Architektur hat, ist eine ganz andere Frage.

Wird ein konnektionistisches Netz durch ein Symbolsystem simuliert, gibt es in diesem System Symbole und Regeln, die diese Symbole umformen. Diese Symbole repräsentieren z.B. die Gewichtungsfaktoren zwischen den Einheiten oder deren Aktivierungswerte. Mit Hilfe der Regeln werden die Aktivierungszustände der Einheiten berechnet und während des Lernvorgangs die Veränderung der Gewichtungsfaktoren bestimmt. Diese Regeln und Symbole sind aber keine Regeln und Symbole für das konnektionistische System; Gewichtungsfaktoren und Aktivierungswerte sind numerische Größen, die in gewissen funktionalen Beziehungen zueinander stehen. Es gibt jedoch keine Regeln des *konnektionistischen* Systems, die diese Werte umformen. Die Entitäten eines konnektionistischen Systems (Aktivierungszustände, Gewichtungsfaktoren, Aktivierungsvektoren) sind keine Symbole für das konnektionistische System. Das Symbolsystem simuliert durch die Anwendung bestimmter Regeln auf Symbole ein konnektionistisches System, das simulierte System selbst befolgt aber keine Regeln und kennt keine Symbole.[43]

Neben diesem eher die syntaktische Dimension betreffenden Punkt, zeugt der Einwand auch von einem Mißverständnis bezüglich der Semantik: Wenn die Symbole des Symbolsystems Aktivierungszustände eines Netzwerks repräsentieren und man von einer

---

[43]Genau wie die Prozesse, die dem "Kopf" einer realisierten Turing-Maschine ermöglichen, die Zeichen auf dem Rechenband zu lesen, keine Operationen der (abstrakten) Turing-Maschine sind, sondern nur Fragen der Implementation betreffen.

Transitivität der Repräsentationsbeziehung ausgeht, dann repräsentieren die Symbole dasselbe wie die Aktivierungswerte, also Mikrofaktoren. Was immer diese Mikrofaktoren im einzelnen sind, so sind es auf alle Fälle Begriffe auf der subbegrifflichen Ebene, also keine Begriffe des jeweiligen Problembereichs. Die Begriffe des Problembereichs werden in distribuiert repräsentierenden Netzen durch Aktivierungsvektoren repräsentiert. Das, was im Netzwerk durch eine große Anzahl von Aktivierungswerten repräsentiert wird, ist nicht dasselbe, was die Symbole des simulierenden Symbolsystems repräsentieren. Anders gesagt: Die Begriffe des Problembereichs (in einer vorausgesetzten bzw. standardisierten Beschreibung) werden auch bei einem simulierten Netzwerk nicht durch die Symbole des zugrundeliegenden Symbolsystems repräsentiert.

"Aber kann man die Menge der einzelnen Symbole, die – wie zugestanden wurde – die Aktivierungswerte repräsentieren, nicht einfach als eine Art komplexes Symbol betrachten, das dann das gleiche repräsentiert wie der Aktivierungsvektor?" Nein, denn für dieses "Symbol" gibt es keine Regeln – weder für das konnektionistische System, noch für das simulierende Symbolsystem. Und ohne Regeln keine Symbole. "Aber sind die Subsymbole, aus denen ein Aktivierungsvektor besteht, nicht genau die Symbole des simulierenden Symbolsystems, und der Aktivierungsvektor damit ein aus Subsymbolen gebildetes komplexes Symbol?" Nein, Subsymbole sind keine Teile von Symbolen. Punkt.

5 Konnektionismus: Eine kritische Auseinandersetzung

Unter "Konnektionismus" verstehe ich die Position innerhalb der Kognitiven Psychologie, derzufolge konnektionistische Systeme zur Erklärung der menschlichen Informationsverarbeitung besser geeignet sind als das traditionelle "Rules and Representation"-Modell. Der Konnektionismus bildet somit einerseits eine Gegenposition zum Symbolismus, wie er in Kapitel 3 dargestellt wurde, stimmt aber andererseits mit diesem darin überein, daß Denken, Wahrnehmen usw. als eine Art Informationsverarbeitung verstanden werden muß.

Der Vorteil konnektionistischer Systeme wird vor allem darin gesehen, daß ihr Verhalten bei der Lösung bestimmter Aufgaben ähnlich flexibel ist wie menschliches Verhalten: Konnektionistische Systeme sind in der Lage, sinnvoll zu generalisieren – sie verhalten sich in einer neuen Situation so wie sie sich in einer ähnlichen, bereits bekannten Situation verhalten hätten (siehe z.B. NETtalk). Ihre Leistung läßt bei unvollständigen oder sogar inkonsistenten Inputs zwar nach, aber ohne an irgendeinem Punkt abrupt abzubrechen. Eine derartige stetige Verschlechterung (graceful degradation) ergibt sich auch bei künstlich induzierten Schäden im System: auch beim Ausfall einzelner Einheiten oder anderer Störungen liefert das System noch brauchbare Ergebnisse. Teilweise ist es sogar gelungen, bestimmte Hirnfunktionsstörungen zu simulieren.[1]

Durch die Möglichkeit einer inhaltsbezogenen Speicherverwaltung ist erklärbar, warum Gedächtnisinhalte oft mühelos und in kurzer Zeit gefunden werden. Auch hierbei finden sich bei konnektionistischen Systemen typisch menschliche Phänomene wie die Vermischung oder Verwechslung sehr ähnlicher Gedächtnis- bzw. Speicherinhalte. Und schließlich lernen Netzwerke selbst die korrekten Input-Output-Verbindungen, ohne daß sie ein spezifisches Regelsystem für den betreffenden Anwendungsbereich entwickeln würden. Dies ist vor allem in Bereichen interessant, in denen sich offensichtlich keine expliziten Regeln formulieren lassen, menschliche Experten aber dennoch gute Leistungen erzielen.[2]

Ein weiterer Punkt, der für konnektionistische Systeme als Modelle kognitiver Prozesse spricht, ist ihre biologische Plausibilität: in unseren Gehirnen befindet sich

---

[1] Eine Erklärung amnestischer Phänomene mit Hilfe distribuierter Repräsentationen findet sich in McClelland & Rumelhart 1986. McMillan et. al. (unv.) legen konnektionistische Modelle der Erklärung bestimmter Phänomene der Schizophrenie zugrunde.

[2] Ein beeindruckendes Beispiel – leider auch für die Verquickung von wissenschaftlichen mit militärischen Interessen – ist die Arbeit von Gorman und Sejnowski (1988): Menschliche Experten an Bord von Kriegsschiffen sind in der Lage anhand des charakteristischen "Plip"-Tons, der durch ein Echolot erzeugt wird, zwischen Minen und Felsbrocken zu unterscheiden. Gorman und Sejnowski zeigen, daß konnektionistische Systeme diese Unterscheidung, für die es keine formulierbaren Regeln gibt, ebenfalls lernen können.

zweifellos eine Art neuronales Netzwerk. Erregung wird von einem Neuron auf das andere übertragen; ein Neuron ist mit vielen anderen verknüpft; übersteigt die Erregung eines Neurons eine gewisse Schwelle, sendet es selbst einen Impuls an andere Einheiten usw. Auch unter einer globaleren Betrachtungsweise gibt es viele Ähnlichkeiten: Es gibt keinen besonderen Ort, an dem Information gespeichert wird, sondern die Information ist durch die Interaktion der synaptischen Verknüpfungen der Neuronen über große Teile des Cortex distribuiert. Es scheint keinen übergeordneten Kontrollmechanismus im Gehirn zu geben, sondern alle Teile scheinen gleichberechtigt zusammenzuarbeiten und sich gegenseitig zu beeinflussen.

Auf einen wichtigen Punkt hat bereits von Neumann hingewiesen. Für ihn war es "absolut unplausibel", daß das menschliche Gehirn in ähnlicher Weise arbeitet, wie ein digitaler Computer. Den Grund sah er darin, daß die Neuronen des biologischen Nervensystems nicht gerade präzise arbeiten, Präzision für einen digitalen Computer aber unabdingbar ist. Was beim Gehirn zählt, scheint mehr von der statistischen Struktur der Erregungsmuster abzuhängen als von ihrem exakten Auftreten:

> "Das Nervensystem ist eine Rechenmaschine, der es gelingt, ihre außerordentlich komplizierte Arbeit auf einer ziemlich niederen Ebene der Präzision auszuführen. [...] Diese Tatsache muß wieder und wieder betont werden, da keine bekannte Rechenmaschine auf einer so niedrigen Ebene der Präzision zuverlässig und brauchbar arbeiten kann."[3] (1958; 77f)

An dieser Feststellung hat sich bis heute nichts geändert. Man kann allerdings noch anfügen, daß neben dieser niederen Ebene der Präzision noch ein vergleichsweise träges Verhalten der Schaltzeiten von Neuronen im Vergleich mit den Bauelementen in heutigen Rechnern auffällig ist. Das alles führt zum Schmach der heutigen KI: mit Bauelementen, die mit einer Präzision und mit einer Geschwindigkeit Berechnungen ausführen, von denen ein menschliches Gehirn nicht mal zu träumen wagt, gelingt es nicht, Geräte zu bauen, die auch nur annähernd die kognitiven Fähigkeiten eines dreijährigen Kindes haben. Was liegt also näher, als anzunehmen, daß die Simulation des Gehirns mit Hilfe *neuronaler Netze* erfolgversprechender ist?

Wie immer bei einem Paradigmenwechsel in einer Wissenschaft gibt es nicht nur feurige Anhänger des Neuen, sondern auch verbissene Verfechter alter Dogmen. Ich werde im folgenden die Einwände gegen konnektionistische Systeme als Modelle kognitiver Prozesse diskutieren, wie sie von philosophischer Seite vorgebracht wurden. Ich werde mich dabei einerseits mit der Kritik von Fodor und Pylyshyn am Konnektionismus beschäftigen und andererseits der Frage nachgehen, ob der Konnektionismus einen Eliminativismus bezüglich propositionaler Einstellungen impliziert, wie es beispielsweise von Ramsey, Stich und Garon behauptet wird.

---

[3] Von Neumanns Buch *The Computer and the Brain* liest sich über weite Teile wie eine vorausschauende Abrechnung mit dem traditionellen "Rules and Representations"-Paradigma.

5.1 Die Kritik von Fodor und Pylyshyn

Einer der vehementesten Angriffe gegen den Konnektionismus findet sich in dem Aufsatz "Connectionism and Cognitive Architecture" von Fodor und Pylyshyn (1988).[4] Da ihre Kritik große Resonanz gefunden hat, werde ich mich ausführlich mit ihr auseinandersetzen. Nach Ansicht von Fodor und Pylyshyn sind konnektionistische Systeme nicht zur Erklärung kognitiver Zustände geeignet, da deren repräsentationale Elemente keine Konstituentenstruktur aufwiesen, diese aber notwendig sei, um bestimmten Eigenschaften kognitiver Zustände Rechnung zu tragen.

Bevor ich auf diese Eigenschaften komme, die ihrer Meinung nach eine Sprache des Geistes voraussetzen, sei kurz an das "kognitive Weltbild" von Fodor erinnert (mit dem sich Pylyshyn vorbehaltslos zu identifizieren scheint): Für Fodor sind kognitive Zustände (und er betrachtet dabei ausnahmslos propositionale Einstellungen) Relationen einer Person zu inneren Repräsentationen. Der Inhalt einer Überzeugung ist nach dieser Auffassung identisch mit dem Inhalt einer mentalen Repräsentation, die die betreffende Person in ihrem Kopf gebildet hat, wenn sie die betreffende Überzeugung hat. Der daß-Satz einer wahren Einstellungszuschreibung gibt den Inhalt dieser mentalen Repräsentation wieder. Die mentalen Repräsentationen, die auf diese Weise den propositionalen Einstellungen zugrunde liegen, bilden Fodor zufolge ein formales System: die von ihm postulierte formale Sprache des Geistes. Würde man diese Sprache des Geistes kennen, könnte man das Verhalten eines Menschen (soweit das Verhalten durch propositionale Einstellungen determiniert ist) in ähnlicher Weise erklären, wie man das Verhalten eines Computers erklären kann, wenn man das gerade ablaufende Programm kennt.

Eine wesentliche Eigenschaft propositionaler Einstellungen ist ihr Inhalt. Neben dem Modus ist der Inhalt das Kriterium, nach dem sie unterschieden werden. Der Inhalt gibt die kausale Rolle der Einstellungen wieder. Die kausale Interaktion propositionaler Einstellungen wird durch die kausale Interaktion der Symbole erklärt, die Träger des betreffenden Inhalts sind. Die kausale Interaktion propositionaler Einstellungen aufgrund ihres Inhalts kann erklärt werden, wenn propositionale Einstellungen ihren Inhalt aus dem Inhalt der zugrundeliegenden formalen Symbole erhalten. Fodor nimmt an, daß die formalen Symbole eine bestimmte Bedeutung haben, und daß diese Bedeutung durch die daß-Sätze von Einstellungszuschreibungen wiedergegeben wird.[5]

Man beachte, daß die mentalen Repräsentationen nach Ansicht von Fodor und Pylyshyn die Ausdrücke eines *formalen* Systems sind: sie werden ausschließlich aufgrund ihrer syntaktischen Gestalt, d.h. unabhängig von ihrer Bedeutung umgeformt. Daraus folgt, daß der unterschiedliche Inhalt zweier Repräsentationen nur dann einen psychologischen Unterschied macht (unterschiedliche Rechenprozesse verursacht) wenn

---

[4] Ähnliche Argumente finden sich auch in Fodor 1986, 1987 und Pylyshyn 1984.

[5] In einem unveröffentlichten Aufsatz weist Fodor die von Loar (1987) vertretene Auffassung zurück, daß daß-Sätze nicht den Inhalt propositionaler Einstellungen angeben. Er betont ein Eins-zu-Eins-Prinzip: Inhalte propositionaler Einstellungen korrespondieren Eins-zu-Eins mit dem Inhalt von daß-Sätzen (Fodor unv.). Auf den Umstand, daß mentale Repräsentationen nach Fodors Ansicht nur einen "engen" Inhalt haben, der erst in einem Kontext zu dem "weiten" Inhalt des daß-Satzes führt, gehe ich hier nicht ein, da es für die Argumentation von Fodor und Pylyshyn gegen den Konnektionismus irrelevant ist.

sich diese beiden Repräsentationen auch in formaler Hinsicht unterscheiden (methodologischer Solipsismus). Weiter folgt daraus, daß mentale Prozesse als formale Umformungsprozesse erklärbar sein müssen. Der Übergang von einer propositionalen Einstellung zu einer anderen ist nur möglich, wenn es eine formale Umformungsregel gibt, der zufolge eine mentale Repräsentation aus der anderen abgeleitet werden kann.[6] Berücksichtigt man diesen formalen Charakter mentaler Repräsentationen nicht, läuft man Gefahr, die Argumente Fodors und Pylyshyns zu unterschätzen.

Das Argument von Fodor und Pylyshyn gegen den Konnektionismus basiert auf zwei grundlegenden Prämissen, aus denen dann die skeptische Konklusion folgt. Bei Fodor und Pylyshyn sieht das so aus:

Erste Prämisse: Um bestimmte Eigenschaften propositionaler Einstellungen erklären zu können, muß man mentale Repräsentationen mit einer syntaktischen und semantischen Struktur annehmen.

Zweite Prämisse: Konnektionistische Systeme erlauben nur atomare, also unstrukturierte Repräsentationen.

Skeptische Konklusion: Die betreffenden Eigenschaften propositionaler Einstellungen können mit Hilfe konnektionistischer Modelle nicht erklärt werden; der Konnektionismus ist damit *a fortiori* keine plausible kognitive Theorie.

5.1.1 Die erste Prämisse: mentale Repräsentationen benötigen eine Konstituentenstruktur

Nach Meinung von Fodor und Pylyshyn muß man eine kombinatorische Syntax und Semantik mentaler Repräsentationen annehmen, da sonst bestimmte Eigenschaften propositionaler Einstellungen nicht erklärbar sind. Was sie unter einer kombinatorischen Syntax und Semantik verstehen, umreißen sie wie folgt:

a) "Es gibt einen Unterschied zwischen strukturell atomaren und strukturell molekularen Repräsentationen."

b) "Strukturell molekulare Repräsentationen haben syntaktische Konstituenten, die selbst entweder strukturell molekular oder strukturell atomar sind."

c) "Der semantische Inhalt einer (molekularen) Repräsentation ist eine Funktion der semantischen Inhalte ihrer syntaktischen Teile zusammen mit ihrer Konstituentenstruktur."[7] (1988; 12)

Warum ist es notwendig, daß die formalen Symbole der Sprache des Geistes eine derartige Konstituentenstruktur aufweisen? Fodor und Pylyshyn nennen drei Eigenschaften propositionaler Einstellungen, die nur dann erklärbar sein sollen, wenn das innere

---

[6] Es ist nicht möglich – wie Fodor andeutet – daß nur die eigentlichen Daten explizit repräsentiert sein müssen, während die Umformungsregeln "fest verdrahtet" sein können (cf. Fodor 1987; 25). Ein derartiges System würde keine Symbole manipulieren (im Sinne einer symbolischen Informationsverarbeitung).

[7] Die Bedingungen der Teile a) und b) bezeichnen sie meist als die Forderung nach einer Konstituentenstruktur mentaler Repräsentationen; Teil c) ist die Forderung nach einer kompositionalen Semantik.

Repräsentationssystem eine kombinatorische Syntax und Semantik aufweist: Propositionale Einstellungen sind *produktiv, systematisch* und *homogen*. Eine adäquate wissenschaftliche Rekonstruktion einer rationalen Psychologie sollte diese Eigenschaften von Gedanken erklären können. Geht man aber von atomaren Repräsentationen aus, ist dies gemäß Fodor und Pylyshyn nicht möglich. Der Reihe nach:

Produktivität: Die öffentliche Sprache erlaubt es, beliebig viele Sätze mit unterschiedlicher Bedeutung zu bilden. Diese Sätze können von kompetenten Sprechern hervorgebracht und auch verstanden werden. Um einen Satz zu bilden bzw. um ihn zu verstehen, ist es nach Meinung von Fodor und Pylyshyn notwendig, den durch diesen Satz ausgedrückten Gedanken zu denken: "man kann nur den Gedanken denken, der durch mentale Repräsentationen ausgedrückt werden kann" (1988; 44).

Einen Gedanken zu denken, bedeutet für sie, eine mentale Repräsentation zu haben (an geeigneter Stelle), die die gleiche Bedeutung hat, wie der gesprochene bzw. verstandene Satz. Da sich aber die unterschiedliche Bedeutung der mentalen Repräsentationen in deren formaler Struktur niederschlagen muß (sonst hätte die unterschiedliche Bedeutung keine psychologische Relevanz), folgt daraus, daß es beliebig viele (im Prinzip unendlich viele) mentale Repräsentationen geben muß.

Diese unendlich vielen mentalen Repräsentationen müssen aus einem endlichen Vorrat neuronaler Zustände aufgebaut sein, da mentale Repräsentationen letzten Endes neuronale Zustände sind und die Anzahl der Neuronen begrenzt ist. Dies ist nur möglich, wenn angenommen wird, daß die atomaren Symbole zu immer komplexeren Symbolen zusammengesetzt werden können, wenn also mentale Repräsentationen die geforderte Konstituentenstruktur aufweisen. Neue Repräsentationen werden durch die wiederholte Anwendung bestimmter Bildungsregeln konstruiert.

Ein Beispiel für eine derartig rekursive Konstruktion neuer Symbole aus einem endlichen Zeichenvorrat und einer endlichen Menge von Bildungsregeln ist jede öffentliche Sprache: Aus einem endlichen Zeichenvorrat (den Wörtern) kann ein kompetenter Sprecher beliebig viele verschiedene Sätze bilden. Geht man im Gegensatz dazu davon aus, daß die mentalen Repräsentationen keine Konstituentenstruktur haben, bleibt unerklärlich, wie ein Mensch beliebig viele Sätze hervorbringen bzw. verstehen kann.

Systematizität: Eine Theorie propositionaler Einstellungen sollte nach Fodors und Pylyshyns Meinung ebenfalls erklären können, warum die Fähigkeit, bestimmte Gedanken denken zu können, in systematischer Weise davon abhängt, andere Gedanken zu denken. Die Systematizität von Gedanken ergibt sich ihrer Ansicht nach aus der Systematizität unserer sprachlichen Fähigkeiten: Wenn Fodor und Pylyshyn von der "Systematizität sprachlicher Fähigkeiten" sprechen, meinen sie damit, "daß die Fähigkeit, manche Sätze zu produzieren bzw. zu verstehen *intrinsisch* mit der Fähigkeit verknüpft ist, bestimmte andere Sätze zu produzieren bzw. zu verstehen" (1988; 37).[8]

Versteht ein kompetenter Sprecher beispielsweise den Satz 'Romeo liebt Julia', so versteht er ihrer Ansicht nach auch zwangsläufig den Satz 'Julia liebt Romeo'. Nimmt man an, daß die Sätze der öffentlichen Sprache aus einzelnen Konstituenten aufgebaut sind, so ist erklärbar, wie es dazu kommt, daß bestimmte Sätze systematisch voneinander

---

[8] Die Unterscheidung zwischen dem Verstehen und dem Hervorbringen von Sätzen ist für das Argument irrelevant. In der weiteren Darstellung des Arguments beschränke ich mich daher auf den Aspekt des Verstehens.

abhängen: Jemand der z.B. 'Romeo liebt Julia' versteht, hat u.a. gelernt, daß dieser Satz die gleiche syntaktische Struktur aufweist wie der Satz 'Julia liebt Romeo' und deshalb ebenfalls wohlgeformt ist. Und da er die Bedeutung der einzelnen Konstituenten kennt (sonst würde er den ersten Satz nicht verstehen), muß er auch den zweiten Satz verstehen. Faßt man die Sätze allerdings als unstrukturiert auf, haben sie keine entscheidenden Gemeinsamkeiten. Es könnte sein, daß jemand den einen, nicht aber den anderen Satz versteht: "Unter der Annahme, daß die Sätze atomar sind, bleibt die Systematizität ein Geheimnis" (1988; 38).

Aus der Systematizität sprachlicher Fähigkeiten folgt nach Fodor und Pylyshyn die Systematizität von Gedanken: Um einen Satz zu verstehen, muß man den durch ihn ausgedrückten Gedanken denken können, woraus für sie folgt, "daß niemand die beiden Sätze über Romeo und Julia verstehen *könnte*, wenn er nicht in der Lage wäre, beide Gedanken über Romeo und Julia zu denken" (1988; 39).[9]

Das Phänomen, daß die Fähigkeit, den einen Gedanken zu denken, mit der Fähigkeit verknüpft ist, den anderen Gedanken zu denken, bedarf einer Erklärung. Gemäß Fodor und Pylyshyn erklärt sich die Systematizität von Gedanken analog zur Systematizität sprachlicher Fähigkeiten: durch die syntaktische und semantische Struktur mentaler Repräsentationen. Um einen Gedanken denken zu können, muß man eine mentale Repräsentation entsprechenden Inhalts gebildet haben. Nur unter der Annahme, daß mentale Repräsentationen – genau wie Sätze der öffentlichen Sprache – eine Konstituentenstruktur aufweisen, können verschiedene Gedanken in systematischer Weise voneinander abhängen. Ginge man von atomaren Repräsentationen aus, hätte man keine Erklärung für die Systematizität von Gedanken (und auch nicht für die unserer sprachlichen Fähigkeiten, da die Bedeutung der Sätze letzten Endes auf die Bedeutung mentaler Repräsentationen zurückgeht):

> "Genau wie die Systematizität der Sprache zeigt, daß es strukturelle Beziehungen zwischen den Sätzen 'Romeo liebt Julia' und 'Julia liebt Romeo' geben muß, so zeigt die Systematizität des Denkens, daß es strukturelle Beziehungen geben muß zwischen der mentalen Repräsentation, die dem Gedanken entspricht, daß Romeo Julia liebt, und der mentalen Repräsentation, die dem Gedanken entspricht, daß Julia Romeo liebt; nämlich daß die zwei mentalen Repräsentationen, genau wie die beiden Sätze, *aus den gleichen Teilen bestehen müssen*."[10] (1988; 39)

Sätze sind aber nicht nur bezüglich ihrer syntaktischen Struktur systematisch, sondern auch bezüglich der Bedeutung ihrer lexikalischen Elemente: "welche Sätze systematisch voneinander abhängen, ist vom semantischen Gesichtspunkt her nicht willkürlich" (1988; 41):[11] Zwischen den Sätzen 'Julia liebt Romeo' und 'Romeo liebt Julia' besteht nicht nur eine syntaktische, sondern auch eine semantische Beziehung: Damit der erste Satz wahr

---

[9] Romeo heißt im Original "John", von Julia wird nur als "the girl" gesprochen.

[10] Allerdings nimmt Fodor nicht an, daß die Struktur mentaler Repräsentationen der Oberflächenstruktur der Sätze entspricht; die Struktur mentaler Repräsentationen wird für ihn eher aus der Tiefenstruktur des Satzes deutlich. So schreibt man seiner Ansicht nach mit den Sätzen 'John believes Mary bit Bill' und 'John believes Bill was bitten by Mary' den gleichen Gedanken zu (1978; 191).

[11] Die Autoren handeln den syntaktischen Aspekt unter der Überschrift "Systematicity of cognitive representation", den semantischen unter "Compositionality of representations" ab. Wie sie selbst schreiben, sind beide Punkte eng miteinander verknüpft und sollten am besten als Aspekte eines

ist, muß zwischen Julia und Romeo die gleiche Beziehung bestehen, wie sie zwischen Romeo und Julia besteht, wenn der zweite Satz wahr ist. Diese semantische Beziehung unterscheidet beide Sätze z.B. von dem Satz 'Elke schlägt Klaus' (obwohl er die gleiche syntaktische Struktur hat). Die Systematizität von Sätzen hängt also nicht nur von deren (syntaktischen) Konstituentenstruktur, sondern auch von deren (semantischen) Kompositionalität ab, also davon, daß "ein lexikalisches Element in jedem Ausdruck, in dem es auftritt, annähernd den gleichen semantischen Beitrag leistet" (1988; 42). Dieses Prinzip der Kompositionalität betrifft die semantischen Beziehungen zwischen der Bedeutung eines Satzes und der Bedeutung seiner Teile und setzt daher eine Konstituentenstruktur des Satzes voraus. Der Übergang von Sätzen der öffentlichen Sprache zu mentalen Repräsentationen erfolgt wie oben:

> "Sätze werden benutzt, um Gedanken auszudrücken; wenn also die Fähigkeit, manche Sätze zu gebrauchen mit der Fähigkeit verknüpft ist, bestimmte andere, semantisch verwandte Sätze zu gebrauchen, dann muß die Fähigkeit, manche Gedanken zu denken entsprechend mit der Fähigkeit verbunden sein, bestimmte andere, semantisch verwandte Gedanken zu denken. *Man kann aber nur die Gedanken denken, die die mentalen Repräsentationen ausdrücken können.*" (1988; 44, Hervorhebung G.H.)

Genau wie die (semantische) Kompositionalität von Sätzen eine (syntaktische) Konstituentenstruktur voraussetzt, präsupponieren die semantischen Beziehungen zwischen verschiedenen, systematisch voneinander abhängigen Gedanken eine Konstituentenstruktur mentaler Repräsentationen:

> "Mentale Repräsentationen müssen in der gleichen Weise innere Struktur haben wie Sätze. So muß es beispielsweise der Fall sein, daß die mentale Repräsentation, die dem Gedanken entspricht, daß Hans das Mädchen liebt, dieselben Konstituenten als Teile enthält, wie die mentale Repräsentation, die dem Gedanken entspricht, daß das Mädchen Hans liebt."[12] (1988; 44)

Homogenität von Schlußfolgerungen: Die Argumentation zur Homogenität von Schlußfolgerungen ist etwas anders aufgebaut als die beiden letzten Punkte. Hier versuchen Fodor und Pylyshyn die Notwendigkeit einer Konstituentenstruktur nicht daraus abzuleiten, daß eine bestimmte Eigenschaft (eben die Produktivität und Systematizität) nur mit Hilfe strukturierter mentaler Repräsentationen erklärt werden kann, sondern daraus, daß unter der Annahme atomarer mentaler Repräsentationen diese Eigenschaft zwar möglich ist, aber – im Gegensatz zu strukturierten mentalen Repräsentationen – nicht notwendig folgt.

Dem logischen Gesetz, daß von einer Konjunktion auf die einzelnen Konjunktionsglieder geschlossen werden kann, entspricht nach Ansicht Fodors und Pylyshyns das psychologische Gesetz, daß der Gedanke, *daß P und Q*, den Gedanken, *daß P*, und den

---

einzigen Phänomens betrachtet werden (S. 41). Dieser Empfehlung bin ich gefolgt und stelle beide Punkte unter der Überschrift "Systematizität" dar.

[12]Die Autoren räumen zwar ein, daß es in der natürlichen Sprache viele Ausnahmen gibt und daß keineswegs klar ist, in welchem Maße die Semantik der natürlichen Sprache kompositional ist. Ihre Argumentation betrachten sie dennoch als angemessen.

Gedanken, *daß Q*, verursacht. Diese Systematizität ist – wie oben dargestellt – ihrer Meinung nach nur erklärbar, wenn angenommen wird, daß die mentale Repräsentation, die dem Gedanken, *daß P und Q*, zugrunde liegt, aus (Teil)-Repräsentationen für *P*, *Q* und die logische Partikel *und* besteht. Wäre das dem konjunktiven Gedanken zugrundeliegende Symbol der Sprache des Geistes atomar, könnte man nicht erklären, wie eine derartige Gesetzmäßigkeit zustande kommt.

Diese Übereinstimmung zwischen logischen und psychologischen Gesetzen kommt nach symbolistischer Auffassung dadurch zustande, daß die mentalen Repräsentationen eine bestimmte syntaktische Struktur haben und daß es Operationen gibt, die diese Struktur auswerten. Es gibt also – entsprechend einer logischen Umformungsregel – beispielsweise eine Operation, die die mentale Repräsentation $|p \wedge q|$ in die Repräsentation $|p|$ umwandelt. Genau wie die logischen Regeln zur Umformung von Ausdrücken berücksichtigen diese Operationen nur die logische Form der mentalen Repräsentationen: die gleiche Operation wandelt auch die Repräsentation $|p \wedge q \wedge r|$ in $|p|$ um usw.

Durch diesen Umstand wird erklärbar, warum die kognitive Fähigkeit, bestimmte logische Schlüsse zu ziehen, keine "Lücken" aufweist, warum also z.B. jeder, der den Schluß von *P und Q* nach P ziehen kann, auch den Schluß von *P und Q und R* nach P ziehen kann. Der Grund dafür ist, daß die "logisch homogene Klasse von Schlußfolgerungen durch eine entsprechend homogene Klasse psychologischer Mechanismen ausgeführt wird" (1988; 47). Von dieser Homogenität der Schlußfolgerungen gehen Fodor und Pylyshyn (ohne Argument) aus:

> "Wir behaupten, daß man keine kognitiven Fähigkeiten findet, die diese Art von Lücken aufweist. Man findet keinen Geist, der z.B. bereit ist, 'Hans ging zum Laden' aus 'Hans und Maria und Susanne und Sabine gingen zum Laden' und aus 'Hans und Maria gingen zum Laden' zu schließen, nicht aber aus 'Hans und Maria und Susanne gingen zum Laden'." (1988; 48)

Geht man von strukturierten Repräsentationen und von Operationen, die die Struktur dieser Repräsentationen auswerten, aus, ergibt sich diese Homogenität nach Ansicht von Fodor und Pylyshyn zwangsläufig. Nicht so jedoch bei atomaren Repräsentationen. In diesem Fall wäre es möglich, daß die atomare Repräsentation für *P und Q und R* die Repräsentation für *P* verursacht, nicht aber die Repräsentation für *P und Q*, da es keine Operationen geben kann, die die logische Struktur dieser Repräsentationen auswerten (da es diese nach Voraussetzung nicht gibt). Unter der Annahme atomarer Repräsentationen wäre es daher gemäß Fodor und Pylyshyn unerklärlich, warum kognitive Leistungen bezüglich Schlußfolgerungen keine derartige Lücken aufweisen:

> "Einen Begriff der logischen Syntax vorausgesetzt – genau den Begriff, den die klassische Theorie des Mentalen erfordert, um ihre Erklärung mentaler Prozesse zum Laufen zu bringen – ist es eine *Binsenwahrheit*, daß man keinen derartigen Geist findet. Fehlt der Begriff einer logischen Syntax, ist es ein Geheimnis, daß man keinen findet." (ebd)

Auch hier findet sich in der Argumentation von Fodor und Pylyshyn die Strategie des Schlusses auf die bestmögliche Erklärung: Eine bestimmte Eigenschaft wird vorausgesetzt. Anschließend wird gezeigt, daß das Vorhandensein dieser Eigenschaft (bzw. das

Fehlen von Systemen, die diese Eigenschaft nicht aufweisen) nur unter der Annahme einer Konstituentenstruktur bzw. kompositionalen Semantik zu erklären ist, und daraus auf deren Existenz geschlossen. Der Unterschied zwischen den ersten beiden Punkten (Produktivität, Systematizität) und dem letzten (Homogenität) ist, daß im letzten die Eigenschaft zwar auch bei einem System mit atomaren Repräsentationen möglich gewesen wäre, aber nicht erklärt werden könnte, warum es keine kognitiven System gibt, die diese Eigenschaft *nicht* haben. Im Gegensatz dazu ging es in den ersten beiden Fällen darum, daß es Eigenschaften kognitiver Systeme gibt, die Systeme mit atomaren Repräsentationen nicht haben können. Das Ergebnis ist in allen drei Fällen gleich: Mentale Repräsentationen sind nicht atomar, sondern haben eine Konstituentenstruktur.[13]

Damit ist der erste Teil des skeptischen Arguments von Fodor und Pylyshyn gegen den Konnektionismus komplett. Zusammenfassend läßt er sich wie folgt darstellen:

- Die Fähigkeit zur Hervorbringung oder zum Verstehen von Sätzen ist produktiv, systematisch und homogen.

- Einen Satz kann man nur dann verstehen (oder äußern), wenn man den entsprechenden Gedanken denkt.

- *also:* Gedanken sind produktiv, systematisch und homogen.

- Einen Gedanken zu denken (eine propositionale Einstellung zu haben), setzt voraus, eine mentale Repräsentation gleichen Inhalts zu haben.

- Produktivität, Systematizität und Homogenität setzen eine Konstituentenstruktur der repräsentierenden Elemente (Sätze oder mentale Repräsentationen) voraus.

- *also:* Mentale Repräsentationen haben eine Konstituentenstruktur – sie sind nicht atomar.

5.1.2 Die zweite Prämisse: Konnektionistische Repräsentationen sind atomar

In diesem Abschnitt werde ich darstellen, warum Repräsentationen in konnektionistischen Systemen nach Ansicht Fodors und Pylyshyns atomar sind, also keine Konstituentenstruktur haben (und damit *a fortiori* auch keine kompositionale Semantik).

Da auch von konnektionistischer Seite allgemein akzeptiert wird, daß lokal repräsentierende Systeme als kognitive Modelle ungeeignet sind, verzichte ich darauf, die ausführliche Argumentation von Fodor und Pylyshyn gegen diese Art von Repräsentation darzustellen. Es ist aber keineswegs so, wie manchmal angedeutet wird, als richteten sich ihre Vorwürfe ausschließlich gegen lokal repräsentierende Netzwerke (cf. z.B. Smolensky 1987b). Fodors und Pylyshyns Kritik bezieht sich auch auf distribuierte Repräsentationen.

---

[13]Ich werde die Argumentation von Fodor und Pylyshyn hier nicht diskutieren; siehe dazu Abschnitt 5.2. Da ich mich dort aber auf die Systematizität beschränken werde, sei an dieser Stelle angemerkt, daß gerade der letzte Punkt auf einer höchst zweifelhaften Prämisse beruht: der Annahme der Homogenität kognitiver Prozesse. Dies ist offensichtlich der Grund, warum die Argumentation mit der Homogenität in der breiten Diskussion, die der Artikel von Fodor und Pylyshyn ausgelöst hat, vollständig ignoriert wird (cf. z.B. Bechtel & Abrahamsen 1991, Clark 1989 oder Narayanan 1988).

Wie sie zu Recht bemerken, wird in konnektionistischen Modellen versucht, umgangssprachliche Begriffe durch Aktivierungsvektoren zu repräsentieren. Die einzelnen Komponenten eines derartigen Vektors erlauben dann keine Interpretation mehr in der Begrifflichkeit des Problembereichs, sondern repräsentieren subbegriffliche Mikrofaktoren. Von Fodor und Pylyshyn wird darauf hingewiesen, daß Mikrofaktoren nicht die gesuchten symbolischen Konstituenten darstellen. Ein Begriff und seine Mikrofaktoren stehen in einer *semantischen* Beziehung zueinander, während die gesuchte Beziehung eine *syntaktische* ist:

> "...selbst unter der Annahme, daß Begriffe über Mikrofaktoren distribuiert sind, ist **hat einen Henkel** kein Konstituent von **Tasse** in dem Sinn, in dem **Maria** (das Wort) ein Konstituent von **Hans liebt Maria** ist."

> "Echte Konstituentenstruktur hat etwas mit dem Ganzen und seinen Teilen zu tun; das Symbol **Maria** ist buchstäblich ein Teil des Symbols **Hans liebt Maria.**"

> "...Es ist wirklich sehr wichtig, nicht die semantische Unterscheidung zwischen primitiven und definierten Ausdrücken mit der syntaktischen Unterscheidung zwischen atomaren und komplexen Symbolen zu verwechseln."
> (1988; 21f)

Gegen dieses Argument von Fodor und Pylyshyn wurde eingewendet, daß es zwar richtig sei, daß der Ausdruck **hat einen Henkel** im Deutschen nicht Teil des Ausdrucks **Tasse** ist. "Aber das, woran wir interessiert sind, ist die Syntax der Sprache des Geistes in konnektionistischen Netzwerken" (Hawthorne 1989; 11). Hinter dieser etwas obskuren Formulierung steckt folgende Idee:

> "Wenn die Muster im Netzwerk, die umgangssprachliche Begriffe repräsentieren, als echte Teile Einheiten enthalten, die subbegriffliche Merkmale repräsentieren, und wenn der semantische Inhalt der Muster in systematischer Weise vom subbegrifflichen Inhalt der Einheiten abhängt, deren echte Teile sie sind, dann haben wir gute Gründe zu sagen, daß mentale Repräsentationen in diesem Netzwerk eine syntaktische Struktur haben."
> (ebd)

Hawthorne geht dabei offensichtlich von der – im letzten Kapitel kritisierten – Annahme aus, daß Aktivierungsvektoren in konnektionistischen Netzen als Symbole zu betrachten sind, und kommt zu dem Schluß, daß die einzelnen Komponenten dieser Vektoren die Konstituenten sind, aus denen sich das komplexe Symbol (der Aktivierungsvektor) zusammensetzt.

Hier wird deutlich, warum man den Ausdruck 'Symbol' nicht auf Aktivierungsvektoren anwenden sollte: Nur weil man einen Vektor als Symbol bezeichnet (weil er vielleicht etwas repräsentiert), wird noch lange kein Symbol daraus, wenigstens dann nicht, wenn Symbole die Dinge sein sollen, die bei einer symbolischen Informationsverarbeitung nach formalen Regeln manipuliert werden. Deshalb erhält man auch durch die Zerlegung von Aktivierungsvektoren in ihre Komponenten keine Konstituenten von Symbolen (wie sie Fodor und Pylyshyn einfordern). Die Komponenten eines Vektors können nicht die Funktion übernehmen, die Konstituenten in (komplexen) Symbolen haben, nämlich durch die Art ihrer Stellung zueinander angeben, in welchen Beziehungen die Gegenstände zueinander stehen, die durch sie repräsentiert werden. Fodor und Pylyshyn machen dies an folgendem Beispiel deutlich (1988; 22):

Angenommen, die mentale Repräsentation, die der Überzeugung *Hans liebt Maria* entspricht, wäre durch einen Vektor mit den Komponenten $\langle +Hans, +liebt, +Maria \rangle$ repräsentiert.[14] Wie Fodor und Pylyshyn zu Recht feststellen, ist es sinnlos eine Konstituentenstruktur durch eine Mengen- Teilmengen-Beziehung ersetzen zu wollen. So sind z.B. die Teilmengen $\{+Hans, +Maria\}$ und $\{+Hans, +liebt\}$ Teilmengen von $\{+Hans, +liebt, +Maria\}$, aber sie entsprechen nicht den Konstituenten (den Teilen) des komplexen Symbols **Hans liebt Maria**.[15] Besonders deutlich wird dieser Mangel, wenn man bedenkt, daß eine derartige Repräsentation nicht zwischen "Hans liebt Maria" und "Maria liebt Hans" unterscheiden kann.[16]

Was die Sätze **Hans liebt Maria** und **Maria liebt Hans** (syntaktisch) unterscheidet, ist die unterschiedliche *geometrische* Anordnung der einzelnen Konstituenten. Daß im ersten Satz **Hans** der Teil ist, der das Subjekt repräsentiert, ergibt sich nicht aus aus der Form von **Hans** (die ist in beiden Sätzen gleich), sondern aus seiner Position im Satz.[17] Die semantisch bewertbaren Teile symbolischer Repräsentationen "bilden die Teile eines geometrischen Ganzen, in dem die geometrischen Beziehungen selbst semantisch bedeutsam sind" (1988; 26). Eine kompositionale Semantik berücksichtigt diesen Punkt, indem sie fordert, daß die Bedeutung eines komplexen Zeichens von der Bedeutung seiner Teile *sowie* von der Art der Verknüpfung abhängt. Werden die einzelnen Begriffe durch Aktivierungswerte eines konnektionistischen Netzes repräsentiert, fehlt diese geometrische Struktur, wie das Beispiel von Fodor und Pylyshyn gezeigt hat. Sind in einem Netz die Einheiten für **Hans**, **liebt** und **Maria** aktiv, so könnte man nicht unterscheiden, ob der Sachverhalt *Hans liebt Maria* oder der Sachverhalt *Maria liebt Hans* repräsentiert wird.

Ein Verteidiger des Konnektionismus sollte an dieser Stelle nicht auf die Idee kommen zu behaupten, daß in einem Netzwerk eine geometrische Beziehung der einzelnen Teilrepräsentationen durch die räumliche Anordnung der Einheiten zustande kommt. Aus dem Umstand, daß die Einheiten in graphischen Darstellungen meist linear angeordnet sind, folgt nicht, daß für diese Einheiten eine geometrische Ordnung definiert ist. Die geometrischen Beziehungen existieren nur in der Zeichnung, die dieses Netzwerk veranschaulicht. In der Regel hat die Anordnung der Einheiten innerhalb einer bestimmten Ebene keine Auswirkung auf den Verarbeitungsprozeß. Der Aktivierungsvektor $\langle +Hans, +liebt, +Maria \rangle$ ist identisch mit dem Aktivierungsvektor $\langle +Maria, +liebt, +Hans \rangle$, während sich natürlich der Satz **Hans liebt Maria** von **Maria liebt Hans** unterscheidet.

Aufgabe der (syntaktischen) Konstituentenstruktur in symbolischen Repräsentationen ist es, einen Hinweis darauf zu geben, in welchen (semantischen) Relationen die

---

[14]Die Notation soll andeuten, daß in dem betreffenden Aktivierungsvektor die Einheiten, die Hans, Maria u. die Liebens-Relation repräsentieren, aktiv sind.

[15]Hier wird deutlich, daß Fodor und Pylyshyn unter den Konstituenten eines Satzes nicht einfach nur dessen Teile (z.B. Wörter) verstehen, sondern die Elemente, die den Knoten eines Strukurbaums einer Phrasenstrukturanalyse entsprächen.

[16]Fodor und Pylyshyn zählen noch eine Reihe weiterer Probleme auf, auf die ich hier nicht eingehen möchte.

[17]Ich berücksichtige hier nur geschriebene Sätze. Bei gesprochenen Sätzen ist die Situation komplizierter, da dann auch die Betonung eine Rolle spielt.

repräsentierten Begriffe stehen. So weist z.B. die Stellung eines Wortes im Satz (neben anderen Faktoren wie Worttyp und Flexionsform) oft darauf hin, welches Wort das logische Subjekt und welches als logisches Prädikat der repräsentierten Proposition verstanden werden soll. Eine Möglichkeit, Relationen in konnektionistischen Systemen darzustellen, besteht darin, sie explizit zu repräsentieren. Im einfachsten Fall könnte dies dadurch geschehen, daß eine bestimmte Einheit nur dann aktiv ist, wenn zwischen zwei Gegenständen eine bestimmte Relation repräsentiert werden soll.

Man könnte nun versucht sein, die Konstituentenstruktur komplexer Symbole in konnektionistischen Systemen dadurch nachzubilden, daß man die semantischen Relationen, die bei einer symbolischen Repräsentation geometrisch kodiert sind, explizit durch die Aktivität einer bestimmten Recheneinheit repräsentiert. Die durch den Satz **Hans liebt Maria** ausgedrückte Proposition würde dann beispielsweise durch den Aktivierungsvektor $\langle +Hans(Subjekt), +liebt, +Maria(Objekt)\rangle$ repräsentiert. In dem betreffenden Netzwerk gibt es dann eine Einheit, die dann aktiv ist, wenn Hans das Subjekt, und eine andere, die aktiv ist, wenn er das Objekt der zu repräsentierenden Proposition ist. Jetzt wäre es möglich, zwischen "Hans liebt Maria" und "Maria liebt Hans" zu unterscheiden, da jeweils unterschiedliche Einheiten aktiv wären und die Aktivierungsvektoren sich deshalb unterscheiden würden.

Allerdings ist mit diesem Trick noch nicht viel gewonnen. Fodor und Pylyshyn weisen darauf hin, daß damit immer noch nicht unterschieden werden kann zwischen "Hans liebt Maria und Max haßt Anna" und "Hans haßt Anna und Max liebt Maria", da beide Propositionen durch die gleichen Vektoren repräsentiert würden. Dieser Mangel ließe sich dadurch beheben, daß man noch komplexere Relationen explizit repräsentiert, daß also eine Einheit z.B. die Relation "Hans ist Subjekt einer Liebens-Relation mit Maria als Objekt" repräsentiert.

Eine derartige Lösung ist natürlich nicht praktikabel, da dann jede mögliche Proposition lokal durch eine eigene Einheit repräsentiert werden müßte. Dies ist aber absurd, da die Anzahl der Neuronen im Gehirn bei weitem nicht ausreichen würde, jeden möglichen Gedanken zu repräsentieren. (Fodor und Pylyshyn (1988; 24) weisen darauf hin, daß die Zahl der wohlgeformten 20-Wort-Sätze des Englischen in etwa der Anzahl der Sekunden in der bisherigen Geschichte des Universums entspricht.)

Aber die Situation ist für Konnektionisten nicht so dramatisch, wie es sich Fodor und Pylyshyn wünschen. Relationen müssen nicht notwendigerweise lokal durch die Aktivität einer einzelnen Einheit repräsentiert werden. Auch bei Relationen ist eine distribuierte Form der Repräsentation möglich. Eine Relation wird dann nicht durch eine einzelne Recheneinheit repräsentiert, sondern durch sehr viele Einheiten und jede dieser Einheiten ist andererseits wiederum an der Repräsentation vieler Relationen beteiligt.[18] Dadurch ist es möglich, sehr viele Relationen durch eine begrenzte Anzahl von Recheneinheiten zu repräsentieren. Wie viele? Nun, in einem Netzwerk, in dem die Aktivierungswerte der Einheiten ein Kontinuum bilden, theoretisch unendlich viele. Da man von physikalisch realisierten Einheiten aber nicht erwarten kann, daß sie ihre Aktivierungswerte beliebig

---

[18]Auf die Details dieser distribuierten Repräsentation oder Tensor-Produkt-Repräsentation von Relationen möchte ich an dieser Stelle nicht eingehen (cf. Smolensky 1987a).

genau unterschieden werden, hat dieses Ergebnis natürlich keine praktische Relevanz.[19] Ein "realistischere" Berechnung stellt Paul Churchland an:

> "Ein typisches menschliches Gehirn enthält annähernd 100 Milliarden Neuronen. Ein typisches Neuron enthält synaptische Verbindungen von rund 3000 anderen Neuronen. Ein typisches menschliches Gehirn enthält daher synaptische Verbindungen in der Größenordnung von $10^{11} \times 10^3 = 10^{14}$. Nehmen wir bescheiden an, daß das Gewicht jeder Verbindung jeden von zehn möglichen Werten annehmen kann. Angesichts dieser Zahlen, wie viele verschiedene kognitive Konfigurationen kann ein Gehirn einnehmen? Nun, es gibt zehn mögliche Gewichte für die erste der 10^{14} Verbindungen, mal zehn mögliche Gewichte für die zweite Verbindung, mal zehn für die dritte, usw. Die gesamte Anzahl der unterschiedlichen möglichen Konfigurationen beträgt daher $10^{10^{14}}$ oder $10^{100.000.000.000.000}$. Um eine Idee von der Größe dieser Zahl zu bekommen, erinnere man sich daran, daß die Anzahl aller Elementarteilchen des gesamten Universums im allgemeinen auf ungefähr 10^{87} geschätzt wird." (1988; 41)

Da ich mich jetzt nicht auf eine Diskussion über das Verhältnis von Elementarteilchen des Universums und seiner bisherigen Dauer (in Sekunden !) einlassen möchte, stelle ich hier abschließend fest: Die distribuierte Repräsentation von Relationen ist nicht so unsinnig wie Fodor und Pylyshyn darstellen; ob man allerdings auf diesem Wege versuchen sollte, die Konstituentenstruktur symbolischer Repräsentation nachzuahmen, scheint äußerst zweifelhaft. Denn selbst wenn man viele (sehr viele) Relationen repräsentieren kann, so fehlt doch immer noch die Möglichkeit, *beliebig* viele Sätze durch Rekursion zu erzeugen und damit die geforderte Produktivität der Repräsentationen. Insofern bleibt die symbolische Repräsentation mit ihrer Konstituentenstruktur in dieser Hinsicht den Aktivierungsvektoren eines konnektionistischen Systems überlegen.

Der einzige Ausweg, der nach Ansicht von Fodor und Pylyshyn übrig bleibt, ist, konnektionistische Repräsentationen (irgendwie) mit einer rekursiven Syntax und kompositionalen Semantik zu versehen. Diesen Weg versuchen beispielsweise Touretzky und Hinton zu gehen (1988): Sie "haben ein Netzwerk zur Implementation eines Produktionssystems konstruiert, das symbolische Schlußfolgerungen ausführen kann. Dieses System enthält einen Arbeitsspeicher, in dem Repräsentationen aktiv sein können, und Regeln, die in Abhängigkeit vom gegenwärtigen Inhalt des Speichers, den Inhalt des Speichers ändern können" (Bechtel 1989; 7). Die Leistung dieses Systems ist zwar sehr begrenzt, aber man hätte damit die wesentlichen Bestandteile einer klassischen Architektur mit konnektionistischen Mitteln implementiert.[20] Allerdings könnte man derartige Systeme dann als Symbolsysteme betrachten und befände sich im klassischen Paradigma der symbolischen Informationsverarbeitung.

Für den Konnektionismus scheint es kein Entkommen aus diesem Dilemma zu geben. Entweder haben konnektionistische Repräsentationen tatsächlich keine Konstituenten-

---

[19]Es ist sogar geradezu trivial, denn wenn man annimmt, daß der Aktivierungswert einer Einheit alle reellen Zahlen in einem Intervall von z.B. [0,1] annehmen kann, könnte bereits eine einzige Einheit unendlich viele Gegenstände repräsentieren.

[20]In diesem Fall von Implementation zu sprechen ist gewagt, da konnektionistische Systeme keine universellen Maschinen sind (obwohl sie deren Verhalten beliebig genau approximieren können). Ich werde mich aber trotzdem an den allgemeinen Sprachgebrauch halten.

struktur, dann sind sie als kognitive Modelle ungeeignet, oder es gelingt, die Konstituentenstruktur symbolischer Repräsentationen (irgendwie) zu imitieren – dann gibt es aber keinen Grund, das symbolische Paradigma zugunsten des konnektionistischen aufzugeben, da es dann eine adäquate Beschreibung des Modells als Symbolmanipulation gibt. (Das konnektionistische System implementiert in diesem Fall das symbolische nur.)

5.2 Ausweg aus dem Dilemma

In diesem Abschnitt möchte ich zeigen, daß die Situation für den Konnektionismus nicht so ausweglos ist, wie Fodor und Pylyshyn meinen, sondern daß sich diese düstere Sichtweise nur dann ergibt, wenn man die Situation durch die – keineswegs glasklare – Brille des Symbolismus betrachtet.

Als erstes werde ich dazu zeigen, daß auch der Symbolismus Probleme mit der geforderten Konstituentenstruktur hat. Anschließend werde ich darstellen, wie die Aufgabe, die die Konstituentenstruktur in einem symbolischen Medium hat, mit konnektionistischen Methoden erfüllt werden kann, ohne daß eine klassische Architektur implementiert wird (entgegen der zweiten Prämisse von Fodor und Pylyshyn). Und zum Schluß werde ich dafür argumentieren, daß die erste Prämisse – mentale Repräsentationen erforderen eine Konstituentenstruktur – auf Annahmen beruht, die kein Konnektionist zu akzeptieren braucht.

Wie man sich erinnern wird, geschieht die Informationsverarbeitung in Symbolsystemen durch die formale Umformung strukturierter Repräsentationen. Die Regeln, nach denen die Symbole umgeformt werden, beziehen sich dabei ausschließlich auf die formal-syntaktischen Eigenschaften der Repräsentationen. Daraus folgt, daß sich alles, was für den Verarbeitungsprozeß relevant ist, in der Syntax widerspiegeln muß.

Ein Vorwurf gegen die konnektionistische Repräsentation des Gedankens *Hans liebt Maria* war, daß es nicht möglich ist, in {+*Hans*, +*liebt*, +*Maria*} die einzelnen Konstituenten mit Teilmengen zu identifizieren, da sich Teilmengen bilden lassen, denen keine Konstituenten entsprechen (z.B. {+*Hans*, +*liebt*}). Von Fodor und Pylyshyn wird dabei vorausgesetzt, daß die Zerlegung eines komplexen Symbols in Konstituenten problemlos möglich ist. Wie wird aber das syntaktische Gebilde **Hans_liebt_Maria** in seine Konstituenten zerlegt?[21] Dabei ist im Auge zu behalten, daß dies allein aufgrund der syntaktischen Struktur entschieden werden muß.

Sicher ist **Hans_li**, **ebt_Maria** keine sinnvolle Zerlegung. Das Zeichen '_' gibt zwar einen gewissen Hinweis auf die Konstituentenstruktur, aber verläßlich ist es auch nicht. So ist z.B. **liebt_Maria** ein Konstituent, nicht aber **Hans_liebt**, obwohl sich die beiden '_' syntaktisch durch nichts unterscheiden. Noch problematischer wird es bei Sätzen, in denen zusammengehörige Teile räumlich getrennt stehen, z.B. **Hans_sieht_Maria_an**. Auch wenn in diesen Fällen vielleicht noch eine rein syntaktische Analyse möglich

---

[21]Die Unterstreichung der Zwischenräume soll darauf hinweisen, daß es sich bei dem Zwischenraum syntaktisch gesehen zunächst um einen gleichberechtigten Buchstaben handelt. Der Ausdruck **Hans_liebt_Maria** ist zunächst ein "Wort" aus sechzehn Buchstaben, die bei einer Analyse des syntaktischen Aufbaus zu verschiedenen Konstituenten zusammengefaßt werden müssen.

ist (z.B. durch den Vergleich mit bestimmten Satzmustern), so scheitert die syntaktische Analyse bei Sätzen, deren Zerlegung von ihrem semantischen Gehalt abhängt. So kommt es bei den Sätzen **Hans_ißt_die_Spaghetti_mit_dem_Käse** und **Hans_ißt_die_Spaghetti_mit_dem_Löffel** auf die *Bedeutung* des letzten Wortes an, ob **die_Spaghetti_mit_dem_**... ein Konstituent des Satzes ist. Die geforderte *syntaktische* Behandlung der Zeichen ist aber gegenüber den Bedeutungen von Wörtern blind.[22]

Von diesen Problemen abgesehen ist es eine interessante Frage, wie bei der symbolischen Informationsverarbeitung die geometrischen Strukturen ausgewertet werden, die selbst semantisch bedeutsam sind. Auch dieser Punkt scheint für Fodor und Pylyshyn trivial zu sein. So schreiben sie beispielsweise, daß in klassischen Theorien *Ausdrücken* ein semantischer Gehalt zugeschrieben wird, wobei sie unter Ausdrücken "die Dinge, die auf Bänder von Turing-Maschinen geschrieben und die in Adressen von Von-Neumann-Maschinen gespeichert werden", verstehen. (1988; 12).

Hier ist unklar, was sie unter dem Ausdruck 'Ausdruck' verstehen wollen. Wenn ein Ausdruck etwas ist, was in den einzelnen *Feldern* eines Bandes einer Turing-Maschine steht (oder was in Adressen von Von-Neumann-Maschinen gespeichert wird), dann sind Ausdrücke atomar. Es gibt aber keine Turing-Maschine, die immer dann, wenn ein Zeichen der Form $P \wedge Q$ auf *einem* Feld des Bandes erscheint, ein Zeichen der Form P in ein Feld druckt, und auf diese Weise verschiedene Schlüsse der Form $P \wedge Q \implies P$ ziehen kann, also z.B. auch den Schluß von $abc \wedge bdedf$ nach abc (sie bräuchte dazu eine unendliche Maschinentafel). Das kann von Fodor und Pylyshyn also nicht gemeint sein.

Wenn sie aber unter Ausdrücken das verstehen, was auf dem Rechenband einer Turing-Maschine *auf mehrere Felder* verteilt ist (und damit *nicht* etwas ist, das in den Adressen einer Von-Neumann-Maschine – die den Feldern einer Turing-Maschine entsprechen – gespeichert werden kann), dann ist die Umformung eines Zeichens der Form $P \wedge Q$ in ein Zeichen der Form P keineswegs eine triviale Grundoperation einer Turing-Maschine. Wäre sie es, könnten nicht beliebig viele Schlüsse dieser Form gezogen werden (s.o.). Um beliebig viele Schlüsse nach diesem Schema ziehen zu können, muß eine Turing-Maschine *der Reihe nach* mehrere Grundoperationen ausführen. Die Grundoperationen betreffen aber immer nur die einzelnen Felder des Rechenbands, d.h. die atomaren Zeichen. Will man erklären, warum das Verhalten der Maschine produktiv ist (sie verwandelt unbegrenzt viele Zeichen der Form $P \wedge Q$ in Zeichen der Form P), dann genügt es nicht, sich darauf zu berufen, daß eine Turing-Maschine sowas nun halt mal kann. Und genau das machen Fodor und Pylyshyn: Sie fordern, daß der Konnektionist erklären soll, warum ein bestimmtes Verhalten produktiv ist, machen sich aber selbst nicht die geringste Mühe zu zeigen, wie ein Symbolist dieses Verhalten *erklären* würde. Statt dessen beschreiben sie es nur mit formalen Mitteln.[23]

---

[22]Ein empirischer Hinweis auf die Problematik der syntaktischen Zerlegung von Sätzen ergibt sich aus der Tatsache, daß es noch keinen brauchbaren Parser für die natürliche Sprache gibt. Ein Parser ist ein Programm, das eine Menge von Sätzen auf ihre Wohlgeformtheit untersucht. Parser finden vor allem bei formalen Sprachen (Programmiersprachen) Verwendung.

[23]Eine Erklärung z.B. des produktiven Verhaltens einer Turing-Maschine muß durch die Interaktion des Schreib-Lese-Kopfs mit dem Rechenband erklärt werden. Will man erklären, wie der Schreib-Lese-Kopf beliebig viele unterschiedliche Zeichen derselben Form umformen kann (z.B. aus beliebigen Zahlenpaaren deren Summe bilden kann), so muß man sich die Maschinentafel ansehen, die durch den Schreib-Lese-kopf realisiert wird. Der Schreib-Lese-Kopf ist eine endliche Maschine (der leicht durch

Ich möchte hier nicht in eine Kritik des Symbolismus verfallen, sondern zu der Frage übergehen, wie die Aufgabe, die bei symbolischen Repräsentationen durch die Konstituentenstruktur erfüllt wird, mit konnektionistischen Mitteln bewältigt werden kann. Welche Funktion die Konstituentenstruktur bei symbolischen Repräsentationen hat, wurde von Fodor und Pylyshyn zur Genüge deutlich gemacht: Sie charakterisiert, in welcher semantischen Relation die Begriffe zueinander stehen, die durch die einzelnen Konstituenten repräsentiert werden. Um zu erkennen, wie dies geschieht, muß man sehen, daß der geometrischen Relation zwischen den Konstituenten einer Zeichenkette eine zeitlichen Relation beim Verarbeitungsprozeß entspricht. Eine Turing-Maschine kann beliebig viele Zeichen der Form $P \wedge Q$ in ein Zeichen der Form P umwandeln, weil sie der Reihe nach, Schritt für Schritt, ihre endlich vielen Grundoperationen auf (beliebig viele) atomare Zeichen anwendet.

Wenn aber die geometrische Struktur symbolischer Repräsentation durch eine zeitliche Abfolge von Grundoperationen ausgewertet wird, dann ist nicht einzusehen, warum konnektionistischen Systemen diese Möglichkeit der sukzessiven Verarbeitung nicht auch offen stehen sollte.

Bei konnektionistischen Systemen erfolgt die Umwandlung des Inputs in den Output in paralleler Weise durch den Übergang eines instabilen in einen stabilen Zustand (Relaxion). Daraus folgt aber nicht, daß konnektionistische Systeme alles auf einmal machen müssen. Betrachtet man mehrere solcher Input-Output-Zyklen in einer zeitliche Abfolge, so hat man eine ähnliche Serialität wie bei klassischen Architekturen. Es wäre z.B. denkbar, daß dem Gedanken, daß Hans Maria liebt, als Repräsentation eine zeitliche Abfolge verschiedener Vektoren zugrundeliegt, so daß der erste z.B. "Hans" repräsentiert, der zweite "liebt" und der dritte "Maria". Achtung: Damit soll nicht gesagt werden, daß dies eine brauchbare Erklärung mentaler Repräsentationen mit konnektionistischen Mitteln ist, sondern nur, daß die geometrische Anordnung symbolischer Repräsentationen in klassischen Architekturen in einer Weise ausgewertet werden muß, wie sie auch für konnektionistische Systeme möglich ist.

In diesem Zusammenhang fällt auf, daß von Fodor und Pylyshyn ständig die Repräsentation von Propositionen gefordert wird. Sie suchen bei konnektionistischen Repräsentationen das Äquivalent von einfachen und komplexen Sätzen. Sie finden aber nur "eine Notation, die ganz allgemein nicht auszudrücken vermag, auf welchen Weg Begriffe sich zu Propositionen zusammenfügen" (1988; 24). Konnektionisten zeigen – mit dem Rücken zur Wand – ständig, wie sie einfache und komplexe Begriffe repräsentieren können (cf. z.B. Smolensky 1987b).[24] Ein Begriff, mag er auch noch so komplex, flexibel und kontextabhängig sein, ist keine Proposition.

Kann man daraus – wie Fodor und Pylyshyn – schließen, daß es keine Möglichkeit gibt, in konnektionistischen Systemen Propositionen zu repräsentieren? Nein, daraus folgt allenfalls, daß dafür bisher noch keine Möglichkeit gefunden wurde (und schon gar nicht folgt daraus, daß konnektionistische Modelle für die Kognitive Psychologie irrelevant sind – es ist sehr wohl denkbar, daß für kognitive Prozesse keine proposi-

---

ein konnektionistisches System realisiert werden könnte); in seinem Inneren werden keine formalen Zeichen manipuliert und doch bringt er ein produktives (und systematisches) Verhalten zustande.

[24]Smolensky geht in diesem Artikel, der als Antwort auf Fodor und Pylyshyn gedacht ist, allerdings mit keinem Wort auf die Repräsentation von Propositionen ein, sondern beschreibt die distribuierten Repräsentation des Begriffs "Tasse mit Kaffee".

tionalen Repräsentationen nötig sind). Ein Grund für dieses bisherige Scheitern könnte darin liegen, daß bisher immer versucht wurde, die geometrischen Beziehungen, die bei symbolischen Repräsentationen eine so wichtige Rolle zu spielen scheinen, im konnektionistischen Modell wieder durch geometrische Beziehungen zu repräsentieren (s.o.).

Da diese geometrischen Relationen in Symbolsystemen in zeitliche Relationen umgesetzt werden, versuchte man daher (ohne es zu bemerken), zeitliche Relationen explizit im Input-Vektor eines konnektionistischen Systems zu repräsentieren. Da die einzelnen Input-Output-Zyklen in einem typischen Netzwerk unabhängig voneinander sind, war man vor die Aufgabe gestellt, in einem einzigen Rechenschritt das zu leisten, wozu ein symbolisches System im Prinzip beliebig viel Zeit hat.[25]

Eine Alternative dazu wäre es, einem Netzwerk eine Reihe einzelner Inputs zu geben, deren Position in dieser zeitlichen Folge eine direkte semantische Relevanz hat (etwa wie oben angedeutet: 1. Input = $\{Hans\}$, 2. Input = $\{liebt\}$, 3. Input = $\{Maria\}$ – der Unterschied zwischen "Hans liebt Maria" und "Maria liebt Hans" ergibt sich dann aus der zeitlichen Abfolge der Repräsentationen). Allerdings braucht man dazu ein Netzwerk, das in der Lage ist, diese zeitliche Abfolge auch irgendwie auszuwerten – dessen einzelne Input-Output-Zyklen also in gewisser Weise voneinander abhängen.

Ein derartiges Netzwerk wurde von Jordan entwickelt, und in modifizierter und verbesserter Form von Elman auf eine Reihe von Problemen angewandt, bei denen die zeitliche Struktur des Inputs eine Rolle spielt (cf. Jordan 1968a, Elman 1988, 1989). Das bisher übliche Vorgehen, zeitliche Strukturen explizit zu repräsentieren, beschreibt Elman so:

> "Eine offensichtliche Methode, mit Mustern umzugehen, die eine zeitliche Ausdehnung haben, besteht darin, die Zeit explizit zu repräsentieren, indem man die Reihenfolge der Muster mit der Dimensionalität des Muster-Vektors assoziiert. Das erste zeitliche Ereignis wird durch das erste Element des Muster-Vektors repräsentiert, das zweite zeitliche Ereignis wird durch die zweite Position des Muster-Vektors repräsentiert. usw. Der gesamte Muster-Vektor wird durch das Modell in paralleler Weise verarbeitet." (Elman 1988)

Man erkennt darin unschwer das Vorgehen wieder, einzelne Konstituenten eines Satzes durch die Komponenten eines Aktivierungsvektors zu repräsentieren. Dieses Vorgehen hat seiner Meinung nach einige schwerwiegende Probleme (die Fodor u. Pylyshyn entgangen sind):

- Die Ereignisse in der Umwelt müssen in gewisser Weise gepuffert werden, so daß das System sie als gleichzeitig auftretend behandeln kann. Es gibt aber keinen biologischen Hinweis auf ein derartiges 'Shift-Register'.
- Woher weiß daß System, wann es den Inhalt dieses Registers verarbeiten soll?
- Das Register hat eine fixe obere Grenze.
- Wie verhält sich das Register bei zeitlichen Mustern verschiedener Länge (z.B. bei sprachlichen Mustern)?

---

[25]Eine Analogie: Man versucht, alle möglichen Produkte zweier Zahlen so zu lernen, wie man das kleine Einmaleins gelernt hat.

- Ein derartiger Ansatz kann nicht zwischen relativer und absoluter zeitlicher Position unterscheiden (das Gemeinsame der Vektoren ⟨011101000⟩ und ⟨000111010⟩ wird nicht erkannt). (ebd)

Die Alternative zu dieser geometrischen Repräsentation von zeitlichen Strukturen besteht nach Elman darin, "die Zeit durch den Effekt, den sie auf die Verarbeitung hat, repräsentieren zu lassen" (ebd.), mit anderen Worten, die zeitliche Struktur durch ein Nacheinander verschiedener Prozesse zu repräsentieren.

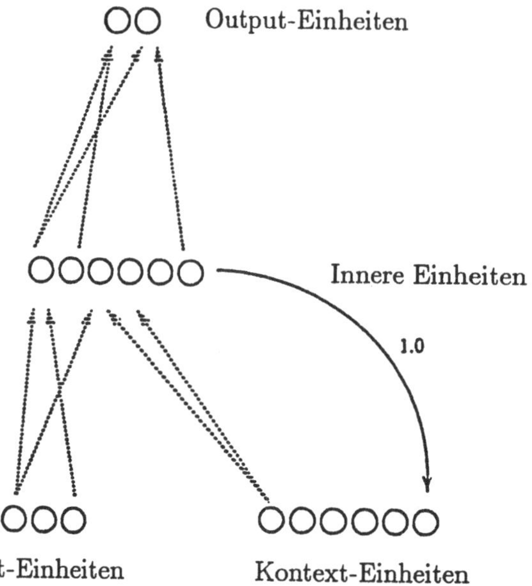

Fig. 5.1. Zyklisches Netzwerk nach Elman (1989). Die Einheiten der versteckten Ebene übertragen ihre Aktivierungszustände nicht nur auf die Output-Einheiten, sondern auch auf die Kontext-Einheiten. Im nächsten Verarbeitungszyklus legen die Aktivierungswerte dieser Kontexteinheiten *zusammen* mit den Input-Einheiten die Aktivierungswerte in der versteckten Ebene fest. Der Zustand des Netzwerks zu einem bestimmten Zeitpunkt ist damit nicht nur vom augenblicklichen Input, sondern auch von den vorangegangenen Zuständen des Netzwerks abhängig.

Das Netzwerk, das Elman benutzt, um zeitliche Strukturen auszuwerten, besteht zunächst wie ein normales konnektionistisches Netzwerk aus einer Input-Ebene, einer inneren Ebene und einer Output-Ebene (Fig. 5.1). Was es von einem normalen "feedforward"-Netzwerk unterscheidet, sind die sog. Kontext-Einheiten. Für jede Einheit der inneren Ebene gibt es eine Kontext-Einheit (die Anzahl der inneren Einheiten ist also gleich der Anzahl der Kontext-Einheiten). Jede Kontext-Einheit erhält ihren (lokalen) Input ausschließlich von der zu ihr gehörenden inneren Einheit, wobei der Gewichtungsfaktor dieser Verbindung auf 1.0 fixiert ist. Jede Kontext-Einheit überträgt ihren Aktivierungswert über (normale) gewichtete Verbindungen auf alle Einheiten der inneren Ebene zurück. Die Kontext-Einheiten nehmen damit eine Art Zwitterstellung zwischen Input-Einheiten und inneren Einheiten ein: Zum einen erhalten sie keinen Input von außen, sind also genauso "versteckt" wie die inneren Einheiten. Zum anderen geben sie ihren Aktivierungswert genau wie die Inputeinheiten auf alle inneren Einheiten weiter.

Die Arbeitsweise eines derartigen zyklischen Netzwerks ist folgende: Zum Zeitpunkt t_1 erhält das Netzwerk einen Input I_1. Dieser Input wird zunächst auf die inneren Einheiten übertragen und von dort zu den Output-Einheiten und zu den Kontext-Einheiten. Die Kontext-Einheiten haben dabei die gleichen Aktivierungswerte wie die inneren Einheiten. Beim nächsten Schritt zu t_2 erhält das Netzwerk den Input I_2. Dieser Input wird wieder auf die inneren Einheiten übertragen. Die inneren Einheiten erhalten ihren (lokalen) Input diesmal aber nicht nur von den Input-Einheiten, sondern auch von den Kontext-Einheiten, deren Aktivierungswert den Zustand der inneren Einheiten zu t_1 repräsentiert.

Der Aktivitätsfluß geht damit einerseits wie üblich von den Input-Einheiten über die inneren Einheiten zu den Output-Einheiten, andererseits nimmt er aber zusätzlich noch den Weg von den inneren Einheiten über die Kontext-Einheiten zurück zu den Input-Einheiten. Die Kontext-Einheiten stellen damit so etwas wie einen Puffer dar, in dem der Zustand des Systems zum vorhergehendem Zeitpunkt gespeichert ist. Dadurch wird das Verhalten des Netzwerks abhängig von allen vorhergehenden Zuständen der inneren Einheiten.

> "In dieser Architektur erinnern die Kontext-Einheiten an den vorhergehenden internen Zustand. Die inneren Einheiten haben daher die Aufgabe sowohl den externen Input als auch den vorhergehenden inneren Zustand auf einen gewünschten Output abzubilden."[26] (Elman 1988)

Die Aufgaben, die Elman diesen Netzwerken überträgt, sind alle von derselben Art: Einem Netzwerk wird eine Serie von Inputs gegeben, zwischen deren Elementen es eine bestimmte zeitliche Ordnung gibt. Das Netzwerk soll lernen (mit Hilfe eines modifizierten "back-propagation"-Algorithmus), zu jedem Input einer geordneten Input-Folge den in der Reihe folgenden Input vorherzusagen. Ein Beispiel: Jedem Wort aus einem Lexikon von 29 Substantiven und Verben wurde willkürlich ein 31-stelliger binärer Vektor zugeordnet. Bei jedem Wort, hatte genau eine der 31 Komponenten des Vektors den Wert 1, die anderen 0. Mit Hilfe eines Satzgenerators wurden 10.000 wohlgeformte Zwei- und Drei-Wort-Sätze gebildet und diese Sätze zu einer einzigen Reihe bestehend aus 27.354 Vektoren zusammengefügt. Diese Vektoren wurden dem Netzwerk sukzessive als Input angeboten. Aufgabe des Netzwerks war es, den jeweils nächsten Vektor (das nächste Wort) in dieser Serie anzugeben.

Elman interessierte sich dabei weniger für die (relativ gute) Vorhersageleistung des Netzwerks als für die Struktur der inneren Repräsentationen, die das Netzwerk nach einigen Lerndurchgängen gebildet hatte. Eine Clusteranalyse der inneren Einheiten zeigte, daß das Netzwerk die Wörter in grammatikalisch sinnvolle Kategorien zerlegt hatte.[27] So zeigte sich eine deutliche Trennung von Verben und Substantiven; die Verben wurden

---

[26]Wie man bemerken sollte, ist das Verhalten des Netzwerks nicht nur von dem jeweils *unmittelbar* vorausgehenden Zustand abhängig, sondern – da dieser wiederum von seinem Vorgänger abhängig war – von *allen* vorhergehenden Inputs.

[27]Als innere Repräsentationen galten wie üblich die Aktivierungsvektoren der inneren Einheiten. Für jedes der 29 Wörter wurde der mittlere Aktivierungsvektor der inneren Einheiten errechnet und für diese dann eine Clusteranalyse durchgeführt. Dabei zeigt sich, welche Vektoren das Netzwerk in eng beieinander liegende Cluster gruppiert hat, und welche an weit entfernten Stellen im Vek-

zerlegt in intransitive, transitive mit obligatorischem Objekt und transitive Verben, bei denen das Objekt optional ist; usw.

Da es mir hier weniger auf die Details dieser Versuche ankommt als darauf, ein Netzwerk darzustellen, das die zeitlichen Strukturen in einer Serie von Inputs berücksichtigt, möchte ich nicht weiter auf die Ergebnisse von Elman eingehen. Wichtig ist der Punkt, daß es Elman gelungen ist, die einzelnen Input-Output-Zyklen dieses Netzwerks voneinander abhängig zu machen, um auf diese Weise zu ermöglichen, zeitliche Strukturen adäquat zu repräsentieren.[28]

Es bleiben aber folgende Punkte festzuhalten: Erstens, es ist konnektionistischen Systemen nicht verwehrt, zeitliche Strukturen auszuwerten, wie sie implizit auch in der Konstituentenstruktur symbolischer Repräsentationen kodiert sind. Zweitens, eine derartige Auswertung zeitlichen Strukturen führt offensichtlich nicht zwangsläufig zu einer Implementation einer klassischen Architektur in einem konnektionistischen System. Damit ist natürlich noch nicht gezeigt, wie Propositionen in konnektionistischen Systemen repräsentiert werden können, aber zumindest wurde ein möglicher Ausweg aus dem vermeintlichen Dilemma, das Fodor und Pylyshyn für den Konnektionismus sehen, angedeutet. Im folgenden möchte ich dafür argumentieren, daß es dieses Dilemma gar nicht gibt.

Abgesehen von der oben erwähnten Tatsache, daß Fodor und Pylyshyn vom Konnektionismus die Erklärung bestimmter Eigenschaften fordern, die sie selbst nur formal beschreiben, läßt sich ihre Argumentation schon deshalb zurückweisen, weil sie die Gültigkeit einer bestimmten Auffassung über die Natur kognitiver Prozesse voraussetzt, das man nicht zu akzeptieren braucht.

Ihre Kritik am Konnektionismus lautete: Um Eigenschaften von Gedanken wie Produktivität, Systematizität und Homogenität erklären zu können, muß man eine kompositionale Syntax und Semantik der inneren Repräsentationen voraussetzen. Konnektionistische Repräsentationen sind atomar, also kann der Konnektionismus diese Eigenschaften nicht erklären. Der Konnektionismus ist daher als adäquates Modell kognitiver Prozesse abzulehnen. Hat der Konnektionist einmal die erste Prämisse akzeptiert, daß das innere Repräsentationssystem eine kompositionale Semantik haben muß, ist er in einer ausweglosen Situation, denn Fodor und Pylyshyn haben festgelegt, daß eine kompositionale Semantik der mentalen Repräsentationen (zusammen mit den Regeln, die sie umformen) das definierende Merkmal der Sprache des Geistes ist.

Um diesem Dilemma zu entgehen, ist die Prämisse zurückzuweisen, daß die inneren Repräsentationen notwendigerweise eine kompositionale Syntax und Semantik haben. Und diese Prämisse steht tatsächlich auf tönernen Füßen. Um das zu verdeutlichen, hier nochmals die wichtigsten Schritte Fodors und Pylyshyns, die zu dieser Annahme führen (1988; 39-44, die Zahlen in Klammern geben die genaue Stelle des Zitats an.):

---

torraum liegen (im Beispiel: welche Wortkategorien es gebildet hat). Eine Clusteranalyse hat den Nachteil, daß sie nur die statischen Aspekte der inneren Repräsentationen wiedergibt. Eine Analyse des dynamischen Verlaufs des Aktivierungsvektors (der Verlauf seiner Trajektorie im Zustandsraum) scheitert weitgehend daran, daß es kaum möglich ist, den Verlauf eines Punktes z.B. in einem 70-dimensionalen Raum sichtbar zu machen. Vergl. dazu Elman (1989; 16ff), der eindrucksvoll zeigt, welche regelmäßigen zeitlichen Verlaufsstrukturen sich z.B. in einem Netzwerk bilden, dessen Input-Folgen komplexe Sätze repräsentieren.

[28]Ein ähnliches Netzwerk wird von Murre, Phaf & Walters (1989) vorgestellt.

"...man muß einen gewissen Grad an Kompositionalität der englischen
Sätze annehmen, um der Tatsache Rechnung zu tragen, daß systematisch
verwandte Sätze immer semantisch verwandt sind. [...] Daher müssen
die Sätze des Englischen ohne jeden ernsthaften Zweifel in beträchtlichem
Ausmaß kompositional sein."(43)

"Sätze werden benutzt, um Gedanken auszudrücken."(44)   "...einen Satz
zu verstehen, beinhaltet, den Gedanken zu erwägen, den er ausdrückt."(39)

"Aber man kann nur die Gedanken denken, die die mentalen Repräsentationen ausdrücken können."(44)

"Mentale Repräsentationen müssen eine interne Struktur haben, in genau
der gleichen Weise, wie sie Sätze haben." [...] "Belege für die Kompositionalität der Sätze sind Belege für die Kompositionalität der repräsentationalen Zustände der Sprecher/ Hörer."(44)

Wie man unschwer erkennen kann, ist es der zweite und dritte Punkt, an dem die
Auffassung eingeschmuggelt wird, daß das innere Repräsentationssystem die gleiche
Struktur haben muß, wie die öffentliche Sprache. Damit ein Repräsentationssystem die
gleichen Inhalte repräsentieren kann wie die öffentliche Sprache und damit zwischen den
Repräsentationen die gleichen Folgerungsbeziehungen herrschen können wie zwischen
den Sätzen, muß das innere Repräsentationssystem isomorph zur öffentlichen Sprache
sein sein. Und Strukturgleichheit setzt natürlich erst einmal eine Struktur voraus.

Einen Gedanken zu denken (d.h. eine propositionale Einstellung zu haben), bedeutet
nach Fodors Auffassung, "ein mentales Symbol im Kopf" zu haben, das die gleiche Bedeutung hat wie der Gedanke (cf. Fodor 1987; 17). Damit wird zumindest angenommen,
daß es beliebig viele innere Repräsentationen geben müsse, und dies wiederum ist – hier
haben Fodor und Pylyshyn Recht – nur unter Annahme einer kompositionalen Syntax
und Semantik möglich. Wenn man aber annimmt, daß es zu jedem Satz der öffentlichen
Sprache eine mentale Repräsentation gibt, dann wird die Kompositionalität, und damit
die Sprache des Geistes, an dieser Stelle bereits vorausgesetzt.

Ein Konnektionist braucht aber keineswegs zu akzeptieren, daß es für jede mögliche
Proposition eine entsprechende innere Repräsentation gibt. Diese Analyse proposi-
tionaler Einstellungen ist Fodors Theorie. Wenn er bei seinen Prämissen bereits eine
Sprache des Geistes voraussetzt, braucht man sich nicht zu wundern, daß sie sich als
notwendig erweist. Konnektionisten sind Repräsentationalisten, da haben Fodor und
Pylyshyn recht, aber daraus folgt nicht, daß es für jede propositionale Einstellung eine
mentale Repräsentation gibt, die den gleichen Inhalt hat, wie der daß-Satz, mit dem die
Einstellung zugeschrieben wird.

Clark zufolge beruht die Kritik von Fodor und Pylyshyn auf einer "tiefen philosophischen Konfusion": Die Produktivität, Systematizität usw., die Fodor und Pylyshyn in
den mentalen Repräsentationen entdeckt haben wollen, ist seiner Meinung nach in erster
Linie eine Eigenschaft von *Überzeugungszuschreibungen*. Überzeugungszuschreibungen
sind Clarks Ansicht nach deshalb systematisch, weil sie nie unabhängig voneinander
zugeschrieben werden können, sondern in einem systematischen Zusammenhang stehen:
"Die Zuschreibung von Gedanken ist ein Mittel, einer Gesamtheit von Verhalten Sinn
zu geben" (1989; 147). Es wird deshalb immer ein gesamtes "Netzwerk" von Gedanken
zugeschrieben.

Die Systematizität von Überzeugungszuschreibung ist daher seiner Meinung nach nicht – wie von Fodor und Pylyshyn behauptet – eine empirische Tatsache, die es durch repräsentationale Strukturen zu erklären gilt, sondern eine begriffliche Tatsache: Sie ist eine notwendige Voraussetzung, um überhaupt in sinnvoller Weise Gedanken zuschreiben zu können. Er kommt – im Sinne Dennetts – zu dem Ergebnis, daß "die Zuschreibung von Gedanken ein 'abstrakter, idealisierender, holistischer' Prozeß ist, und deshalb nicht in irgendeiner einfachen Weise mit den Details übereinzustimmen braucht, die eine Beschreibung der Prozesse im Kopf liefert" (ebd).[29]

Eine derartig holistische (aber nicht notwendigerweise anti-realistische) Position hat allerdings auch ihre Probleme: Vor allem sollte sie etwas dazu sagen können, welche Rolle propositionale Einstellungen bei der Verursachung von Verhalten spielen. Es mag richtig sein, daß Gedanken nicht unmittelbar auf irgendwelchen Mechanismen im Kopf eines Denkers reduziert werden können, aber welche Rolle spielen sie dann? Oder sollte eine wissenschaftliche Psychologie vollständig auf sie verzichten? Im nächsten Abschnitt werde ich die Position von Ramsey, Stich und Garon diskutieren, die diese Frage mit einem freudigen "Ja" beantworten würden, da der Konnektionismus ihrer Meinung nach einen Eliminativismus bezüglich propositionaler Einstellungen impliziert.

Vorher nochmals kurz zu Fodor und Pylyshyn und ihrem vermeintlichen Dilemma des Konnektionismus: Ich habe versucht, in diesem Abschnitt deutlich zu machen, daß die Situation nicht so ausweglos ist, wie es auf den ersten Blick scheint. Erstens hat auch der Symbolismus einige Schwierigkeiten mit der geforderten Konstituentenstruktur, da die Zerlegung eines komplexen Satzes in seine Konstituenten oft vom Inhalt des Satzes abhängt. Zweites kann Fodor und Pylyshyn vorgeworfen werden, daß sie die Produktivität, Systematizität und Homogenität von Gedanken mit ihrem Modell selbst nicht erklären können. Drittens wurde ein konnektionistisches Netzwerk vorgestellt, das die zeitlichen Strukturen, die durch die geometrischen Beziehungen zwischen symbolischen Konstituenten repräsentiert werden, auswerten kann und daher nicht gezwungen ist, Propositionen als Aktivierungsvektoren zu repräsentieren. Viertens wurde dafür argumentiert, daß Fodor und Pylyshyn eine Konstituentenstruktur der repräsentationalen Struktur bereits voraussetzen, wenn sie annehmen, daß jeder Satz der öffentlichen Sprache durch ein inneres Symbol repräsentiert sein muß. Und zum Schluß habe ich noch darauf hingewiesen, daß es keinesfalls allgemein akzeptiert ist, daß es für jede Zuschreibung einer propositionalen Einstellung eine entsprechende mentale Repräsentation gibt. Im großen und ganzen also eine Reihe von Gründen, Fodors und Pylyshyns Verdikt gegen den Konnektionismus zurückzuweisen.

---

[29]Ich möchte eine derartige Position hier nicht diskutieren, da dies den Rahmen dieser Arbeit sprengen würde. Es soll hier genügen, wenn gezeigt ist, daß man Fodors (und Pylyshyns) Voraussetzungen nicht notwendigerweise teilen muß.

5.3 Konnektionismus, Eliminativismus und propositionale Einstellungen

In konnektionistischen Systemen werden Gegenstände des Problembereichs durch Aktivierungsvektoren repräsentiert. Wie oben gezeigt wurde, sind diese Aktivierungsvektoren keine Symbole im Sinne einer Theorie symbolischer Informationsverarbeitung. Eine Konsequenz aus der Repräsentation eines Gegenstands durch Aktivierungsvektoren ist, daß ein bestimmter Gegenstand nicht in jedem Kontext durch eine bestimmte Struktur repräsentiert wird sondern durch eine ganze Anzahl verschiedener Vektoren, je nachdem in welchem Kontext er aufgetreten ist. Einem Symbol, das einen bestimmten Begriff (kontextfrei) repräsentiert, entspricht nicht ein einzelner Vektor, sondern vielmehr der (abstrakte) Mittelwert aller Vektoren, die Instanzen dieses Begriff (kontextgebunden) repräsentieren. Es gibt also keine inneren physikalischen Zustände, die in der gleichen Weise Bedeutung tragen, wie die Wörter unserer natürlichen Sprache einen bestimmten Begriff repräsentieren.

Da dies wahrscheinlich nicht besonders anschaulich ist, hier ein typisches Beispiel: Angenommen ein Netzwerk bekommt als Input einen Vektor, dessen Komponenten angeben, welche Merkmale ein bestimmtes Tier hat, z.B. "hat einen Schwanz", "hat Krallen" usw. Das Netzwerk soll lernen, anhand dieser Vektoren zwischen Hunden und Katzen zu unterscheiden. Es soll angenommen werden, daß das Netzwerk nach der Lernphase zu jedem Input-Vektor den korrekten Output liefert, d.h. angibt, ob die im Input-Vektor repräsentierte Charakterisierung des Tiers auf einen Hund oder eine Katze zutrifft.

In diesem Netzwerk gibt es keinen inneren, physikalisch beschreibbaren Gegenstand oder Zustand, der z.B. den Begriff "Hund" (kontextfrei) repräsentiert. Es gibt also keine innere Repräsentation, die die gleiche Bedeutung hat wie das deutsche Wort 'Hund'. Analysiert man die Aktivierungsvektoren der inneren Ebene für die verschiedenen Input-Vektoren (z.B. mittels einer Clusteranalyse), wird man feststellen, daß sie zwei räumlich getrennte Bereiche im Vektorraum bilden. Das Netzwerk hat somit die Menge der Input-Muster in zwei Gruppen zerlegt: die, die zu Katzen gehören und die, die zu Hunden gehören. An keiner Stelle gibt es aber eine Recheneinheit oder einen Vektor oder was auch immer, das z.B. den Begriff "Hund" repräsentiert. Allenfalls kann man das "Zentrum" jeder dieser Gruppen berechnen und diesen abstrakten Punkt im Vektorraum als das Äquivalent zum Wort 'Hund' betrachten.

Dieser "theoretische Ort" stellt so etwas wie den prototypischen Hund für das Netzwerk dar. Aber auch der ist nicht etwa fixiert: Lernt das Netzwerk eine neue Beschreibung für einen weiteren Hund, wird sich das Zentrum seiner "Hunde-Vektoren" verschieben – der Begriff des Hundes, der vom Netzwerk gebildet wurde, hat sich verändert. Was noch wichtiger ist: dieses Zentrum ist kein physikalischer Zustand in irgendeinem Sinn, sondern ein abstrakter Punkt in einem abstrakten Vektorraum. Er kann also nicht in einer Weise kausal wirksam werden, wie z.B. das Symbol 'Hund' in einem realisierten Symbolsystem. Dort ist ein Symbol ein Zustand, der aufgrund seiner physikalischen Eigenschaften mit anderen Symbolen kausal interagiert (und dazu auch eine bestimmte Bedeutung trägt). Dieser Unterschied ist es, der manche zu der Ansicht geführt hat, daß der Konnektionismus – sollte er ein korrektes Modell kognitiver Zustände sein – zu einem Eliminativismus bezüglich propositionaler Einstellungen führt (s.u.).

Zuerst ist auf ein mögliches Mißverständnis hinzuweisen: Wie immer, wenn zu einer etablierten Theorie eine konkurrierende hinzutritt, stellt sich die Frage nach dem Verhältnis dieser beiden Theorien zueinander – so auch im Falle des Konnektionismus und des Symbolismus. Die Meinungen reichen von der Ansicht, daß der Konnektionismus als kognitive Theorie irrelevant ist, über viele Versuche, beide Theorien irgendwie zu vereinbaren, bis hin zu der Auffassung, daß ausschließlich eine konnektionistische Theorie zur Erklärung kognitiver Prozesse angemessen sei. Für letztere wird in der Literatur unglücklicherweise auch manchmal die Bezeichnung "Eliminativismus" verwendet (cf. z.B. Smolensky 1988; 60), obwohl sie mit einer eliminativistischen Position, wie sie in der Philosophie des Geistes vertreten wird, nichts zu tun hat. Es besteht daher besonders wegen der thematischen Nähe die Gefahr, beide Positionen zu vermengen und die ohnehin schon unübersichtliche Diskussion noch mehr zu verwirren.

Im Falle des Eliminativismus in der Philosophie des Geistes geht es nicht um den Anwendungsbereich zweier konkurrierender Theorien sondern darum, ob die eine von beiden überhaupt einen Anwendungsbereich hat. Dieser Eliminativismus ist eine ontologische Position: Es wird behauptet, daß es so etwas, wie propositionale Einstellungen nicht gibt.[30] (Im Gegensatz dazu wird auch ein hartgesottener Konnektionist nicht behaupten wollen, daß es keine symbolische Informationsverarbeitung gibt.) Dem Eliminativismus zufolge wird eine adäquate Kognitive Psychologie (die es zugegebenermaßen noch nicht gibt) zeigen, daß die Alltagspsychologie unkorrigierbar falsch ist, und daß die von ihr postulierten Entitäten (Überzeugungen, Wünsche usw.) eigentlich gar nicht existieren. In späteren Zeiten – so die eliminativistische Vorstellung – wird man über die Leute schmunzeln, die an die Existenz von so etwas wie Hexen, Phlogiston oder den Wunsch, ins Kino zu gehen, glaubten (!).[31]

Eine eliminativistische Argumentation beinhaltet typischerweise zwei Schritte: einen problematischen und einen noch problematischeren. Der erste Schritt besteht darin zu zeigen, daß eine neue Theorie geeignet ist, eine alte zu ersetzen. Auf diesen Schritt braucht hier nicht eingegangen zu werden, da nicht behauptet wird, daß der Konnektionismus geeignet sei, die Alltagspsychologie zu ersetzen, sondern nur, daß eine eliminativistische Position richtig ist, *wenn* der Konnektionismus in der Lage ist, die Alltagspsychologie zu ersetzen.

Der zweite Schritt muß zeigen, daß die neue Theorie die Entitäten der alten Theorie nicht einfach übernimmt (evtl. unter anderer Bezeichnung) und ihnen vielleicht eine Reihe neuer Eigenschaften zuschreibt (wie den Planeten beim Übergang von der ptolemäischen zum kopernikanischen Weltbild). Für den Eliminativismus genügt es auch nicht, wenn die alten Entitäten auf Entitäten der neuen Theorie reduzieren werden können. (Trotz der Reduktion der Temperatur auf die mittlere kinetische Energie möchte schließlich niemand behaupten, daß es keine Temperatur gebe.)

Ramsey, Stich und Garon gestehen ein, daß es keine allgemein anerkannten Kriterien gibt, nach denen beurteilt werden kann, ob die Entitäten einer alten Theorie tatsächlich

---

[30]Wenn ich im folgenden den Ausdruck 'Eliminativismus' gebrauche, meine ich damit immer einen Eliminativismus bezüglich propositionaler Einstellungen.

[31]In bezug auf Hexen ist man sich da inzwischen nicht mehr so sicher. (Diesen Hinweis verdanke ich Gundel Gans.)

durch die neue Theorie eliminiert wurden. Sie geben auch zu, daß die Intuitionen zu diesem Punkt in der Wissenschaftstheorie weit auseinander gehen. Das Beste, was man ihrer Meinung nach tun kann, "ist, die postulierten Gegenstände der alten Theorie anzusehen – die in Gefahr stehen, eliminiert zu werden – und zu fragen, ob es in der neuen Theorie irgendetwas gibt, mit dem sie identifiziert oder auf das sie reduziert werden könnten" (1990).

Die alte Theorie, um die es hier geht, ist die Alltagspsychologie, und die Gegenstände, die in Gefahr stehen, eliminiert zu werden, sind die propositionalen Einstellungen. Um fragen zu können, ob es in der neuen Theorie (Konnektionismus) etwas gibt, mit dem sie identifiziert werden können, muß man sich klar darüber sein, was man eigentlich sucht. Propositionale Einstellungen sind nach vorherrschender Meinung "*funktional diskrete, semantisch interpretierbare* Zustände, die eine *kausale Rolle* bei der Produktion anderer propositionaler Einstellungen und letzten Endes bei der Produktion von Verhalten spielen" (1990). Die Frage muß also sein, ob es in konnektionistischen Systemen irgendwelche funktional diskreten, semantisch interpretierbaren Zustände gibt, die eine kausale Rolle im Verhalten des Netzwerks spielen.[32]

Im dritten Kapitel bin ich ausführlich auf die genannten Eigenschaften der propositionalen Einstellungen der sog. Alltagspsychologie eingegangen. Deshalb werde ich mich hier auf eine kurze Zusammenfassung beschränken: Ramsey, Stich und Garon zufolge sind propositionale Einstellungen innere Zustände einer Person und eine Person kann in diesem Zustand sein oder nicht, unabhängig davon, in welchen anderen Zuständen sie ist. Diese inneren Zustände spielen eine kausale Rolle bei der Produktion von Verhalten, d.h. sie sind ein Teil der Ursache des Verhaltens. Schließlich sind diese inneren Zustände auch noch semantisch interpretierbar, d.h. sie haben eine bestimmten Inhalt.

Gibt es nun in konnektionistischen Netzwerken Zustände mit diesen Eigenschaften? Natürlich fallen einem sofort die Aktivierungsvektoren als mögliche Kandidaten ein. Sie sind funktional diskret: das Netzwerk hat zu jedem möglichen Zeitpunkt immer nur einen; die Aktivierungsvektoren sind auch kausal wirksam: Ein bestimmter Aktivierungsvektor der inneren Einheiten verursacht in einem gegebenen Netzwerk einen Output-Vektor. Und die Aktivierungsvektoren in distribuiert repräsentierenden Systemen – und nur um diese soll es hier gehen – sind per definitionem semantisch interpretierbar. Diese Lösung wird von Ramsey, Stich und Garon zurückgewiesen:

> "...in der Alltagspsychologie sind Überzeugungen und propositionale Erinnerungen typischerweise von *substantieller Dauer*; und sie sind Dinge von der Art, von denen kognitiv Handelnde im allgemeinen eine ganze Menge haben, auch wenn sie sie nicht benutzen." (1990, Hervorhebung G.H.)

Es wird also verlangt, daß die gesuchten Zustände des Netzwerks dauerhaft sein müssen, und daß das Netzwerk in der Lage sein sollte, gleichzeitig sehr viele davon zu haben – ähnlich wie die Symbole im Speicher eines Symbolsystems. Aktivierungsvektoren erfüllen diese (zusätzlichen) Bedingungen offensichtlich nicht und scheiden daher als Kandidaten aus.

Als nächstes könnte man versuchen, nicht die aktuellen Aktivierungsvektoren, sondern die Punkte im Vektorraum, die sie einzunehmen bestrebt sind, mit den gesuchten

---

[32]Man erinnere sich: Im Symbolismus werden propositionale Einstellungen mit Relationen von Personen zu ihren inneren Symbolen einer Sprache des Geistes identifiziert.

Zuständen zu identifizieren. Diese Punkte im Vektorraum (die Attraktoren) sind zeitlich stabile, dispositionale Zustände des Systems. Auch wenn das Netzwerk sich zu einem Zeitpunkt in einem anderen (aktuellen) Zustand befindet, hat es dennoch die Disposition, den durch diesen Punkt im Vektorraum gekennzeichneten Zustand (unter gewissen Umständen) einzunehmen, "wie ein Zuckerwürfel die Disposition hat, sich in Wasser aufzulösen, auch wenn kein Wasser in der Nähe ist" (1990).[33] Ein Netzwerk hat ebenfalls – wie gefordert – mehrere dieser Punkte: jeder gelernten Input-Output-Beziehung entspricht einer dieser dispositionalen Zustände.

Dennoch werden auch diese Punkte im Vektorraum nicht als die gesuchten Zustände akzeptiert, da "sie nicht die diskreten, unabhängig kausal aktiven Zustände sind, die die Alltagspsychologie fordert" (1990). Den Grund dafür sehen Ramsey, Stich und Garon darin, daß bei der Verursachung einer Handlung oftmals mehrere propositionale Einstellungen, die sich in ihrer kausalen Rolle unterscheiden, eine Rolle spielen. In einem Netzwerk ist es aber so, "daß der dispositionale Zustand, der ein Aktivierungsmuster hervorbringt, funktional nicht von dem dispositionalen Zustand zu trennen ist, der ein anderes hervorbringt" (1990).

Was wurde damit gezeigt? Nach Ansicht von Ramsey, Stich und Garon folgt daraus, daß es in einem konnektionistischen Netzwerk keine Zustände gibt, die die Eigenschaften propositionaler Einstellungen haben und damit, daß es nichts gibt, was mit propositionalen Einstellungen identifiziert werden könnte. Die Konsequenz ist ihrer Meinung nach, daß es propositionale Einstellungen nicht gibt – vorausgesetzt der Konnektionismus hat recht.

Da ich der Meinung bin, daß eine derartige Konsequenz einer reductio ad absurdum des Konnektionismus gleichkäme, möchte ich im folgenden dafür argumentieren, daß der Konnektionismus – entgegen der Behauptung von Ramsey, Stich und Garon – sehr wohl mit der Existenz propositionaler Einstellungen verträglich ist.

Es gibt zwei Möglichkeiten, die Argumentation von Ramsey, Stich und Garon anzugreifen. Erstens könnte man versuchen zu zeigen, daß sich doch Zustände mit den geforderten Eigenschaften in konnektionistischen Systemen finden lassen – wenn auch vielleicht nicht in den primitiven Netzwerken, die sie ihrer Argumentation zugrunde legen. Niemand behauptet schließlich, daß unser Gehirn ein dreilagiges "feed-forward"-Netzwerk ist, das bei entsprechendem Training in der Lage ist, wie wir zu denken. Es dürfte daher auch niemanden überraschen, daß es in einem derartigen Netzwerk nichts gibt, das mit propositionalen Einstellungen identifiziert werden kann.

Die zweite Möglichkeit, für eine Verträglichkeit des Konnektionismus mit der Existenz propositionaler Einstellungen zu argumentieren, besteht darin zu akzeptieren, daß es in konnektionistischen Systemen keine Zustände mit den geforderten Eigenschaften gibt, aber in Frage zu stellen, daß propositionale Einstellungen in dieser Weise verstanden werden müssen.

Bereits bei oberflächlicher Betrachtung wird deutlich, daß das Bild, das Ramsey, Stich und Garon von der Natur propositionaler Einstellungen haben, im wesentlichen mit dem Fodors übereinstimmt: Wie bei Fodor propositionale Einstellungen Symbole

---

[33]Zieht man eine zeitliche Erstreckung bei der Repräsentation von propositionalen Einstellungen in Betracht, wie ich sie im letzten Abschnitt angedeutet habe, wären die gesuchten Zustände keine Punkte (keine Punktattraktoren) sondern Bewegungsmuster im Vektorraum (Attraktoren höherer Ordnung).

einer Sprache des Geistes voraussetzen, sind propositionale Einstellungen für sie innere Zustände, die eine bestimmte Bedeutung haben. Wie Fodors Symbole sind diese inneren Zustände funktional diskret: ob man einen derartigen Zustand hat oder nicht, ist von anderen Zuständen unabhängig. Die Zustände sind dauerhaft, wie die Symbole eines klassischen Symbolsystems, die irgendwo in einem Speicher gelagert werden, solange sie nicht benötigt werden. Und die inneren Zustände haben wie bei Fodor die Symbole natürlich eine Bedeutung, die festlegt, in welcher Weise die Zustände kausal interagieren.

Wie ich bereits im letzten Abschnitt angedeutet habe, ist eine derartige Analyse propositionaler Einstellungen keinesfalls allgemein akzeptiert (und schon gar nicht von Konnektionisten). Was Ramsey, Stich und Garon daher gezeigt haben, ist, daß der Konnektionismus zu einem Eliminativismus *bezüglich einer Sprache des Geistes* berechtigt – und gegen eine derartige Konsequenz ist nichts einzuwenden. Insofern ziehen Fodor und Pylyshyn sowie Ramsey, Stich und Garon an einem Strang – wenn auch aus verschiedenen Gründen. Wenn es richtig ist, daß kognitve Prozesse etwa von der gleichen Art sind, wie die in konnektionistischen Systemen stattfinden Prozesse, dann folgt daraus nicht, daß es keine propositionalen Einstellungen gibt, sondern nur, daß propositionale Einstellungen keine Symbole im Gehirn sind. Aber was sind propositionale Einstellungen dann?

Da nicht klar ist, wie Propositionen bei den gegenwärtigen konnektionistischen Modellen repräsentiert werden könnten, schlage ich vor, das Beispiel zu betrachten, das zu Beginn des Abschnitts gegeben wurde. Im symbolistischen Modell werden einzelne Begriffe genau wie Propositionen durch (komplexe) mentale Symbole repräsentiert. Wenn jemand glaubt, daß Fido ein Hund sei, hat er nach dieser Auffassung in seiner "belief-box" die Repräsentation für den Gegenstand Fido mit der Repräsentation für den Begriff Hund in geeigneter Weise verknüpft. Die Repräsentation |Hund| ist nach symbolistischer Auffassung – wie eine propositionale Einstellung – ebenfalls ein bestimmter Typ eines inneren, funktional diskreten, semantisch interpretierbaren Zustands, dessen Vorkommnisse kausal wirksam sind.

Im Gegensatz dazu gibt es in einem konnektionistischen Modell keinen derartigen Zustand. Für jeden Hund, den das Netzwerk aufgrund des Inputs "erkennt", bildet es einen anderen Aktivierungsvektor der inneren Einheiten. Anders gesagt, wo ein (realisiertes) Symbolsystem jedesmal ein Token des selben syntaktischen Typs bildet, gibt es bei den Zuständen, die in den verschiedenen Fällen Instanzen des Begriffs "Hund" repräsentieren, im Netzwerk keine syntaktische Gemeinsamkeit. Das heißt aber nicht, daß sie nicht alle Token eines bestimmten Typs wären, sondern nur, daß das, was diese verschiedenen Aktivierungsvektoren zu einem Token eines bestimmten Typs macht, keine syntaktische Eigenschaft ist. Die verschieden Aktivierungsvektoren, gehören alle zu einem bestimmten Bereich des Vektorraums. Sie sind dadurch ausgezeichnet, daß ihre Distanz zueinander kleiner ist als zu anderen Vektoren (die andere Begriffe repräsentieren).

Überträgt man die Argumentation von Ramsey, Stich und Garon auf dieses Beispiel, wäre damit gezeigt, daß es in konnektionistischen System keine Zustände gibt, die Begriffe repräsentieren können (daß es also, wenn der Konnektionismus richtig ist – und Ramsey, Stich und Garon recht haben –, keine Begriffe gibt). Diese absurde Konsequenz deutet darauf hin, daß Begriffe in den Zuschreibungen propositionaler Einstellungen (und damit auch propositionale Einstellungszuschreibungen selbst) eine andere Funktion haben als wiederzugeben, welche inneren Zustände in kausaler Weise aufeinander einwirken.

Aber akzeptiert man damit nicht, daß propositionale Einstellungen und Begriffe keine psychologische Realität haben? Es ist ja doch genau die Behauptung des Eliminativismus, daß diese Entitäten für eine wissenschaftlichen Erklärung der tatsächlichen kausalen Prozesse irrelevant sind. Wenn es nur um die Erklärung der kausalen Mechanismen im Kopf eines Denkers geht, mögen Eliminativisten recht haben. Daraus folgt aber nicht, daß propositionale Einstellungen nicht Funktionen erfüllen könnten, die mit den Mechanismen im Kopf nur indirekt etwas zu tun haben. Um zu sehen, was dies sein könnte, betrachte man noch einmal das Beispiel eines Netzwerks, das gelernt hat, Hunde von Katzen zu unterscheiden. Angenommen man trainiert jetzt ein anderes Netzwerk mit anderen Input-Mustern für die gleiche Aufgabe. Nachdem dieser Lernvorgang abgeschlossen ist, kann man die Leistung beider Netzwerke vergleichen und z.B. sagen: "Beide Netzwerke können gleich gut Hunde von Katzen unterschieden".[34]

Obwohl beide Netzwerke über unterschiedliche Gewichtungsfaktoren verfügen, unterschiedliche Aktivierungsvektoren bilden usw. haben sie doch etwas gemeinsam: beide verfügen über den Begriff "Hund". Es könnte sogar sein, daß die beiden Netzwerke sich von ihrem Aufbau stark unterscheiden: das eine könnte ein deterministisches "feedforward"-Netzwerk sein, während das andere ein stochastisches, zyklisches Netzwerk ist. Und trotzdem kann man sie zu einer Klasse zusammenfassen: Beide können Hunde von Katzen unterscheiden. Beschränkt man sich dagegen auf die Beschreibung der tatsächlichen funktionalen Vorgänge, läßt sich diese Gemeinsamkeit nicht ausdrücken.

Der Punkt, auf den ich abziele, ist altbekannt: Verallgemeinerungen und Erklärungen auf einer Beschreibungsebene können oft nicht auf eine tiefere Beschreibungsebene reduziert werden. Nichtsdestoweniger erfüllen Verallgemeinerungen auf der höheren Ebene eine wichtige Funktion. Sie geben die Möglichkeit, interessante Vorhersagen zu machen, die auf der tieferen Ebene nicht möglich wären.[35] Und wenn es unter einem bestimmten Gesichtspunkt interessant ist, z.B. die beiden Netzwerke einer gleichen Klasse zuzuordnen, dann ist es berechtigt, davon zu sprechen, daß in ihnen der Begriff "Hund" repräsentiert ist, obwohl es keinen inneren funktional diskreten, semantisch interpretierbaren Zustand gibt, der kausal wirksam ist.

Man könnte daher – wie Andy Clark – von zwei verschiedenen Projekten innerhalb der Kognitionswissenschaft ausgehen:

> "Die *kausale Kognitionswissenschaft* versucht, eine Erklärung der inneren algorithmischen Ursachen für intelligente Handlungen zu geben, die die Basis für die Zuschreibung von Gedanken bilden."

> "Die *deskriptive Kognitionswissenschaft* versucht, eine formale Theorie oder ein Modell für die Struktur des abstrakten Bereichs von Gedanken zu geben..." (1989; 153f)

---

[34]Bei dieser Redeweise wären eigentlich viele Anführungszeichen notwendig. Da aber klar ein dürfte, daß ich hier nicht behaupten möchte, Netzwerke können in der gleichen Weise Hunde von Katzen unterscheiden wie wir, verzichte ich darauf, dies deutlich zu machen.

[35]Man kann, wie ein anschauliches Beispiel von Hilary Putnam zeigt, auf der atomaren Ebene z.B. nicht erklären, warum ein dreieckiger Bolzen nicht durch ein rundes Loch (entsprechender Größe) paßt.

Vielleicht ist es auch diese Trennung in eine beschreibende und erklärende Kognitionswissenschaft, die sich in den unterschiedlichen Charakterisierungen der Kognitiven Psychologie widerspiegelt, auf die ich bereits aufmerksam gemacht habe: Die Kognitive Psychologie wird zum einen als die Wissenschaft der höheren geistigen Prozesse verstanden, zum anderen als die Wissenschaft von der menschlichen Informationsverarbeitung. Während bei der letzten Definition mehr der Aspekt der inneren Prozesse hervorgehoben wird, betont die erste eher den deskriptiven Aspekt, bei dem es darum geht, verschiedene Arten des menschlichen Verhaltens sinnvoll zu kategorisieren.

Allerdings glaube ich nicht, daß die Unterscheidung in eine deskriptive und eine kausale Kognitionswissenschaft besonders glücklich gewählt ist. Das, was die kausale Theorie leisten soll, ist einigermaßen klar umrissen: Sie soll klären, welche informationsverarbeitenden Prozesse sich in unseren Köpfen abspielen, wenn wir denken. Wenn diese Analyse nicht in einer physikalischen Dimension stattfinden soll, müssen bestimmte Kategorisierungen vorgenommen werden, die Verallgemeinerungen innerhalb der algorithmisch/funktionalen Dimension erlauben. Die Kognitionswissenschaft geht dabei von der Annahme aus, daß es eine Ebene der Informationsverarbeitung gibt, auf der diese Prozesse adäquat beschrieben werden können. Welche formale Theorie oder welches Modell diese Informationsverarbeitung in unseren Köpfen adäquat beschreibt und damit höhere geistige Prozesse erklärt, ist umstritten – wie die Konnektionismus-Debatte zeigt.

Was die deskriptive Kognitionswissenschaft genau leisten soll, ist unklar. Was Clark im Sinn hat, ist das "holistische Netzwerk von Zuschreibungen bedeutungsvoller Zustände" (1989; 153). Aber durch diese Zuschreibungen versucht man ja gerade, die Ursachen für ein Verhalten anzugeben, also das Verhalten kausal zu erklären. Mit anderen Worten: Die beiden Projekte können nicht so verschieden sein, wie Clark es behauptet, es kann sich höchstens um verschiedene Aspekte *eines* Projekts handeln (außer man gibt die Annahme auf, daß propositionale Einstellungen innere, kausal wirksame Zustände sind).

In diesem Zusammenhang gewinnt auch David Marrs bekannte Unterscheidung der drei Ebenen, auf denen jeder informationsverarbeitende Prozeß zu untersuchen ist, eine neue Bedeutung: Zum adäquaten Verständnis informationsverarbeitender Prozesse ist es nach Marrs Ansicht notwendig, mindestens drei *Erklärungs*ebenen zu unterscheiden. Die erste bezeichnet Marr als die Ebene der "computational theory", die zweite als die Ebene von "representation and algorithm" und die dritte als Ebene der "hardware implementation" (1982; 24ff). Diese drei Ebenen entsprechen in etwa meiner Unterscheidung einer semantischen, einer algorithmischen und einer physikalischen Dimension informationsverarbeitender Systeme.[36]

Auf der Ebene der "computational theory" geht es nach Marrs Ansicht darum zu analysieren, *was* das Ziel der Informationsverarbeitung ist, und *warum* das, was das System berechnet, zur Lösung der spezifischen Aufgabe angemessen ist. Auf dieser Ebene wird "*das Verhalten des Gerätes* als Abbildung von einer Art der Information auf eine andere charakterisiert" (1982; 24, Hervorhebung G.H.). Auf dieser Ebene werden die

---

[36]Ich halte es für mißverständlich, in diesem Zusammenhang von "Ebenen" zu sprechen, da dies den Anschein einer hierarchischen Struktur erweckt, mit der Vorstellung, man könnte eine "Ebene" auf die andere reduzieren. Außerdem kann es zu Mißverständnissen kommen, da sich innerhalb dieser unterschiedlichen Dimensionen tatsächlich hierarchisch geordnete Ebenen unterscheiden lassen (cf. Kap. 2).

Zustände des Organismus durch ihren Bezug zu seiner Umwelt inhaltlich charakterisiert
– das Verhalten des betrachteten Organismus bzw. der betrachteten Maschine *innerhalb*
einer bestimmten Umgebung wird erklärt.

Auf der algorithmischen Ebene geht es um die Frage, *wie* das Verhalten, das in
der semantischen Dimension als Informationsverarbeitung beschrieben wurde, durch innere Prozesse zustande kommt. Auf dieser Ebene wird untersucht, wie In- und Output
repräsentiert sind und nach welchem Algorithmus oder Verfahren die Repräsentationen umgeformt werden. Nach übereinstimmender Meinung der meisten Beteiligten ist
dies die Ebene, auf der die Kognitionswissenschaft nach Erklärungen für das menschliche Verhalten sucht.[37] Die Diskussion zwischen Konnektionismus und Symbolismus
sollte demzufolge auf dieser Ebene ausgetragen werden. Die Frage, wie Algorithmus
und Repräsentationen physikalisch realisiert werden können, betrifft die Ebene der Implementation. Innerhalb der Kognitionswissenschaften wäre auf dieser Ebene die Neu-
robiologie anzusiedeln.

Das, was Clark durch die Unterscheidung einer deskriptiven von einer kausalen Kognitionswissenschaft auszudrücken versucht, wird meines Erachtens durch Marrs Unterscheidung dreier Ebenen (oder Dimensionen) deutlicher erfaßt. Auf allen drei Ebenen
geht es um den gleichen Untersuchungsgegenstand: ein informationsverarbeitendes System (wobei offen bleibt, ob es sich um ein autonomes Gebilde handelt, oder um ein
Modul in einem komplexeren System). Auf allen drei Ebenen wird das Verhalten des
Systems erklärt (und nicht nur beschrieben). Auf der Ebene der "computational- theory"
(oder in der semantischen Dimension) wird das Verhalten des Systems als "Abbildung
von einer Art der Information auf eine andere" verstanden, d.h. für kognitive Prozesse:
als Funktion von Propositionen auf Propositionen.

Die Möglichkeit, ein Verhalten mit Hilfe einer derartigen Funktion beschreiben zu
können, ist nach Cummins notwendig, um von einem kognitiven Prozeß zu sprechen:

> "... eine kognitive Fähigkeit zu haben, bedeutet, eine Funktion zu instanti-
> ieren, die propositionale Inhalte verbindet, d.h. eine Funktion, die propo-
> sitionale Inhalte als Argumente und Werte hat und diese als Prämissen
> und Konklusion verbindet." (1989; 108)

Zuschreibungen propositionaler Einstellungen sind nach diesem Bild als der Versuch
anzusehen, das Verhalten einer Person als Funktion von semantisch interpretierten
Zuständen in andere semantisch interpretierte Zustände zu beschreiben und zu erklären.
Sie sind "im wesentlichen eine Sache einer holistischen Interpretation eines großen
Bereichs von Verhalten im Kontext einer Umgebung. Die einzelnen Gedanken, die so
zugeschrieben werden, sind vollständig real, aber sie gehören nicht zu der Art von Entitäten, die ordentliche, projizierbare, algorithmische Analoga im Gehirn haben" (Clark
1989; 153).

Das informationsverarbeitende System muß diese kognitive Funktion natürlich berechnen, d.h. es muß eine algorithmische Beschreibung des Systems geben, aus der her-
vorgeht, wie inhaltlich charakterisierte Zustände (Repräsentationen) manipuliert wer-

---

[37]Siehe dazu den Schlagabtausch zwischen Broadbent (1986) und Rumelhart & McClelland (1985)
zur Frage, ob konnektionistische Systeme, Prozesse auf der algorithmischen Ebene beschreiben. Hier
wird die erwähnte Vermengung zwischen der algorithmischen *Dimension* und verschiedenen *Ebenen*
innerhalb dieser Dimension besonders deutlich.

den. Aber durch die inhaltliche Charakterisierung wird der innere Mechanismus, der Algorithmus, der diese Funktion berechnet, in keiner Weise thematisiert. Zwischen einer Funktion und der Berechnung dieser Funktion muß strikt unterschieden werden. Es ist Marrs zweite Ebene, auf der die Kognitionswissenschaft den Algorithmus sucht, den das menschliche Gehirn zur Berechnung der – inhaltlich charakterisierten – kognitiven Funktion verwendet.

Wenn das Bisherige in etwa richtig ist, würde die Ansicht, daß propositionale Einstellungen innere Zuständen sind, die wie die Symbole in einem klassischen informationsverarbeitenden Sinn nach bestimmten Regeln umgeformt werden, auf einem ebenso banalen wie weitreichenden Irrtum beruhen: der Verwechslung von Funktion und Algorithmus. Anders gesagt: der Irrtum von Fodor und Pylyshyn besteht dann darin, daß sie das, was auf der inhaltlichen Ebene das Verhalten erklären soll, auf die algorithmische Ebene übertragen haben – sie haben das Explanandum als Explanans verkauft, indem sie es nochmals aus dem Inneren des Systems hervorgezaubert haben (wie der Arzt sein *virtus dormitiva* bei Molière).

Eliminativisten begehen den gleichen Fehler, wenn sie versuchen zu zeigen, daß sich die Entitäten der inhaltlichen Ebene auf der algorithmischen Ebene nicht finden lassen (was ihnen trivialerweise gelingt), und dann daraus schließen, inhaltlich charakterisierte Entitäten gäbe es nicht, bzw. seien für eine wissenschaftliche Psychologie nutzlos. Genauso wie es nützlich sein kann, verschiedene Algorithmen, die die gleiche Funktion berechnen, zu einer Äquivalenzklasse zusammenzufassen, genauso kann es für bestimmte Zwecke nützlich sein, das Verhalten verschiedener Wesen in gleicher Weise intentional zu charakterisieren, obwohl die Mechanismen ihrer Informationsverarbeitung verschieden sind.[38]

Zum Schluß dieses Abschnitts noch zwei Punkte, die mir wichtig erscheinen: Erstens: Auch wenn die Kognitionswissenschaft eine Erklärung der menschlichen Informationsverarbeitung auf der algorithmischen Ebene sucht, folgt daraus nicht, daß die Ebene der "computational-theory" für sie irrelevant wäre. Denn man kann schwerlich nach einem Algorithmus suchen, wenn man gar nicht weiß, welche Funktion berechnet werden soll. In den Worten von David Marr:

> "...man versteht einen Algorithmus wahrscheinlich viel leichter, wenn man
> die Natur des Problems, das gelöst wird, versteht, als wenn man den
> Mechanismus (und die Hardware) untersucht, in dem er verkörpert ist."
> (1982; 27)

Marr zieht in diesem Zusammenhang eine anschauliche Analogie: sich ausschließlich auf den Mechanismus der Informationsverarbeitung beschränken zu wollen, ist nach seiner Meinung ein ähnlich aussichtsloses Unterfangen, wie der Versuch zu verstehen, wie ein Vogel fliegt, und dabei nur die Federn zu untersuchen.[39]

---

[38]Im Grunde ist das ein ähnliches "multiple-realization"-Argument, wie es gegen eine Typ-Typ-Identitätstheorie vorgebracht wurde.

[39]Dieser Punkt von Marr wird meist so verstanden, als wollte er die Rolle der Umgebung auf die Inhalte der repräsentationalen Zustände betonen (cf. z.B. Burge 1986). Das ist zwar sicher richtig, aber meiner Meinung geht es Marr um einen ganz anderen Punkt: nämlich einerseits den Unterschied zwischen der Funktion eines Gegenstands in einer bestimmten Umgebung und dem Gegenstand (seiner inneren Struktur usw.) selbst anschaulich zu machen, und andererseits deren gegenseitige Abhängigkeit zu verdeutlichen (ähnlich wie zwischen Funktion und Algorithmus).

Der zweite Punkt betrifft die Rolle der Symbolmanipulation im menschlichen Verhalten: Menschliches Verhalten wird nicht nur durch die Zuschreibung inhaltlich charakterisierter Zustände erklärt (wie bei Computern), sondern es ist auch ein Teil menschlichen Verhaltens, sich selbst und anderen diese Zustände zuzuschreiben und dabei wiederum Symbole zu benutzen. Allgemein: das Verhalten selbst ist oft symbolisches Verhalten (formales Rechnen ist vielleicht das eindrucksvollste Beispiel). Auf der Ebene der "computational theory" – es fällt mir schwer, hier von *semantischer* Ebene zu sprechen – geht es oft um Symbole und Algorithmen: Menschliches Verhalten besteht oft in der Umformung von Symbolen nach formalen Regeln. Es hat also keinen Zweck, im Fall der menschlichen Informationsverarbeitung Inhalte auf einer Ebene und Algorithmen auf einer andere Ebene zu fixieren. Beim symbolischen Verhalten werden Algorithmen oft zum Inhalt des Verhaltens.

Eine adäquate Theorie der menschlichen Informationsverarbeitung benötigt daher als Modell ein informationsverarbeitendes System, das in der Lage ist, Symbole nach formalen Regeln zu manipulieren. Ob und wie konnektionistische Systeme zu einem derartigen Verhalten gelangen können, ist bisher noch unklar. Insofern haben Fodor und Pylyshyn ihre Finger in offene Wunden gelegt.

6 Konnektionismus und Symbolismus: Versuch einer Synthese

> "I have no doubt that when we do mental arithmetic we are doing something well, but it is no arithmetic, and we seem far from understanding even one component of what that something is."
>
> *David Marr*

Ein Großteil dessen, was in der Kognitiven Psychologie der Überschrift "höhere geistige Prozesse" subsumiert ist, betrifft ein Verhalten, bei dem bedeutungstragende Entitäten – Zeichen – eine wichtige Rolle spielen. Beim Sprechen und Schreiben produzieren wir Zeichen und wir richten unser Verhalten danach aus, welche Zeichen andere produziert haben. Ein wesentliches Merkmal menschlicher Zeichenbenutzung besteht darin, daß die Zeichen auch wieder zur Beschreibung und Erklärung des eigenen oder fremden Verhaltens verwendet werden. Damit steht eine weitere Fähigkeit des Menschen im Zusammenhang: die zur Manipulation von Symbolen nach formalen Regeln. Eine adäquate Theorie menschlicher Kognition muß erklären können, wie dieses sprachliche und symbolische Verhalten zustande kommt: Sie sollte zeigen, welche Verarbeitungsprozesse dazu nötig sind und welche vom menschlichen Gehirn benutzt werden.[1]

Der Symbolismus erklärt die Fähigkeit zum sprachlichen oder symbolischen Verhalten durch das Wirken eines inneren Symbolsystems: Äußeres symbolisches Verhalten wird durch ein inneres Symbolsystem erklärt; der sich daraus ergebende Regreß gilt durch das Postulat einer angeborenen Sprache des Geistes als gestoppt. Obwohl damit symbolisches Verhalten erklärt zu sein scheint, gibt es, wie im Verlauf dieser Arbeit deutlich geworden sein sollte, doch eine Reihe von Problemen mit dieser Art von "Erklärung" (Siehe insb. Abschnitt 3.3).

Da man merkte, daß das Verhalten künstlicher Symbolsysteme zu starr und beschränkt ist, um das flexible und umfassende Verhalten des Menschen zu erklären, ging man dazu über, Systeme zu untersuchen, deren Architektur eine gewisse Anlehnung an den strukturellen Aufbau biologischer Nervensysteme darstellt. Wie dargestellt wurde, zeigt das Verhalten dieser konnektionistischen Systeme oft eine verblüffende Ähnlichkeit mit einzelnen Aspekten menschlichen Verhaltens (was eigentlich, angesichts der ähnlichen zugrundeliegenden Architektur, nicht erstaunlich sein sollte). Nach Auffassung des Konnektionismus ist es daher unumgänglich, konnektionistische Systeme den symbolverarbeitenden Systemen als Modelle der menschlichen Informationsverarbeitung vorzuziehen.

Allerdings gibt es bei der konnektionistischen und bei der symbolischen Informationsverarbeitung ein ähnliches Problem: Beide eignen sich gut als Modelle für be-

---

[1] Unter symbolischem Verhalten soll hier ein Verhalten verstanden werden, bei dem bedeutungstragende Gegenstände nach formalen Regeln umgeformt werden.

stimmte Aspekte menschlichen Verhaltens, während sie bei der Anwendung auf andere Bereiche kläglich scheitern. Es fällt auf, daß Stärken und Schwächen beider Systeme genau komplementär sind: Während Symbolsysteme im Vorteil sind, wenn es darum geht, große Datenmengen nach formalen Kriterien zu bearbeiten oder langwierige Berechnungen in kurzer Zeit auszuführen, ist ihre Leistung extrem dürftig, wenn es z.B. um Mustererkennung oder ähnliches geht. Umgekehrt verhält es sich bei konnektionistischen Systemen: Sie scheinen geradezu prädestiniert für alle Arten der Mustererkennung zu sein – wie mit ihrer Hilfe jedoch Symbole nach formalen Regeln manipuliert werden können, liegt weitgehend im Dunkeln.[2]

Will man – wie in der Kognitionswissenschaft – menschliches Verhalten mit Hilfe informationsverarbeitender Systeme erklären, so liegt es nahe zu versuchen, ein Modell zu entwickeln, das die grundlegenden Prinzipien beider Systeme in sich vereint. Gesucht ist dazu eine Rechnerarchitektur, die einerseits Symbole nach formalen Regeln manipulieren kann, andererseits das flexible Verhalten konnektionistischer Systeme zeigt. Es ist natürlich möglich, daß weder symbolische noch konnektionistische Architekturen geeignet sind, als Modell der menschlichen Informationsverarbeitung zu dienen, sondern daß dazu eine vollkommen andere Form der Informationsverarbeitung nötig ist.[3] Solange sich aber kein grundsätzlich neues System für die Zwecke der Kognitionswissenschaften abzeichnet, ist es sinnvoll, nach einer Art Mischform zwischen symbolischer und konnektionistischer Informationsverarbeitung zu suchen.

Neben dem Versuch, derartige hybride Systeme zu konstruieren, gibt es Bemühungen, die typischen Eigenschaften symbolischer Informationsverarbeitung mit Hilfe einer konnektionistischen Architektur zu simulieren. Je nachdem in welchem Maße dies für möglich gehalten wird, geht man entweder von einer Implementation eines Symbolsystems in konnektionistischen Systemen oder von einer bloßen Approximation symbolischer Strukturen durch diese aus.

Im folgenden werde ich die verschiedenen Positionen kurz skizzieren und auf die jeweiligen Probleme hinweisen, die sich daraus ergeben. Zum Abschluß werde ich eine Auffassung darstellen, die auf eine radikale Abkehr von der bisherigen Vorgehensweise der Kognitionswissenschaft hinausläuft: Durch die Annahme, daß symbolisches Verhalten in erster Linie eine Manipulation *externer* Symbole ist, wird nicht länger versucht, intelligentes Verhalten durch das Wirken eines inneren Symbolsystems zu erklären, sondern vielmehr *das Verhalten selbst* als symbolische Informationsverarbeitung zu begreifen.

---

[2] Interessant ist in diesem Zusammenhang, daß *keines* der beiden Systeme bisher befriedigend mit dem Phänomen "Sprache" umzugehen vermag.

[3] Ich denke dabei z.B. an die zellulären Automaten, die von der Kognitionswissenschaft bisher noch nicht beachtet wurden. Jedenfalls: Die Zeiten der Alleinherrschaft symbolischer Informationsverarbeitung sind vorbei.

6.1 Implementation

Ein Versuch, die Eigenschaften beider Arten der Informationsverarbeitung in einem System zu vereinen, könnte darin bestehen, ein Symbolsystem in einem konnektionistischen Netz zu implementieren. Dieses Vorgehen hätte den Vorteil, daß einerseits typisch symbolische Operationen, wie die Befolgung einer expliziten Regel, erklärt werden könnten, daß dieses System aber andererseits auch über typisch konnektionistische Eigenschaften verfügen würde, wie beispielsweise eine inhaltsbezogene Speicherung und stetiger Leistungsabfall bei inadäquatem Input.

Wie ein derartiges System arbeiten würde, läßt sich am besten an einem Beispiel deutlich machen, in dem die Strategien beider Architekturen eine Rolle zu spielen scheinen: dem Schachspiel. Das Schachspiel ist durch eine endliche Menge exakter Regeln definiert. Sie bestimmen die Ausgangsposition der Figuren und legen exakt fest, welcher Zug in einer bestimmten Position zulässig ist. Das Schachspiel kann daher als ein formales System betrachtet werden, in dem bestimmte Gegenstände (die Positionen der Figuren) nach formalen Regeln umgeformt werden (cf. Haugeland 1985; 42ff). Das Spielen einer Partie Schach ist also ein typisches symbolisches Verhalten.

Was Schach zu einem nicht-trivialen Spiel macht, ist der Umstand, daß es in jeder Spielsituation mehrere Züge zuläßt. Welcher der dieser Züge ausgeführt wird, bleibt dem Spieler überlassen. Was einen guten Schachspieler auszeichnet, ist nicht, daß er mehr oder kompliziertere Züge beherrscht oder daß er diese schneller und präziser ausführen kann als ein Anfänger, sondern daß er unter den zulässigen Zügen den für ihn günstigsten auszuwählen vermag. Wie man unter den zulässigen Zügen den günstigsten auswählt, wird durch die Regeln nicht festgelegt. Die Auswahl eines Zuges in einer bestimmten Spielsituation gehört somit nicht zum symbolischen Verhalten.

Geht man von einem in einer konnektionistischen Architektur implementierten Symbolsystem aus, könnte man die Fähigkeit zum Schachspielen so zu erklären versuchen, daß ein assoziativer Speicher (das konnektionistische System) dem Symbolsystem einen bestimmten Zug vorschlägt und das Symbolsystem diesen Zug daraufhin überprüft, ob er den formalen Regeln des Spiels entspricht. Wird der Zug vom Symbolsystem als zulässig anerkannt, wird er ausgeführt; andernfalls wird der Zug verworfen und der assoziative Speicher angewiesen, eine Alternative vorzuschlagen. Welche Züge das konnektionistische System vorschlägt, ist davon abhängig, ob der Spieler bereits einmal in einer ähnlichen Situation war, bzw. ob er ein Spiel beobachtete, in dem sich eine derartige Situation ergab.

Durch die Möglichkeit, auf einen derartigen assoziativen Speicher zurückgreifen zu können, wird das Symbolsystem von der Notwendigkeit befreit, alle zulässigen Züge über mehrere Schritte hinweg auf ihre möglichen Konsequenzen zu überprüfen. Da aber letztendlich das Symbolsystem die Züge akzeptieren muß, entspricht jeder einzelne Zug den exakten Regeln des Spiels.[4]

Durch die Implementation eines Symbolsystems in einer konnektionistischen Architektur würde man daher erreichen, daß sowohl die Vorteile einer formalen Symbolmanipulation gewahrt bleiben, als auch Operationen zur Verfügung stünden, die mit Hilfe

---

[4] Smolensky schlägt eine ähnliche Analyse für die Durchführung eines formalen Beweises vor (1988; 13).

eines reinen Symbolsystems nicht oder nur sehr schwer zu realisieren wären wie z.B.
die inhaltsbezogene Speicherverwaltung. Im Hinblick auf derartige Systeme schreiben
beispielsweise Touretzky und Hinton:

> "Solche Modelle wären mehr als bloße Implementationen konventioneller
> Ideen einer symbolischen Informationsverarbeitung, da das konnektionis-
> tische Substrat wichtige komputationale Eigenschaften bereitstellen würde,
> die in Standard-Implementationen nicht zur Verfügung stehen." (1988;
> 463)

In ähnlicher Weise äußert sich Clark. Er ist der Meinung, daß die Ausführung jeder
anspruchsvollen Aufgabe möglicherweise durch eine ganze Anzahl interagierender virtueller Maschinen erklärt werden muß (cf. Clark 1989; 173).

Ein Problem mit dieser Sichtweise ist, daß nicht ohne weiteres klar ist, wie virtuelle
Maschinen interagieren. Virtuelle Maschinen sind Algorithmen, die durch andere Algorithmen simuliert werden. Die einzige Möglichkeit, die Interaktion virtueller Maschinen
zu verstehen, besteht darin, davon auszugehen, daß die Grundoperationen der implementierten Maschine durch Operationen der implementierenden Maschine ausgeführt
werden. Mit anderen Worten: Was in dem Algorithmus der virtuellen Maschine als
Grundoperation gilt, muß evtl. durch einen anderen Algorithmus berechnet werden.

Daraus ergibt sich auch, daß eine bestimmte Maschine auf verschiedene Art implementiert werden kann: Alles, was die benötigten Grundoperationen eines Algorithmus zur Verfügung stellen kann, ist in der Lage, die betreffende Maschine zu implementieren. Je nachdem, in welchem System eine bestimmte Maschine implementiert
ist, können sich unterschiedliche Verhaltenscharakteristika ergeben. Insbesondere die
Rechengeschwindigkeit und das Verhalten des Systems in nicht definierten Situationen
kann sich je nach benutzter Implementation stark verändern.

Interessiert man sich für diese Eigenschaften des Verhaltens, die von einer bestimmten Weise der Implementation abhängen können, dann muß man natürlich danach fragen, wie das betrachtete System jeweils implementiert ist. Interessiert man sich aber nur
für das implementierte System selbst, dann spielen auch diese Eigenschaften keine Rolle.
Im Falle kognitiver Prozesse mag dann zwar richtig sein, daß sich durch die Implementation des (akzeptierten) symbolverarbeitenden Systems in einem konnektionistischen
Netz eine Reihe von Eigenschaften ergeben, die mit einer typischen Von-Neumann-
Maschine nicht zu erzielen sind; aber für jemanden, dem es nur um die Existenz des
Symbolsystems selbst geht, ist das uninteressant. Entsprechend äußern sich auch Fodor
und Pylyshyn:

> "...viele der Argumente für den Konnektionismus werden am besten als
> die Behauptung betrachtet, daß die kognitive Architektur in einer Art
> Netzwerk (abstrakter "Einheiten") *implementiert* wird. In dieser Weise
> verstanden, sind die Argumente neutral bezüglich der Frage nach der kog-
> nitiven Architektur." (1988; 64)

Die Auffassung von Fodor und Pylyshyn ist also, daß für die Zwecke der Kognitiven
Psychologie die Ebene der symbolischen Informationsverarbeitung die einzig relevante
Ebene ist. Sie gestehen zwar zu, daß die Art der Implementation einen großen Unter-
schied im tatsächlichen Verhalten des Systems ergeben kann. Allerdings sind sie der

Meinung, daß zum Beispiel die Rechengeschwindigkeit, mit der ein Prozeß ausgeführt wird, nichts ist, dem ein kognitives Modell Rechnung tragen müßte, sondern "eine Eigenschaft *par excellence* seiner Implementation ist" (1988; 55).

Bei dem Versuch, menschliches Verhalten durch ein Symbolsystem zu erklären, das in einer konnektionistischen Architektur implementiert ist, ergibt sich damit das Problem, daß man den Eigenschaften, die sich aus der spezifischen Implementation ergeben, absprechen *kann*, für die *kognitive* Theorie relevant zu sein. Welche Eigenschaften betroffen sind, hängt natürlich davon ab, welche Phänomene man durch eine kognitive Theorie zu erklären wünscht. Geht es beispielsweise um die Rechenzeit oder das Verhalten in nicht klar definierten Situationen, dann betrifft die Implementation des Symbolsystems auch die kognitive Theorie. Stellt man sich wie Fodor und Pylyshyn allerdings auf den Standpunkt, daß für die Kognitive Psychologie nur das abstrakte Symbolsystem ohne Hinblick auf seine mögliche Realisierung interessant ist, dann ist der Konnektionismus psychologisch irrelevant.[5]

Abgesehen davon, wie man zu einer dermaßen a priori vorgenommenen Einschränkung des Gegenstandsbereichs der Kognitiven Psychologie stehen mag, ist es doch interessant, was sich daraus für Konsequenzen ergeben. Man betrachte dazu noch einmal das Schachspiel unter der Fragestellung, was durch eine derartige Beschränkung auf die rein formalen Aspekte des Symbolsystems noch erklärt werden kann.

Angenommen, die obige Analyse des Zusammenspiels zwischen dem assoziativen Hervorbringen eines möglichen Zugs durch das konnektionistische System und der Überprüfung und Ausführung des Zuges durch das Symbolsystem war korrekt (was man natürlich nicht akzeptieren muß). Beschränkt man sich in diesem Fall auf das formale Symbolsystem, kann man nicht erklären, warum manche Menschen besser Schach spielen können als andere – solange sie überhaupt Schach spielen. Was erklärt werden kann, ist nur, inwieweit sich beide regelkonform verhalten. Das einzige, was es in diesem Fall für die Kognitive Psychologie zu tun gäbe, wäre, das formale System zu explizieren, demgemäß sich die Spieler verhalten. Und das bedeutet letzten Endes nichts anderes, als die Regeln des Schachspiels aufzulisten.

Akzeptiert man die obige Analyse der inneren Vorgänge beim Schachspielen nicht, so muß man annehmen, daß die jeweiligen Züge im Symbolsystem, d.i. – nach Fodor und Pylyshyn – im kognitiven System des Schachspielers, selbst berechnet werden. Angesichts der kombinatorischen Explosion der möglichen Züge ist dies aber extrem unplausibel. Man beachte: der orthodoxe Symbolist darf an dieser Stelle nicht annehmen, daß der "Zuggenerator" durch ein anderes, nicht-kognitives Symbolsystem realisiert wird. Die Operation **finde möglichen Zug** im kognitiven Symbolsystem darf nicht in einem anderen Algorithmus implementiert sein; die Betrachtung der Implementation des kognitiven Symbolsystems hat sich der Symbolist untersagt.

Es ist mir allerdings nicht klar, warum Fodor und Pylyshyn darauf beharren, daß nur das Symbolsystem selbst kognitiv relevant ist und nicht auch seine mögliche Implementation. Wenn es tatsächlich der Fall sein sollte, daß – wie hier diskutiert wird – ein Symbolsystem in einem konnektionistischen Netzwerk implementiert ist, dann wird doch damit nachdrücklich die Existenz eines Symbolsystems als höchste Ebene der kognitiven Informationsverarbeitung anerkannt. Selbst wenn die konnektionistische

---

[5] Unter der Voraussetzung, daß ein Symbolsystem die "echten" kognitiven Fähigkeiten erklären kann.

Implementation *auch* Fragen der Kognitiven Psychologie berühren würde, so könnten Fodor und Pylyshyn sich beruhigt zurücklehnen und feststellen, daß niemand ihre Hypothese von einer Sprache des Geistes bezweifelt. Oder haben sie Bedenken, daß man sich dann bald darüber Gedanken machen würde, wozu man diese dann überhaupt noch braucht?

6.2 Approximation

Eine andere Möglichkeit, eine Synthese zwischen Konnektionismus und Symbolismus zu finden, besteht darin, davon auszugehen, daß die Prozesse der menschlichen Informationsverarbeitung nur als Prozesse eines konnektionistischen Netzwerks exakt beschrieben und erklärt werden können, das Verhalten dieses System aber dennoch *approximativ* als Symbolmanipulation beschrieben werden kann. Die Beschreibung eines Verhaltens als formale Symbolmanipulation wäre demnach eine idealisierte Darstellung der eigentlichen Vorgänge. Smolensky charakterisiert das Verhältnis zwischen symbolischen Beschreibungen und zugrundeliegenden (konnektionistischen) Verarbeitungsprozessen wie folgt:

> "Genau wie newtonsche Begriffe annähernd gültige Beschreibungen physikalischer Phänomene ermöglichen, die genauer durch Begriffe der Quantenmechanik beschrieben werden, so ermöglichen die symbolischen Begriffe der Alltagspsychologie annähernd gültige Beschreibungen der kognitiven Phänomene, die genauer durch subsymbolische Begriffe beschrieben werden." (1986; 125, cf. auch Rumelhart & McClelland 1986; 125)

Im Gegensatz zu der vorher besprochenen Implementations-Hypothese geht man hier also nicht von der Existenz eines Symbolsystems im Inneren einer Person aus, das ursächlich an der Entstehung kognitiver Prozesse beteiligt ist. Dem Symbolsystem wird hier nur die Rolle eines heuristischen Verfahrens zugewiesen, mit dessen Hilfe das Verhalten einer Person für alltägliche Zwecke hinreichend gut vorausgesagt werden kann.[6]

Man könnte sich nun natürlich auf den Standpunkt stellen, daß es genügt, wenn ein symbolisches Modell die kognitiven Vorgänge so genau beschreibt, wie die newtonsche Physik unsere physikalische Umgebung. Außerdem kann man davon ausgehen, daß eine Theorie auf neuronaler Ebene noch präziser wäre als eine konnektionistische – also warum dann nicht gleich eine kognitive Theorie auf der neuronalen Ebene (oder auf der molekularen, atomaren, subatomaren usw.) anstatt auf der konnektionistischen fordern?

Aber der eigentliche Punkt der Auseinandersetzung betrifft nicht den Grad der durch die jeweilige Theorie erzielten Präzision, sondern die Frage, ob intelligentes Verhalten durch intern ablaufende Rechenprozesse erklärt werden muß. Da interne Rechenprozesse intern repräsentierte Regeln voraussetzen, ist dies die Frage danach, ob kognitive Prozesse regelgeleitet sind oder nur als regelhaft beschrieben werden können.

---

[6] Daraus folgt nicht, daß man auf dieses heuristische System verzichten kann. Es ist möglich, daß eine exakte Analyse der eigentlichen konnektionistischen Vorgänge zu lange dauern würde, bzw. eines zu großen Aufwands bedürfte, um die gegenwärtige Alltagspsychologie in der täglichen Praxis ersetzen zu können.

Die Regelhaftigkeit im Verhalten eines Systems ergibt sich nach der Approximations-Theorie nicht durch regelbefolgende Prozesse im Inneren des Systems, sondern als emergente Eigenschaft eines dynamischen Systems. Ein Modell kognitiver Prozesse, das auf die interne Manipulation von Repräsentationen nach formalen Regeln verzichtet, unterscheidet sich jedoch nicht nur durch den Grad an Präzision, sondern bedeutet eine radikale Abkehr vom gegenwärtigen Paradigma.

Der Unterschied zwischen Newtonscher Physik und Quantenmechanik beruht auch nicht so sehr auf ihrem unterschiedlichen Grad an Präzision. Es sind auch keine Theorien mit unterschiedlichem "Auflösungsvermögen" wie z.B. die Zellbiologie und die Molekularbiologie. Der eigentliche Unterschied – auf den hier auch abgezielt wird – ist der, daß die newtonsche Mechanik *deterministisch* ist, während die Quantenmechanik eine *statistische* Theorie ist.

Während die newtonsche Physik vorgibt, physikalische Vorgänge exakt zu beschreiben, lassen sich mit Hilfe der Quantenmechanik nur Wahrscheinlichkeiten feststellen – z.B. mit welcher Wahrscheinlichkeit ein bestimmtes Teilchen an einem bestimmten Ort ist. Daraus resultiert eine prinzipielle Unmöglichkeit, exakte Vorhersagen zu treffen. In diesem Sinn ist auch die Redeweise von der Approximation der Vorgänge in einem konnektionistischen System durch die Begriffe der Alltagspsychologie zu verstehen:[7] Die Regelhaftigkeit, die man in einer rationalen Psychologie auf ein Regelbefolgen im Inneren des Systems zurückführen möchte, ist – nach dieser Auffassung – nur scheinbar bzw. in groben Zügen vorhanden (weshalb man auch auf die Annahme eines implementierten Symbolsystems verzichten kann).

Daraus folgt natürlich nicht, daß man nicht eine gewisse Regelmäßigkeit im Verhalten des Systems erkennen könnte; man muß sich nur von der Vorstellung frei machen, diese Regeln über das Verhalten des Systems so weit verbessern zu können, daß sie das System eines Tages *exakt* beschreiben. Die Alltagspsychologie hätte damit etwa den Status von Bauernregeln zur Wettervorhersage: In gewissen Grenzen lassen sich diese Regeln durch exakte Beobachtungen verbessern und verfeinern – bis hin zu einer wissenschaftlichen Standards genügenden Meteorologie. Will man aber die eigentlichen kausalen Vorgänge kennenlernen, bleibt einem nichts anderes übrig, als das dynamische System, d.i. auf der einen Seite die Gesamtheit aller Gasbewegungen bzw. – im Falle der Verhaltensvorhersage – das globale Verhalten eines (dynamischen) konnektionistischen Systems, zu betrachten.

Eine derartige Approximations-Hypothese ist allerdings einem gewichtigen Einwand ausgesetzt: In manchen Fällen läßt sich menschliches Verhalten eben doch vollkommen exakt beschreiben. Wenn jemand eine Rechenaufgabe löst, einen logischen Beweis ausführt oder ein formales Spiel wie z.B. Schach spielt, dann kann sein Verhalten *exakt* als die Ausführung bestimmter Regeln beschrieben werden. Eine Theorie, die annimmt, unser Verhalten könne durch bestimmte Regeln nur approximativ beschrieben werden, kann ein derartiges symbolisches Verhalten nicht erklären.

Das Problem dieser hier dargestellten Auffassung zur Erklärung symbolischen Verhaltens mit Hilfe konnektionistischer Netzwerke ist, daß damit ein exaktes symbolisches Verhalten negiert wird. Bei der öffentlichen Sprache könnte man noch auf deren nicht-

---

[7] Das hier Gesagte gilt – was die prinzipielle Unmöglichkeit exakter Beschreibung betrifft – nur für *dynamische* konnektionistische Systeme, also solche, in denen die Aktivierungsfunktion eine statistische Funktion ist (z.B Bolzmann-Maschinen).

formalen Charakter verweisen, um zu erklären, wie man ohne Möglichkeit zur exakten Symbolmanipulation Sprache verstehen und sprechen kann. Für eigentliches symbolisches Verhalten jedoch, wie z.B. bei der Ausführung eines logischen Beweises, kann die Approximations-Theorie keine befriedigende Erklärung geben.

6.3 Hybride Systeme

Ein informationsverarbeitendes System, das die gesamte Bandbreite kognitiver Leistungen zeigen soll, muß sowohl in der Lage sein, Symbole zu manipulieren als auch in assoziativer Weise Muster zu erkennen.[8] Ein auf den ersten Blick plausibler Ansatz wäre, ein hybrides System zu konstruieren, also ein System, das sich aus verschiedenen Modulen zusammensetzt und in dem diese einzelnen Subsysteme relativ unabhängig voneinander arbeiten. Einige dieser Module könnten dann Symbolsysteme und andere eher von der Art konnektionistischer Netze sein.

Die verschiedenen Subsysteme oder Module könnten dabei unterschiedliche Aufgaben übernehmen, so daß beispielsweise ein Modul für das Lesen, eines für das Sprechen, eines für Gesichterwahrnehmung usw. zuständig ist (cf. Fodor 1983). Auf diese Weise könnte man die unterschiedlichen kognitiven Leistungen durch das Wirken unterschiedlicher Subsysteme erklären. Symbolverarbeitende Module wären vielleicht für Sprache, Lesen und Rechnen zuständig, konnektionistische Module übernehmen Aufgaben wie visuelle Wahrnehmung, assoziatives Denken usw.

Aus Gründen der Ökonomie ist anzunehmen, daß mit einer derartigen Aufgabenteilung zwischen verschiedenen Modulen eine räumliche Trennung verbunden ist, also die Module für die verschiedenen Aufgaben an verschiedenen Stellen des realisierten Systems zu finden sind. Für eine Verteilung verschiedener Module im Gehirn scheinen auch neurobiologische Befunde zu sprechen. Es lassen sich im Cortex Bereiche finden, die auf bestimmte Bereiche kognitiven Verhaltens spezialisiert sind. Bei Läsionen im Bereich eines derartigen "Zentrums" kommt es zu spezifischen Ausfällen einer bestimmten Funktion.

Sowohl die Vertreter einer symbolischen als auch die einer konnektionistischen Informationsverarbeitung hätten damit gleichermaßen recht, wenn sie betonen, daß eine bestimmte Art der Informationsverarbeitung angenommen werden muß, um bestimmte kognitive Leistungen zu erklären. Nur sollte man unter diesen Umständen nicht den Fehler machen zu behaupten, daß *eine* bestimmte Rechnerarchitektur *allen* kognitiven Leistungen zugrunde liegt. In Anknüpfung an die Unterscheidung verschiedener Dimensionen eines informationsverarbeitenden Systems, wie sie am Ende des letzten Kapitels dargestellt wurde, könnte man sagen: Verschiedene Funktionen des menschlichen Geistes können durch verschiedene Klassen von Algorithmen berechnet werden.

Ein Problem der Modularisierung besteht darin, daß diese Lösung sehr ad hoc wirkt und bei näherem Hinsehen den eigentlich kritischen Punkt nur auf die Ebene der einzelnen Module verschiebt. Fodor und Pylyshyn könnten beispielsweise auf eine derartige

---

[8] Ich möchte nicht behaupten, daß durch Symbolmanipulation und Mustererkennung der gesamte Bereich kognitiven Verhaltens abgedeckt wird, aber diese beiden Kategorien scheinen mir doch die beiden Extrempunkte zu charakterisieren.

Modularitätsthese antworten, daß es ihnen ausschließlich um die Erklärung "höherer" kognitiver Leistungen wie z.B. Sprechen oder Denken geht. Wenn akzeptiert wird, daß für diese Fähigkeiten ein symbolverarbeitendes Modul Voraussetzung ist, dann wird damit ihre These bereits bestätigt. Es wurde von ihnen nie bestritten, daß es noch andere, niedere, vielleicht "semi-kognitive" Fähigkeiten gibt (wie sie beispielsweise auch bei Tieren anzutreffen sind) und daß für deren Erklärung vielleicht konnektionistische Modelle hinreichen (cf. Fodor 1975; 202).

Für höhere kognitive Leistungen (z.B. Sprache) aber gilt, daß ein symbolverarbeitendes System notwendig ist und daß dieses System im Nervensystem implementiert sein muß. Eine Modularitätsthese setzt damit die Implementation eines Symbolsystems in einem konnektionistischen System voraus und ist auch entsprechend anfällig für Argumente, die gegen eine Implementation eines Symbolsystems in einem konnektionistischen Netz vorgebracht wurden.

Gegen eine derartig strikte Aufteilung kognitiver Leistungen auf verschiedene Verarbeitungsmechanismen spricht weiterhin die starke Abhängigkeit der einzelnen kognitiven Leistungen voneinander. Lesen und Verstehen gesprochener Sprache setzen beispielsweise eine ähnlich leistungsfähige Mustererkennung voraus wie die Gesichterwahrnehmung. Ohne die (konnektionistische) Eigenschaft eines stetigen Leistungsabfalls bei unvollständigem oder inkonsistentem Input, hätten wir keine Möglichkeit, unvollständige oder ungrammatikalische Sätze zu verstehen; ohne die Möglichkeit zu flexibler Generalisierung könnten keine Metaphern verstanden werden usw. Betrachtet man also die einzelnen kognitiven Leistungen, so scheinen sie keineswegs so unabhängig voneinander zu sein, wie durch eine Modularitätsthese nahegelegt wird.[9]

Es gibt auch neurologische Befunde, die gegen verschiedene Architekturen bei einzelnen Subsystemen sprechen. Man findet zwar wie oben festgestellt bei Schädigungen des Cortex je nach Ort der Läsion typische Ausfallserscheinungen, und manche physiologischen Befunde sprechen für eine Aufteilung des Cortex in unterschiedliche Funktionseinheiten (z.B. den Gennari-Streifen in der Area 17 des Occipitalcortex, die für die visuelle Wahrnehmung zuständig ist). Bezüglich der Rechnerarchitektur scheint es jedoch keine wesentlichen Unterschiede in den verschiedenen Arealen zu geben. Braitenberg und Schüz beispielsweise stellen fest:

> "Aus der auf den ersten Blick ziemlich einförmigen Schichtung der gesamten Großhirnrinde [...] geht schließlich hervor, daß die Grundoperationen zwischen den Schichten im wesentlichen überall sehr ähnlich sein muß."

> "Der Cortex allgemein gleicht also, nach unserem Modell, weniger einer präzise vorprogrammierten Maschine, als einem Netzwerk von diffusen, durch Aktivität veränderlichen Verbindungen." (1989; 77 u. 86)

Abgesehen von der Frage nach der "Tiefe" der Modularisierung und der funktionalen Architektur der Subsysteme, möchte man natürlich auch gerne etwas über das gesamte System aussagen können: Ist das informationsverarbeitende System des Menschen ein Symbolsystem, in dem bestimmte Grundoperationen von einem konnektionistischen Netz übernommen werden, oder ist es ein konnektionistisches System, das bei Bedarf exakte

---

[9] Besonders bei Hirnfunktionsstörungen wird deutlich, daß das, was sich im Normalfall als *eine* kognitive Leistung darstellt, sich in Wirklichkeit durch das Zusammenspiel einer ganzen Reihe verschiedener Teilleistungen ergibt.

Berechnungen von einer Von-Neumann-Maschine ausführen läßt? Die hier vorgestellten Einwände gegen die Annahme hybrider Systeme sind nicht prinzipieller Natur. Auch wenn einiges dagegen spricht, so könnte es sich letztlich doch herausstellen, daß in den Köpfen von Lebewesen derartige hybride Systeme arbeiten. Auch in diesem Fall müßte man allerdings die These von Fodor und Pylyshyn zurückweisen, konnektionistische Systeme seien für die Kognitive Psychologie irrelevant.

6.4 Externe Symbolmanipulation

Im letzten Abschnitt werde ich ein Modell der menschlichen Informationsverarbeitung darstellen, das sich von den bisher betrachteten Alternativen radikal unterscheidet. Ging es bisher immer um die Frage, wie der funktionale Aufbau des Informationsverarbeitungssystems des Menschen aussieht – muß man ein Symbolsystem annehmen oder ein konnektionistisches Netzwerk – tritt nun die Frage nach der Interaktion dieses Systems mit seiner Umwelt in den Vordergrund. Es wird hier zwar immer noch davon ausgegangen, daß dieses innere System eine Art konnektionistisches Netz ist – allerdings wird weder versucht, exaktes symbolisches Verhalten zu negieren noch es durch irgendwelche Mechanismen im System zu erzeugen. Die hier betrachtete Hypothese besagt vielmehr, daß symbolisches Verhalten in erster Linie eine Manipulation externer Gegenstände ist, und nicht – wie der Symbolismus behauptet – eine Manipulation innerer Repräsentationen. Im folgenden werde ich versuchen, diese These darzustellen und plausibel zu machen. Ferner werde ich einige ihrer Konsequenzen diskutieren.

Das Ausgangsproblem war die Forderung nach einem Modell für die menschliche Informationsverarbeitung, das einerseits zu ähnlich flexiblen Mustererkennungsprozessen in der Lage ist wie konnektionistische Systeme, das aber andererseits über eine Rigidität und Exaktheit verfügen muß, wie sie für symbolisches Verhalten notwendig ist, und das am ehesten durch ein inneres Symbolsystem gewährleistet zu sein scheint. Die Frage ist also, wie ein konnektionistisches System die Grundlage für symbolisches Verhalten sein kann (ohne ein Symbolsystem zu implementieren). Anders gefragt, wie kann Symbolmanipulation auf Mustererkennung reduziert werden?

Die hier vertretene Auffassung – die im wesentlichen auf einer Arbeit von Rumelhart et. al. (1986) basiert[10] – geht davon aus, daß symbolisches Verhalten durch zwei grundlegende Fähigkeiten ermöglicht wird. Erstens durch die Fähigkeit zur Mustererkennung und zweitens durch die Fähigkeit, *konkrete* Gegenstände in der Umwelt zu manipulieren.[11] Diese beiden Fähigkeiten werden alternierend eingesetzt, so daß auf diese Weise eine schrittweise Manipulation von Symbolen zustande kommt. Wie diese wechselweise Anwendung von Mustererkennung und Manipulation abläuft und wie sich daraus symbolisches Verhalten ergibt, sieht man am besten an einem Beispiel:

---

[10]Siehe auch Margolis (1987), der eine ähnliche These unabhängig von der Diskussion um den Konnektionismus vertritt.

[11]An dieser Stelle wird vorausgesetzt, daß Gegenstände der Umwelt eine bestimmte Bedeutung tragen können. Wie es möglich ist, daß manche Dinge als Repräsentationen anderer Dinge betrachtet werden können, soll hier nicht näher diskutiert werden. Ich werde auf diesen Punkt allerdings noch einmal zurückkommen.

Jemand bekommt die Aufgabe gestellt, die Zahlen 2385 und 89654 zu addieren. Er konstruiert sich eine graphische Darstellung der Aufgabe, etwa:

$$89654$$
$$2385$$

Diese Zeichen auf dem Papier stellen für ihn ein unvollständiges Muster dar. Dieses Muster wird durch einen Mustererkennungsprozeß ergänzt, und die externe Repräsentation entsprechend dem so ergänzen Muster manipuliert. In diesem Fall zieht er einen Strich unter die Aufgabe und addiert die beiden letzten Zahlen:[12]

$$89654$$
$$2385$$
$$\overline{9}$$

Die nächste Aufgabe besteht darin, dieses seinerseits wieder unvollständige Muster zu vervollständigen und die graphische Repräsentation entsprechend zu manipulieren:

$$89654$$
$$2385$$
$$\overline{39}$$

Diese abwechselnde Anwendung von Mustererkennung und Manipulation wird so lange fortgesetzt bis ein bestimmtes Abbruchkriterium (wieder ein Muster) erreicht ist. Eine derartige Aufgabe wird also dadurch gelöst, daß externe Repräsentationen manipuliert werden, wobei jeder einzelne Schritt von einem Mustererkennungsprozeß ausgelöst und gelenkt wird.[13] (Im Beispiel wurden Zahlen durch Ziffern repräsentiert, bei anderen Aufgaben kann es sich um Schachfiguren oder logische Formeln handeln.)

Diese externe Symbolmanipulation hat für unsere Fähigkeit zum symbolischen Verhalten eine herausragende Bedeutung:

> "Diese beiden Fähigkeiten – die Manipulation der Umwelt und die Verarbeitung der Umwelt, die wir geschaffen haben – erlauben uns, sehr komplexe Probleme auf eine Reihe sehr einfacher zu reduzieren."

> "Das ist *echte* Symbolverarbeitung und, wie uns immer mehr scheint, die Symbolverarbeitung, zu der wir in erster Linie fähig sind. So gesehen wird die externe Umwelt in der Tat zur maßgebenden Erweiterung unseres Geistes." (Rumelhart et.al. 1986; 46)

Einer der interessanten Punkte bei einer derartigen Betrachtungsweise ist, daß man vollständig auf die Annahme eines inneren Symbolsystems verzichten und dennoch exaktes symbolisches Verhalten erklären kann. Durch die wiederholte Anwendung endlich

---

[12]Da es nur endlich viele Möglichkeiten gibt, zwei einstellige Zahlen zu addieren, genügt dazu eine einfache Mustererkennung.

[13]Würde man die Vorgänge bei der Lösung einer derartigen Aufgabe näher analysieren, könnte man erkennen, daß sich eine Reihe verschiedener Mustererkennungsprozesse gegenseitig aufrufen und überlagern (ähnlich wie sich Subroutinen in Computerprogrammen gegenseitig aufrufen).

Bemerkenswert in diesem Zusammenhang ist, daß sich die außergewöhnliche Fingerfertigkeit des Menschen – eine notwendige Voraussetzung für die präzise Manipulation von konkreten Gegenständen – parallel zu seinen kognitiven Fähigkeiten entwickelt hat.

vieler einfacher Mustererkennungsprozesse mit anschließender Manipulation des Ausgangsmusters sind wir (prinzipiell) in der Lage, beliebig viele Aufgaben zu lösen.

Das Verhalten, das auf diese Weise zustande kommt, erfüllt alle Bedingungen, die Fodor und Pylyshyn an symbolisches Verhalten gestellt haben; Es ist *produktiv*: beliebig viele, beliebig komplexe Zeichen können auf diese Art manipuliert werden; es ist *systematisch*: wer auf diese Weise 89654 + 2385 berechnen kann, der kann auch 2385 + 89654 berechnen; und das Verhalten ist *homogen*: es treten keine "kognitiven Lücken" auf, so daß z.B. jemand zwar 2385 + 89654 und 2385 + 89652 berechnen kann, nicht aber 2385 + 89653. Dies zeigt, daß aus den genannten Eigenschaften im (symbolischen) Verhalten nicht darauf geschlossen werden kann, der innere Mechanismus, der dieses Verhalten ermöglicht, müßte ebenfalls diese Eigenschaften aufweisen.

Die einzige Voraussetzung ist, daß die zu diesem Verhalten notwendigen Mustererkennungsprozesse ohne ein inneres Symbolsystem möglich sein müssen. Und dies scheint problemlos möglich zu sein: Betrachtet man dazu einmal die Multiplikation zweier beliebiger Zahlen, so erkennt man, daß es (neben den eher manuellen Fähigkeiten) das kleine Einmaleins ist, das ausreicht, um sämtliche Multiplikationen durchführen zu können. Dieses wird in der Schule durch ständiges Wiederholen antrainiert, bis man das Ergebnis z.B. von 4 × 7 direkt "sieht". Damit ist eine Berechnung dieser einfachen Grundoperationen nicht nötig, sie stellen ein Muster dar, das unmittelbar zum Ergebnis ergänzt wird. Derartige Assoziationsvorgänge lassen sich aber ohne weiteres auf Mustererkennungsprozesse eines konnektionistischen Netzes zurückführen. (Die Annahme, daß diese einfachen Grundoperationen ebenfalls berechnet werden müßten, widerspricht erstens der subjektiven Erfahrung und führt zweitens in einen Regreß.)

Bevor ich auf ein ernsthaftes Problem dieses Ansatzes zu sprechen komme, noch eine Bemerkung: Diese externe Symbolmanipulation ist eine "echte" Symbolmanipulation in dem Sinn, wie der Begriff in der Theorie symbolischer Informationsverarbeitung gebraucht wird. Eine Voraussetzung dafür ist, daß es sowohl Gegenstände gibt, die die eigentlichen Daten repräsentieren, als auch Gegenstände zur Repräsentation von Regeln. Im Falle der externen Symbolmanipulation ist beides Vorhanden: Die Regeln sind durch Symbole repräsentiert (z.B. Wenn P, und wenn $P \longrightarrow Q$, dann Q) und die Daten selbst sind ebenfalls durch bestimmte Symbole repräsentiert. Durch (wiederholte) Anwendung der Regeln – auch dazu ist ein Mustererkennungsprozeß nötig – werden die Symbole manipuliert. Bechtel und Abrahamsen deuten diesen Punkt ebenfalls an, wenn sie schreiben:

> "Statt zu versuchen, ein Regelsystem zu implementieren, schlagen wir vor, ein Netzwerk zu lehren, ein System (eine Sprache) zu gebrauchen, in dem Informationen, *einschließlich Regeln*, symbolisch kodiert werden können. Beim Gebrauch dieser Symbole verhält sich das Netzwerk jedoch in der gleichen grundlegenden Weise wie immer: Es erkennt Muster und antwortet auf sie, wie es trainiert worden ist." (1990; 259)

Eine symbolische Informationsverarbeitung kommt nach dieser hier dargestellten Auffassung also durch eine Interaktion eines mustererkennenden Systems mit der Umwelt zustande und nicht dadurch, daß wir Symbole in unserem Inneren manipulieren. Das (symbolische) informationsverarbeitende System ist nicht *im* Menschen, sondern der Mensch ist *Teil* dieses Symbolsystems.

Ein Problem mit diesem Bild einer *externen* Symbolmanipulation ist, daß offensichtlich nicht alle Symbolmanipulationen extern sind – manchmal werden logische Schlüsse "im Geist" gezogen, einfache Aufgaben "im Kopf" gerechnet oder beim Schach mehrere Züge bedacht.[14] In all diesen Fällen findet keine Manipulation externer Gegenstände statt. Wie sind diese Phänomene mit der hier betrachteten Auffassung von der menschlichen Informationsverarbeitung zu vereinbaren? Dazu ist als erstes festzustellen, daß unsere Fähigkeit, Symbole im Geiste zu manipulieren, äußerst dürftig ist. Sobald die Aufgaben einigermaßen umfangreich oder kompliziert werden, muß man zu Hilfsmitteln wie Papier und Bleistift, Taschenrechnern – oder letztlich zu Computern greifen. Aber dennoch, gewisse Symbolmanipulationen werden, wenn auch eingeschränkt, im Geist vollzogen. Nach Auffassung von Rumelhart et. al. ist dies dadurch möglich, daß sich beim Menschen die Fähigkeit entwickelt hat, sich externe Repräsentationen vorzustellen, sie also quasi zu internalisieren:

> "Wir können die physikalische Umwelt nicht nur manipulieren und sie dann verarbeiten, wir können auch lernen, die von uns geschaffenen Repräsentationen zu internalisieren, sie uns "vorzustellen", und dann diese vorgestellten Repräsentationen genauso zu verarbeiten, als wären sie extern." (ebd.)

Nach dieser Auffassung stellt sich jemand, der in Gedanken eine Aufgabe löst, die eine schrittweise Manipulation einzelner Elemente erfordert, eine externe Repräsentation dieser Aufgabe vor. Jemand, der z.B. eine kompliziertere arithmetische Aufgabe löst, als er "auf einen Blick" zu lösen imstande ist, stellt sich vielleicht die zugehörigen Zahlen vor; jemand, der z.B. einen Syllogismus der Form "Alle A sind B und alle C sind *nicht* B" lösen will, könnte sich beispielsweise ein Venn-Diagramm vorstellen und das Ergebnis von seinem Vorstellungsbild ablesen.[15] Damit wird im Grunde ein inneres, *bildhaftes* Repräsentationsmedium postuliert, das gleichsam mit einer Art innerem Auge betrachtet werden kann. Ob die Annahme derartiger piktorialer Repräsentationen sinnvoll ist, möchte ich hier nicht diskutieren. Allerdings scheinen die Eigenschaften konnektionistischer Repräsentationen eher für ein solches analoges, piktoriales Medium zu sprechen.[16]

Zwei Probleme ergeben sich aus diesem Ansatz, für die es meines Wissens noch keine brauchbaren Lösungsvorschläge gibt. Zum einen ist es das Phänomen Sprache. Sprechen (oder Hören, Schreiben oder Lesen) ist offensichtlich auch *eine Art* Umgang mit Symbolen – wenn auch kein symbolisches Verhalten in dem hier gebrauchten Sinn. Wie aber dieses Verhalten in die Komponenten Mustererkennung und Manipulation

---

[14]Man darf in diesem Zusammenhang nicht die Redeweise, daß man etwas "im Kopf" mache, mit der These verwechseln, daß kognitive Prozesse durch eine innere Manipulation von Symbolen im Kopf zustande kommt. Im ersten Fall meint man "im Geiste" (diesen Ausdruck werde ich auch nach Möglichkeit verwenden), während im zweiten Fall der Ausdruck "im Kopf" wörtlich gemeint ist. Insbesondere folgt aus einer Symbolmanipulation im Geiste keinesfalls eine Symbolmanipulation im Kopf (außer in Fodors Geiste).

[15]Die Bildung derartiger "mentaler Modelle" beim Problemlösen wird z.B. auch von Johnson-Laird (1983) postuliert.

[16]Konnektionistische Repräsentationen scheinen beispielsweise die Eigenschaft zu haben, die Haugeland "complicit" nennt und als typisch für piktoriale Repräsentationen ansieht: ein Fehlen der Unterscheidung zwischen implizit und explizit repräsentierter Information (cf. Haugeland 1987). Da diese Unterscheidungsmöglichkeit bei propositionalen Repräsentationen die Grundlage des Frame-Problems zu sein scheint (siehe Abschnitt 3.4), gäbe es dieses Problem bei konnektionistischen Systemen nicht.

externer Gegenstände zerlegt werden kann, ist unklar. Auch was hierbei die externen Symbole sind, die manipuliert werden, bleibt im Dunklen.

Andererseits ist Sprache nicht im gleichen Sinn symbolisches Verhalten wie die Ausführung eines logischen Beweises. Und gerade bei der Sprache scheinen wir eine ausgeprägt Fähigkeit des inneren Handelns zu haben: den beständigen inneren Monolog, den wir als Denken bezeichnen. Trotzdem – so schlägt Bechtel vor – sollte man nicht versuchen, sprachliche Strukturen von vorneherein in ein künstliches System einzubauen, sondern vielmehr darauf zu achten, "wie sich ein System an eine Umgebung anpaßt, in der Sprache eine wichtige Rolle spielt. Das heißt, wir sollten die Möglichkeit erwägen, daß zu Beginn des Spracherwerbs die sprachlichen Strukturen in der Umgebung verbleiben, in der Sätze gesprochen oder geschrieben werden, und daß sich der Organismus an einen derartigen externen Gebrauch anpaßt" (1989; 9). Alles in allem muß aber dennoch gesagt werden, daß die Rolle der Sprache in diesem Bild der externen Symbolmanipulation nicht beantwortet ist.

Das zweite Problem betrifft die Bedeutung der externen Symbole: Wie kommt es, daß bestimmte Gegenstände dazu benutzt werden können, andere zu repräsentieren? Auch wenn es hierzu keine befriedigende Antwort gibt, machen Rumelhart et. al. in diesem Zusammenhang doch eine interessante, wenn auch kryptische Bemerkung:

> "Besonders wichtig ist hier unsere Fähigkeit, die Umgebung so zu manipulieren, daß sie dazu kommt, etwas zu repräsentieren. Das ist, was menschliche intellektuelle Leistungen von denen anderer Tiere unterscheidet."
> (1986; 45)

Die Idee scheint hier zu sein, daß durch die Manipulation der Umwelt eine Übereinstimmung zwischen einem Gegenstand und einem anderen hergestellt werden kann. Diese Übereinstimmung (z.B. in der Anzahl, der Form usw.) kann als ein in beiden Gegenständen gleichartiges Muster erkannt werden.[17] Wird diese Gemeinsamkeit einmal von mehreren Mitgliedern einer Gemeinschaft erkannt, kann der erste Gegenstand dazu benutzt werden, den zweiten zu repräsentieren. Auch wenn diese Idee nur rudimentär ist, verdient sie doch Beachtung, weil dadurch, neben der Fähigkeit zum symbolischen Verhalten, auch die Fähigkeit zur Repräsentation auf die beiden grundlegenden Prozesse der Mustererkennung und der Manipulation von Gegenständen zurückgeführt wird, und keine ursprüngliche Bedeutung voraussetzt wird wie bei inneren, mentalen Repräsentationen. Da ich diese Idee aber wie gesagt für sehr rudimentär halte, möchte ich sie hier nicht weiter diskutieren.

Abgesehen von den Problemen, die sich aus Sprache und der Frage nach der Bedeutung externer Symbole ergeben, scheint dieser Ansatz von der externen Symbolmanipulation doch verfolgenswert. Durch die Annahme eines konnektionistischen Systems als inneres informationsverarbeitendes System können die flexiblen Mustererkennungsvorgänge erklärt werden, die im menschlichen Verhalten eine große Rolle spielen; und durch die Erweiterung des Blickfeldes auf die Interaktion des Organismus mit seiner Umwelt hat man außerdem die Möglichkeit, bestimmte Handlungen des Menschen als symbolische Informationsverarbeitung zu beschreiben. Es scheint, als würde man damit

---

[17]Es sei hier nochmals an die Möglichkeit einer exakten Definition der Ähnlichkeit in konnektionistischen Netzen erinnert.

sowohl den Forderungen des Konnektionismus als auch denen des Symbolismus gerecht werden können.

Dennoch kann die These zur externen Symbolmanipulation durch ein konnektionistisches System nicht mehr sein als ein erster Hinweis auf eine zukünftige Forschungsstrategie. Zwar ist es jetzt klar, daß Mustererkennungsvorgänge ausreichend sein können, um symbolisches Verhalten in einer Umgebung zu ermöglichen. Es ist aber auch klar, daß die notwendigen Mustererkennungsprozesse nicht durch ein typisches, dreilagiges feed-forward Netzwerk erbracht werden. Auch wenn man davon ausgehen kann, daß die Mustererkennung der grundlegende innere kognitive Prozeß ist, so muß man doch zeigen, wie man von den einfachen Mustererkennungvorgängen, wie sie von gegenwärtigen konnektionistischen Netzen geleistet werden, zu symbolischem Verhalten gelangen kann.

Um die gegenwärtigen konnektionistischen Modelle zur menschlichen Informationsverarbeitung zu verbessern, bieten sich im wesentlichen drei verschiedene Strategien an, die ich hier kurz erwähnen möchte: Erstens die Untersuchung der Informationsverarbeitung bei niederen Tieren, die über das Stadium einer einfachen Mustererkennung hinaus sind. Dabei scheint es mir besonders wichtig, die Interaktion dieser Lebewesen mit ihrer Umgebung zu untersuchen; eine Beschränkung auf die Analyse ihres neuronalen Apparates sollte vermieden werden.

Während der erste Punkt eher auf die Verhaltensbiologie abzielt, betrifft die zweite Strategie eher die Psychologie: Die frühkindliche Entwicklung des Menschen sollte mehr unter dem Aspekt der Mustererkennung betrachtet werden: Welche Muster werden ausgewertet und neu gelernt? Wo findet eine alternierende Anwendung von Mustererkennung und Manipulation der Umwelt statt? Welchen Beitrag leisten diese Vorgänge bei der weiteren kognitiven Entwicklung? Die Verfolgung einer derartigen Strategie in der Psychologie würde wahrscheinlich zu einer Renaissance der Gestaltpsychologie und einer Neubewertung der Arbeiten von Jean Piaget führen.

Der dritte Punkt betrifft die KI: Konnektionistische Systeme sollten nicht länger nur ausschließlich als abgeschlossene Systeme untersucht werden. Vielmehr sollte man ihre Interaktion mit einer Umwelt simulieren. Da die Umwelt bei diesen Simulationen in einem Rechner repräsentiert ist, kann man zwar – wie in der klassischen KI – nur mit Spielzeugwelten rechnen. Der entscheidende Unterschied zur klassischen KI bestünde aber darin, daß nicht versucht würde, die Umwelt *im kognitiven System* zu repräsentieren (mit dem Frame-Problem als einer Konsequenz), sondern daß ein (evtl. konnektionistisches) System *mit seiner Umgebung* repräsentiert würde.

Bibliographie

Anderson, J. R. (1985): *Cognitive Psychology and Its Implications.* New York: Freeman. (dt.: Kognitive Psychologie. Heidelberg: Spektrum-der-Wissenschaft-Verlagsgesellschaft, 1988.)

Anderson, J. A. & Rosenfeld, E. (Eds.) (1988): *Neurocomputing: Foundations of Research.* Cambridge, Mass.: MIT Press.

Arbib, M. A. (1987): *Brains, Machines, and Mathematics.* Berlin Heidelberg New York: Springer.

Armstrong (1970): "The Nature of Mind", In Ned Block (Ed.)(1980), *Readings in Philosophy as Psychology*, Vol. 1 (pp. 191–199). London: Methuen.

Bechtel, W. & Abrahamsen, A. A. (1991): *Connectionsim and the Mind.* Oxford: Basil Blackwell.

Bechtel, W. (1989): "Multiple Levels of Inquiry", Reprints of the Research Group on "MIND AND BRAIN, Perspectives in Theoretical Psychology and the Philosophy of Mind" at the Center for Interdisciplinary Research (ZiF), University of Bielefeld, 1989/ 90, Report No. 8/ 1989.

Becker, B. (1987): "Wissen und Können", *Proceedings GWAI-87*, Berlin Heidelberg New York: Springer.

Braitenberg, V. & Schüz, A. (1989): "Cortex: hohe Ordnung oder größtmögliches Durcheinander?", *Spektrum der Wissenschaft*, Mai 89, 74–86.

Broadbent, D. (1985): "A Question of Levels: Comment on McClelland and Rumelhart", *Journal of Experimental Psychology: General*, 114, 189–192.

Burge, T. (1986): "Individualism and Psychology", *The Philosophical Review*, 95, 3–45.

Churchland, P. Smith (1980): "Language, Thought, and Information Processing", *Nous*, 14, 147–170.

Churchland, P. M. (1981): "Eliminative Materialism and the Propositional Attitudes", *The Journal of Philosophy*, 78, 67–90.

Churchland, P. M. (1986): "Some Reductive Strategies in Cognitive Neurobiology", *Mind*, 95, 279–309.

Churchland, P. M. (1988): "Reductionism, Connectionism, and the Plasticity of Human Consciousness", *Cultural Dynamics*, 1, 29–45.

Churchland, P. M. & Churchland P. Smith (1981): "Functionalism, Qualia, and Intentionality", *Philosophical Topics*, 12, 121–145.

Clark, A. (1989): *Microcognition.* Cambridge, Mass.: MIT Press.

Cummins, R. (1983): *The Nature of Psychological Explanation.* Cambridge, Mass.: MIT-Press.

Cummins, R. (1986): "Inexpicit Information". In M. Brand & R. Harnish (Eds.), *The Representation of Knowledge and Belief* (pp. 117–126). Tucson: University of Arizona Press.

Cummins, R. (1989): *Meaning and Mental Representation.* Cambridge, Mass.: MIT Press.

Davidson, Donald (1970): "Mental Events". In Davidson (1980), *Essays on Actions & Events* (pp. 207–227). Oxford: Clarendon Press.

Dennett, D. C. (1969): *Content and Consciousness.* New York: Humanities Press.

Dennett, D. C. (1981): "True Believers". In Dennett (1987), *The Intentional Stance* (pp. 13–35). Cambridge, Mass.: MIT Press.

Dennett, D. C. (1984): "Cognitive Wheels: The Frame Problem of AI". In Hookway C. (Ed.), *Minds, Machines and Evolution* (pp. 129–151). London: Cambridge UP.

Elman J. L. (1989): "Representation and Structure in Connectionist Models", Technical Report 8903, Center for Research in Language, University of California, San Diego.

Elman J. L. (1988): "Finding Structure in Time", Cognitive Science, 14, 179–211.

Field, H. H. (1978): "Mental Representation". In Ned Block (Ed.)(1981), *Readings in Philosophy as Psychology*, Vol. 2 (pp. 78–114). London: Methuen.

Fodor, J. A. (1975): *The Language of Thought.* Cambridge, Mass.: Harvard University Press.

Fodor, J. A. (1978): "Propositional Attitudes". In Fodor (1981), *Representations* (pp. 177–203). Cambridge, Mass.: MIT Press.

Fodor, J. A. (1983): *The Modularity of Mind*. Cambridge, Mass.: MIT Press.

Fodor, J. A. (1986): "Information and Association", *Notre Dame Journal of Formal Logic*, 27, 307–323.

Fodor, J. A. (1987): *Psychosemantics*. Cambridge, Mass.: MIT-Press.

Fodor, J. A. (1987a): "Modules, Frames, Fridgeons, Sleeping Dogs, and the Music of the Spheres". In Zenon W. Pylyshyn (Ed.), *The Robots Dilemma: The Frame Problem in Artificial Intelligence* (pp. 139–149). Norwood, N.J.: Ablex Publishing

Fodor, J. A. (unv.). "Is Content What 'That'-Clauses Pick Out?" Reflections on Some Examples of Brian Loar's. Unveröffentlichtes Typoskript.

Fodor, J. A. & Pylyshyn, Z. W. (1988): "Connectionism and Cognitive Architecture: A Critical Analysis", *Cognition*, 28, 3–71. Goodenough W. (1956): "Componential Analysis and the Study Meaning", *Language*, 32, 195–216.

Gorman R. & und Sejnowski, T. (1988): "Learned Classification of Sonar Targets Using a Massively Parallel Network", *IEEE Transactions: Acoustics, Speach, and Signal Processing*.

Goschke, T. & Koppelberg, D. (1990): "Connectionsim and Semantic Content of Internal Representation", *Revue Internationale de Philosophie*, 172, 87–103.

Haugeland, J. (1985): *Artificial Intelligence: The Very Idea*. Cambridge, Mass.: MIT Press. (dt. Künstliche Intelligenz — Programmierte Vernunft? Hamburg: McCraw-Hill, 1987.)

Haugeland, J. (1987): "An Overview of the Frame Problem". In Zenon W. Pylyshyn (Ed.), *The Robots Dilemma: The Frame Problem in Artificial Intelligence* (pp. 77–93). Norwood, N.J.: Ablex Publishing.

Hawthorne, J. (1989): "On the Compatibility of Connectionist and Classical Models", *Philosophical Psychology*, 2, 5–15.

Hayes, P. J. (1987): "What the Frame Problem Is and Isn't". In Zenon W. Pylyshyn (Ed.), *The Robots Dilemma: The Frame Problem in Artificial Intelligence* (pp. 123–137). Norwood, N.J.: Ablex Publishing.

Hebb, D. O. (1949): *The Organization of Behavior*. New York: Wiley.

Helm, G. (1989): "Klassische vs. konnektionistische Modelle in der Kognitiven Psychologie". In Becker, B. (Hrsg.), *Zur Terminologie in der Kognitionsforschung* (S. 103–111). Arbeitspapiere der GMD, Nr. 385, St. Augustin.

Helm, G. (unv.a): "Der problematische Rahmen des Frame-Problems". In Vorbereitung.

Helm, G. (unv.b): "Mustererkennung und Symbolmanipulation". In Vorbereitung.

Hennie, F. (1977): *Introduction to Computability*. Reading, Mass.: Addison-Wesley.

Hinton, G.E., McClelland, J.L. & Rumelhart, D.E. (1986): "Distributed Representations". In D. E. Rumelhart, J. L. McClelland and the PDP Research Group (Eds.), *Parallel Distributed Processing, Vol. 1: Foundations* (pp. 77–109). Cambridge: MIT Press.

Janlert, L. E. (1987): "Modeling Change — The Frame Problem". In Zenon W. Pylyshyn (Ed.), *The Robots Dilemma: The Frame Problem in Artificial Intelligence* (pp. 1–40). Norwood, N.J.: Ablex Publishing.

Jordan, M. I. (1986): "An Introduction to Linear Algebra in Parallel Distributed Processing". In D. E. Rumelhart, J. L. McClelland and the PDP Research Group (Eds.), *Parallel Distributed Processing, Vol. 1: Foundations* (pp. 365–422). Cambridge, Mass.: MIT Press.

Jordan, M. I. (1986a): "Serial Order: A Parallel Distributed Processing Approach". Institute for Cognitive Science Report No. 8604, University of California, San Diego.

Katz, J. K. (1967): "Recent Issues in Semantic Theory", *Foundations of Language*, 3, 124–194.

Kemmerling, A. (1991): "Mentale Repräsentationen", *Kognitionswissenschaft*, 2, 47–57.

Kinzel, W. (1988): "Denken nach Menschen-Art", *Bild der Wissenschaften*, 1/88, 37–47.

Lehnert, W. G. (1988): "Physics, Cognition, and Connectionism: An Interdisciplinary alchemy", *Behavioral and Brain Sciences*, 11, 40–41.

Lewis, D. K. (1966): "An Argument for the Identity Theory", *The Journal of Philosophy*, 63, 17–25.

Lindsay, P.H. & Norman, D.A. (1977): *Human Information Processing*. New York: Academic Press. (dt.: Einführung in die Psychologie. Berlin Heidelberg New York: Springer, 1981.)

Loar B. (1988): "Social Content an Psychological Content". In Grimm, R. & Merill, D. (Eds.), *Contents of Thought* (pp. 99–110). Tucson: University of Arizona Press.

Lycan, W. G. (1988): "Symbols, Subsymbols, Neurons", *Behavioral and Brain Sciences*, 11, 43–44.

Margolis, H. (1987): *Patterns, Thinking, and Cognition*. Chicago: University of Chicago Press.

Marr, D. (1981): "Artificial Intelligence: A Personal View". In John Haugeland (Ed.), *Mind Design* (pp. 129–142). Cambridge, Mass.: MIT Press.

Marr, D. (1982): *Vision.* San Francisco: Freeman.

McCarthy, J. & Hayes, P.J. (1969): "Some Philosophical Problems from the Standpoint of Artificial Intelligence". In B. Meltzer & D. Michie (Eds.), *Machine Intelligence 4* (pp. 463–502). Edinburgh: Edinburgh Univ. Press.

McClelland, J. L. & Rumelhart D. E. (1986): "Amnesia and Distributed Memory". In McClelland, J. L., D. E. Rumelhart and the PDP Research Group (Eds.), *Parallel Distributed Pocessing, Vol. 2: Psychological and Biological Models* (pp. 503–528). Cambridge, Mass.: MIT Press.

McCulloch, W. S. & Pitts, W. H. (1943): "A Logical Calculus of the Ideas Immanent in Nervous Activity", *Bulletin of Mathematical Biophysics*, 5, 115–133.

McMillan, C., Knopf, H., Dirlich, G. & Emrich H. M. (unv.): "Connectionist Modeling of Disturbed Inversion of Visual Depth Perception". Unveröffentlichtes Typoskript.

Minsky, M. L. & Papert, S. A. (1969): *Perceptrons.* Cambridge, Mass.: MIT Press.

Minsky, M. L. & Papert, S. A. (1988): *Perceptrons* (Expanded edition). Cambridge, Mass.: MIT Press.

Murre, J. M. Phaf, R. H. & Wolters, G. (1989): "Calm Networks: a Modular Approach to Supervised and Unsupervised Learning", *Proc. of the IEEE-INNS International Joint Conference on Neural Networks*, Vol. 1, 649–656.

Narayanan, A. (1988): "Fodor and Pylyshyn on Connectionism: An Extended Review and brief crique", *Artificial Intelligence Review*, 2, 195–213.

Neumann, J. v. (1958): *The Computer and the Brain.* New Haven: Yale University Press.

Newell, A. (1980): "Physical Symbol Systems", *Cognitive Science*, 4, 135–183.

Newell, A. & Simon, H. A. (1976): "Computer Science as Empirical Inquiry: Symbols and Search", *Communications of the ACM*, 19, 113–126.

Palmer, S. E. (1978): "Fundamental Aspects of Cognitive Representation". In E. Rosch & B.B. Lloyd (Eds.), *Cognition and Categorization* (pp. 259–303). Hillsdale, N.J.: Erlbaum.

Pollack, J.B. (1989): "Connectionism: Past, Present, and Future", *Artificial Intelligence Review*, 3, 3–20.

Putnam, H. (1960): "Minds and Machines". In Putnam (1975), *Mind, Language and Reality. Philosophical Papers II* (pp. 362–385). Cambridge, Mass.: Cambridge University Press.

Putnam, H. (1967): "The Mental Life of Some Maschines". In Putnam (1975), *Mind, Language and Reality. Philosophical Papers II* (pp. 408-429). Cambridge, Mass.: Cambridge University Press.

Pylyshyn, Z. W. (1984): *Computation and Cognition.* Cambridge, Mass.: MIT Press.

Ramsey, W. Stich S. & Garon J. (1990): "Connectionism, Eliminativism, and the Future of Folk Psychology". In W. Ramsey, D.E. Rumelhart & S. Stich (Eds.), *Philosophy and Connectionist Theory.* Hillsdale, NJ: Erlabaum.

Ritter, H. (1989): "Self-organizing Maps for Internal Representations", Reprints of the Research Group on "MIND AND BRAIN, Perspectives in Theoretical Psychology and the Philosophy of Mind" at the Center for Interdisciplinary Research (ZiF), University of Bielefeld, 1989/ 90, Report No. 7/ 1989.

Rosenblatt, F. (1959): "Two Theorems of Statistical Separability in the Perceptron". *Proceedings of a Symposium on the Mechanization of Thought Processes* (pp. 421–456). London: Her Majesty's Stationary Office.

Rosenblatt, F. (1962): *Principles of Neurodynamics.* New York: Spartan.

Rumelhart, D. E. & McClelland, J. L. (1985): "Levels Indeed! A Response to Broadbent", *Journal of Experimental Psychology: General*, 114, 193–197.

Rumelhart, D.E. & McClelland, J.L. (1986): "PDP Models and General Issues in Cognitive Science". In D. E. Rumelhart, J. L. McClelland and the PDP Research Group (Eds.), *Parallel Distributed Processing, Vol. 1: Foundations* (pp. 110–145). Cambridge, Mass.: MIT Press.

Rumelhart, D.E. & Zipser, D. (1986): "Feature Discovery by Competitive Learning". In D. E. Rumelhart, J. L. McClelland and the PDP Research Group (Eds.), *Parallel Distributed Processing, Vol. 1: Foundations* (pp. 151–193). Cambridge: MIT Press.

Rumelhart, D.E., Smolensky, P., McClelland, J.L. &Hinton, G.E. (1986). Schemata and Sequential Thought Processes in PDP Models. In McClelland, James L., David E. Rumelhart and the PDP Research Group (Eds.), *Parallel Distributed Pocessing, Vol. 2: Psychological and Biological Models* (pp. 7–57). Cambridge, Mass.: MIT Press.

Rumelhart, D.E. & Hinton, G.E. & McClelland, J.L. (1986): "A General Framework for Parallel Distributed Processing". In D. E. Rumelhart, J. L. McClelland and the PDP Research Group (Eds.), *Parallel Distributed Processing, Vol. 1: Foundations* (pp. 45–76). Cambridge, Mass.: MIT Press.

Ryle, G. (1949): *The Concept of Mind.* New York: Barnes and Nobel. (dt.: Der Begriff des Geistes. Stuttgart: Reclam, 1969.)

Schmidt, R. F. (1983): *Grundriß der Neurophysiologie.* Berlin Heidelberg New York: Springer.

Schneewind, K. A. (1982): *Persönlichkeitstheorien,* Bd. I. Darmstadt: Wissenschaftliche Buchgesellschaft.

Schneider, W. (1987): "Connectionism: Is it a Paradigm Shift for Psychology?", *Behavior Research Methods, Instruments, & Computers,* 19, 73–83.

Searle, J. (1985): *Minds, Brains and Science.* Cambridge, Mass.: Harvard University Press. (dt.: Geist, Gehirn und Wissenschaft. Frankfurt: Suhrkamp, 1986.)

Sejnowski, T. J. & Rosenberg C. R. (1987): "Parallel Networks that Learn to Pronounce English Text", *Complex Systems,* 1, 145–168.

Smolensky, P. (1986): "Information Processing in Dynamical Systems: Foundations of Harmony Theory". In D. E. Rumelhart, J. L. McClelland and the PDP Research Group (Eds.), *Parallel Distributed Processing, Vol. 1: Foundations* (pp. 194–263). Cambridge: MIT Press.

Smolensky, P. (1987): "Connectionist AI, Symbolic AI, and the Brain", *Artificial Intelligence Review,* 1, 95–109.

Smolensky, P. (1987a): "On Variable Binding and the Representation of Symbolic Structures in Connectionist Systems". Technical Report CU-CS-355-87, Department of Computer Science, University of Colorado, Boulder.

Smolensky, P. (1987b): "The Constituent Structure of Connectionist Mental States: A Reply to Fodor and Pylyshyn", *The Southern Journal of Philosophy,* 26, Supplement, 137–161.

Smolensky, P. (1988): "On the Proper Treatment of Connectionism", *Behavioral and Brain Sciences,* 11, 1–74 (including peer review).

Smolensky, P. (unv.): Lectures on Connectionist Cognitive Modelling. Unveröffentlichtes Typoskript.

Stich, S. (1983): *From Folk Psychology to Cognitive Science.* Cambridge, Mass.: MIT Press.

Thagart, P. (1989): "Explanatory Coherence", Behavioral and Brain Sciences, 12, 435–502.

Touretzky D. E. & Hinton G. E. (1988): "A Distributed Connectionist Production System", *Cognitive Science,* 12, 423–466.

Turing, A. (1937): "On Computable Numbers with an Application to the Entscheidungsproblem", *Proceedings of the London Mathematical Society,* 42, 230–265.

Wessells, M. G. (1984): *Cognitive Psychology.* New York: Harper & Row. (dt.: Kognitive Psychologie, New York: Harper & Row, 1984.)

Wiener, N. (1948): *Cybernetics: or Control and Communication in the Animal and the Machine.* New York: Wiley.

Wirth, N. (1984): "Datenstrukturen und Algorithmen", *Spektrum der Wissenschaft,* 11/84, 46–58.

This book was processed by the author using the TeX Macropackage from Springer-Verlag.

Band 246: Th. Bräunl, Massiv parallele Programmierung mit dem Parallaxis–Modell. XII, 168 Seiten. 1990

Band 247: H. Krumm, Funktionelle Analyse von Kommunikationsprotokollen. IX, 122 Seiten. 1990.

Band 248: G. Moerkotte, Inkonsistenzen in deduktiven Datenbanken. VIII, 141 Seiten. 1990.

Band 249: P. A. Gloor, N. A. Streitz (Hrsg.), Hypertext und Hypermedia. IX, 302 Seiten. 1990.

Band 250: H. W. Meuer (Hrsg.), SUPERCOMPUTER '90. Mannheim, Juni 1990. Proceedings. VIII, 209 Seiten. 1990.

Band 251: H. Marburger (Hrsg.), GWAI-90. 14th German Workshop on Artificial Intelligence. Eringerfeld, September 1990. Proceedings. X, 333 Seiten. 1990.

Band 252: G. Dorffner (Hrsg.), Konnektionismus in Artificial Intelligence und Kognitionsforschung. 6. Österreichische Artificial-Intelligence-Tagung (KONNAI), Salzburg, September 1990. Proceedings. VIII, 246 Seiten. 1990.

Band 253: W. Ameling (Hrsg.), ASST '90. 7. Aachener Symposium für Signaltheorie. Aachen, September 1990. Proceedings. XI, 332 Seiten. 1990.

Band 254: R. E. Großkopf (Hrsg.), Mustererkennung 1990. 12. DAGM-Symposium, Oberkochen-Aalen, September 1990. Proceedings. XXI, 686 Seiten. 1990.

Band 255: B. Reusch, (Hrsg.), Rechnergestützter Entwurf und Architektur mikroelektronischer Systeme. GME/GI/ITG-Fachtagung, Dortmund, Oktober 1990. Proceedings. X, 298 Seiten. 1990.

Band 256: W. Pillmann, A. Jaeschke (Hrsg.), Informatik für den Umweltschutz. 5. Symposium, Wien, September 1990. Proceedings. XV, 864 Seiten. 1990.

Band 257: A. Reuter (Hrsg.), GI-20. Jahrestagung I. Stuttgart, Oktober 1990. Proceedings. XVIII, 602 Seiten. 1990.

Band 258: A. Reuter (Hrsg.), GI-20. Jahrestagung II. Stuttgart, Oktober 1990. Proceedings. XVIII, 602 Seiten. 1990.

Band 259: H.-J. Friemel, G. Müller-Schönberger, A. Schütt (Hrsg.), Forum '90 Wissenschaft und Technik. Trier, Oktober 1990. Proceedings. XI, 532 Seiten. 1990.

Band 260: B. J. Frommherz, Ein Roboteraktionsplanungssystem. XI, 134 Seiten. 1990.

Band 261: W. Zimmermann, Automatische Komplexitätsanalyse funktionaler Programme. VII, 194 Seiten. 1990.

Band 262: W. Gerth, P. Baacke (Hrsg.), PEARL 90 - Workshop über Realzeitsysteme. 11. Fachtagung, Boppard, November 1990. Proceedings. X, 187 Seiten. 1990.

Band 263: H. Eckhardt, Entwurfstransaktionen für modulare Objektsysteme. VIII, 144 Seiten. 1990.

Band 264: T. Härder, H. Wedekind, G. Zimmermann (Hrsg.), Entwurf und Betrieb verteilter Systeme. Fachtagung, Dagstuhl, September 1990. Proceedings. XII, 283 Seiten. 1990.

Band 265: U. Herrmann, Mehrbenutzerkontrolle in Nicht-Standard-Datenbanksystemen. VIII, 183 Seiten. 1991.

Band 266: R. Cunis, A. Günter, H. Strecker (Hrsg.), Das PLAKON-Buch. VIII, 279 Seiten. 1991

Band 267: W. Effelsberg, H. W. Meuer, G. Müller (Hrsg.), Kommunikation in verteilten Systemen. GI/ITG-Fachtagung, Mannheim, Februar 1991. Proceedings. X, 589 Seiten. 1991.

Band 268: J. Raczkowsky, Multisensordatenverarbeitung in der Robotik. X, 168 Seiten. 1991.

Band 269: G. Hommel (Hrsg.), Prozeßrechensysteme '91. Berlin, Februar 1991. Proceedings. XIV, 449 Seiten. 1991.

Band 270: H.-J. Appelrath (Hrsg.), Datenbanksysteme in Büro, Technik und Wissenschaft. GI-Fachtagung, Kaiserslautern, März 1991. Proceedings. XIII, 507 Seiten. 1991.

Band 271: A. Pfitzmann, E. Raubold (Hrsg.), VIS '91, Verläßliche Informationssysteme. GI-Fachtagung, Darmstadt, März 1991. Proceedings. VIII, 355 Seiten. 1991.

Band 272: R. Grebe, C. Ziemann, Parallele Datenverarbeitung mit dem Transputer. Aachen, September 1990. Proceedings. X, 300 Seiten 1991.

Band 273: M. Timm (Hrsg.), Requirements Engineering '91. VIII, 208 Seiten. 1991.

Band 274: R. Denzer, H. Hagen, K.-H. Kutschke (Hrsg.), Visualisierung von Umweltdaten. Workshop, Rostock, November 1990. Proceedings. VII, 97 Seiten. 1991.

Band 276: H. Maurer (Hrsg.), Hypertext / Hypermedia '91. Tagung der GI, SI und OCG, Graz, Mai 1991. Proceedings. VIII, 299 Seiten. 1991.

Band 277: U. Borgolte, Flexible, realzeitfähige Kollisionsvermeidung in Mehrroboter-Systemen. XIII, 105 Seiten. 1991.

Band 278: H. W. Meuer (Hrsg.), SUPERCOMPUTER '91. Proceedings. VIII, 266 Seiten. 1991.

Band 279: G. Schwichtenberg (Hrsg.), Organisation und Betrieb von Informationssystemen. 9. GI – Fachgespräch über Rechenzentren, Dortmund, März 1991. Proceedings. IX, 337 Seiten. 1991.

Band 280: B. Westfechtel, Revisions- und Konsistenzkontrolle in einer integrierten Softwareentwicklungsumgebung. X, 321 Seiten. 1991.

Band 281: W. Emde, Modellbildung, Wissensrevision und Wissensrepräsentation im Maschinellen Lernen. XI, 204 Seiten. 1991.

Band 282: P. Buchholz, Die strukturierte Analyse Markovscher Modelle. VII, 192 Seiten 1991.

Band 283: M. Dal Cin, W. Hohl (Hrsg.), Fault-Tolerant Computing Systems. 5th International GI/ITG/GMA Conference, Nürnberg, September 1991. Proceedings. XII, 425 Seiten. 1991.

Band 284: R. Stadler, Ausführbare Spezifikation von Directory-Systemen in einer logischen Sprache. X, 142 Seiten. 1991.

Band 285: T. Christaller (Hrsg.), GWAI-91. 15. Fachtagung für Künstliche Intelligenz, Bonn, September 1991. IX, 273 Seiten. 1991.

Band 286: A. Lehmann, F. Lehmann (Hrsg.), Messung, Modellierung und Bewertung von Rechensystemen. 6. GI/ITG-Fachtagung, Neubiberg, September 1991. Proceedings. VIII, 338 Seiten. 1991.

Band 287: H. Kaindl (Hrsg.), 7. Österreichische Artificial-Intelligence-Tagung, Wien, September 1991. Proceedings. VIII, 180 Seiten. 1991.

Band 288: G. Helm, Symbolische und konnektionistische Modelle der menschlichen Informationsverarbeitung. X, 161 Seiten. 1991.

Band 289: N. Fuhr (Hrsg.), Information Retrieval. GI/GMD-Workshop, Darmstadt, Juni 1991. Proceedings. VII, 162 Seiten. 1991.

Band 290: B. Radig (Hrsg.), Mustererkennung 1991. 13. DAGM-Symposium, München, Oktober 1991. Proceedings. XVIII, 584 Seiten. 1991.

Band 291: W. Brauer, D. Hernández (Hrsg.) Verteilte künstliche Intelligenz und kooperatives Arbeiten. 4. Internationaler GI-Kongreß, München, Oktober 1991. Proceedings. IX, 546 Seiten. 1991.

Band 292: P. Gorny (Hrsg.), Informatik und Schule 1991. GI-Fachtagung, Oldenburg, Oktober 1991. Proceedings. IX, 335 Seiten. 1991.

Band 293: J. Encarnação (Hrsg.) Telekommunikation und multimediale Anwendungen der Informatik. GI-21. Jahrestagung, Darmstadt, Oktober 1991. Proceedings. XII, 710 Seiten. 1991.